장한업 교수의

'미래의 언어'

장한업

변질한 유학을 해체하고
조화로운 **성평등**을 이루는 것은
인구재앙을 피하는 현명한 선택이다!

박영story

목차

제1장

우려의 언어

제1장

우려의 언어

오늘날 한국은 인구 감소라는 문제로 크게 우려하고 있어요. 한국의 인구는 2020년에 5,184만 명으로 정점을 달했지만, 매우 낮은 합계출산율로 인해 2070년에는 3,766만 명으로 줄어들 전망이에요(통계청, 2021). 합계출산율은 '15세에서 49세 사이의 여성이 평생 낳을 것으로 예상하는 자녀 수'를 말하는데, 2023년 합계출산율은 0.72이었어요. 이 수치는 오랜 내전을 벌이는 나라에서나 나올 법한 비정상적인 수치예요. 인구 수가 주는 것도 문제지만 인구 질이 나빠지는 것은 더 큰 문제예요. 한국의 인구 피라미드는 1960년대에는 삼각형이었지만 지금은 다이아몬드형이고 2070년에는 역삼각형으로 변할 것이라고 해요(통계청, 2022).

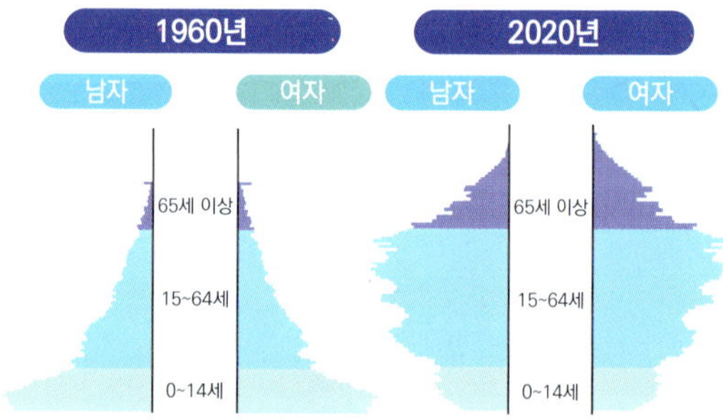

출처: 통계청, '장래인구추계: 2020~2070년' (2021. 12. 8), 각 연도별 7월 1일 시점 통계임. 중위추계기준.

경제협력개발기구는 한국이 그동안 가장 젊은 나라였지만 향후 50년 이내 가장 늙은 나라로 변할 것으로 전망하고 있어요. 이렇게 보면 한국의 미래는 한마디로 암울해요. 인구경제학자들이 최근에 펴낸 책들, 예를 들어 『인구 소멸』(전영수, 2023), 『대한민국의 붕괴』(곽상만 외, 2022), 『예정된 미래』(이현훈, 2022)의 제목을 연결해 한국의 미래를 표현하자면, '대한민국의 붕괴는 인구 소멸로 인해 예정된 미래'라 할 수 있어요.

1 외국학자들의 우려

외국학자들도 우리의 인구 감소를 크게 우려하고 있어요. 영국 인구학자 데이비드 콜먼(David Coleman)은 2006년 유엔 인구포럼에서, 한국의 저출산이 계속되면 한국은 지구에서 '1호 인구소멸국가'가 될 것이라 경고했어요. 콜먼 교수는 2023년 5월 17일 한반도미래인구연구원 초청으로 방한했어요. 그의 강연 주제는 '저출산 위기와 한국의 미래: 국제적 시각에서 살펴보는 현실과 전망'이었어요. 이 강연에서 그는 한국을 비롯한 동아시아 인구 감소의 주된 이유를 1970년대 이후의 급격한 경제성장과 전근대적인 사회 문화 사이의 괴리 때문이라고 설명했어요. 그리고 인구 문제는 경제적 관점뿐만 아니라 문화적 관점에서도 바라보아야 한다고 역설했어요. 콜먼 교수는 그다음 날인 5월 18일에는 이화여대에서도 강연했어요. 그날은 계절에 어울리지 않게 스산한 비가 내렸고 오후 3시라는 시간에 맞지 않게 어두컴컴한 날이었어요. 이 어두운 분위기를 더 어둡게 한 것은 강연장에 모인 사람의 수였어요. 너무 적었기 때문이에요. 세계적인 석학을 초청했고, 정운찬 한반도미래인구연구원 이사장도 참석했고, 김은미 이대 총장이 영어로 축사까지 했는데, 강연장에 모인 청중은 고작 30명 정도였어요.

그 자리에 참석한 제가 오히려 부끄럽고 민망했어요. 우리가 인구 문제에 얼마나 무관심한지를 다시 한번 확인할 수 있는 자리였어요. 총장의 축사가 끝나고 콜먼 교수가 강단에 올랐는데, 그의 거동은 꽤 불편해 보였어요. 저런 노교수가 우리의 인구 문제를 걱정해 준다고 생각하니 무척 고마웠어요.

콜먼 교수의 이화여대 강연

그는 첫마디를 이렇게 시작했어요. "저는 한국에 네 번째 왔는데 올 때마다 출산율이 떨어져 매우 놀라고 있어요." 그리고 한국이 저출산 문제를 해결하려면 출산율이 특별히 높거나 낮은 국가들의 특성을 자세히 살펴보고 경제적 요인뿐만 아니라 문화적 요인도 고려해야 한다고 조언했어요. 그의 강연을 한마디로 요약하면, 한국은 '한국적인 것'을 버리고 존속하든지 그것을 고집해서 소멸하든지 둘 중 하나를 택해야 한다는 것이었어요.

크리스틴 라가르드(Christine Lagarde) 국제통화기금(IMF) 총재도 2017년 한국을 방문하고 우리의 인구 감소를 크게 우려한 바 있어요. 그녀는 프랑스와 미국에서 공부한 후, 1981년부터 2004년까지 미국의 한 유명 국제법무법인에서 변호사로 일했고, 2005년부터 2011년까지 프랑스 상무부 장관, 농업부 장관, 재무부 장관을 차례로 역임했고, 2011년부터 2019년까지 국제통화기금 총재를 역임했어요. 이렇게 화려한 경력을 가진 그녀가 2017년 9월 5일 국제통화기금 총재 자격으로 한국에 왔어요. 그리고 9월 7일 이화여대를 방문하여 '한

이화여대에서 강연하는 라가르드

국 교육시스템의 미래와 여성의 역할'이라는 포럼에 참석했어요.

그녀는 이 포럼 직전에 학부 및 대학원생 8명과 비공개 간담회를 가졌어요. 한국의 젊은 여성들로부터 솔직한 의견을 듣고 싶어서였지요. 이 간담회에서 한 학생이 말했어요 "난 결혼하지 않을 거예요. 왜냐고요? 난 고등학교 때 이대에 오려고 아침 5시부터 새벽 2시까지 공부했어요. 이대에 와서 이제 미래가 열린다고 생각했어요. 그런데 선배들 이야기를 들어보니 좋은 직장을 얻는다고 해도 아이를 갖는 순간 직장을 그만둬야 한다고 하고, 미래가 없는 것처럼 보여요. 이게 '유리천장'이구나 느끼고 있어요." 그러자 옆에 있던 학생이 "한국은 유리천장이 아니라 '시멘트 천장'"이라고 덧붙였어요. 급기야 "난 우리 엄마처럼 되지 않을 것"이란 말까지 나왔어요. 이에 라가르드 총재는 "그러지 말라. 여성이 더 독립적이고 강해져야 한다"라고 말하며 학생들을 격려했어요. 이화여대를 떠나는 차 안에서 라가르드 총재는 이창용 국제통화기금 아시아·태평양 담당 국장에게 "결혼 안 하고 출산율이 떨어지면 성장률과 생산성이 떨어지게 돼 있고 그러면 재정이 악화해요. 이런 악순환의 고리가 바로 집단자살 현상이 아니겠어요?"라고 말했다고 해요. 이 국장은 "'집단자살 사회'가 전문용어는 아니지만, 라가르드 총재가 나름 한국의 현상을 느끼고 묘사한 표현"이라고 부연 설명했어요.

'집단자살 사회'라고 하니 갑자기 설치류 레밍(Lemming)이 생각나네요. 레밍은 3, 4년에 한 번씩 집단이동을 하는데 이 과정에서 수천수만 마리가 집단자살하는 것으로 알려져 있어요. 이들이 이렇게 하는 이유 중 가장 유력한 학설은 레밍이 지독한 근시이기 때문이라는 거예요. 먹이를 찾아 함께 이동하다가 바다를 작은 강이나 호수로 착각하고 한 마리가 뛰어들면 나머지도 덩달아 뛰어든다는 것이지요. 학자들은 이렇게 맹목적으로 남을 따라 행동하는 것을 '레밍 효과(Lemming effect)'라 불러요. 한국의 저출산 현상도 이 레밍 효과로 설명할 수 있어요.

21세기 초 일부 젊은 부부가 출산을 꺼리자 다른 많은 부부도 이들을 따라 출산을 꺼리면서 출생아 수가 급격히 줄어들었다고 생각하면 말이지요.

조앤 윌리엄스(Joan Williams) 미국 캘리포니아주립대 법대 명예교수 역시 한국의 저출산을 크게 우려한 외국학자예요. 그녀는 오랫동안 직장 여성의 평등 문제를 연구한 법학자로, 현재는 캘리포니아대 직장생활법률센터 창립 이사로 일하고 있어요. 2023년 연세대 김영미 교수가 이 센터로 가 윌리엄스 교수를 면담했어요. 이 자리에서 김 교수가 한국이 20년간 저출산 문제를 겪고 있고 2022년에는 0.78을 기록했다고 말하자 그녀는 양손으로 머리를 움켜쥐고 눈을 크게 뜨고는 "한국은 완전히 망했네요. 와우!", "이 정도로 낮은 수치의 출산율은 들어본 적이 없어요"라고 말하며 경악했어요. 그녀의 놀라는 모습은 이 부분만 따로 편집되어 인터넷에 널리 유포될 정도로 인상적이었어요.

윌리엄스 교수의 경악

김 교수가 "한국이 왜 이러한 낮은 출산율의 깊은 늪에 빠졌을까요?"라고 묻자, 그녀는 "기본적으로 출산을 기피하기 때문이죠. 가정에 대해 적대적인 정책을 가진 회사나 사회에 속해 있다면 여성들은 '됐어, 이제 더는 참지 못하겠어'라며 아이를 갖지 않죠"라고 설명했어요.

이렇게 외국학자들이 우리의 인구 문제를 걱정하는 것을 보면 한편으로는 고맙지만 다른 한편으로는 부끄러워요. 2021년 천신만고 끝에 개발도상국에서 벗어나 드디어 꿈에 그리던 선진국이 되었다고 좋아했는데, 좋아한 지 5년도 안 돼 이런 걱정과 우려의 대상이 되었다니 정말 한숨이 나와요. 이렇게 생각하니 얼마 전 유튜브에서 본 60대 아주머니의 슬픈 이야기가 생각나네요. 이 아주머니는 매우 가난한 집으로 시집와서 여섯 남매를 낳고 온갖 고생을 하면서도 가정을 잘 꾸려 왔어요. 다행하게도 자녀들은 모두 잘 되었고 가정 형편도 많이 좋아졌는데 그간 너무 고생해서인지 암에 걸렸어요. 주위 사람들은 하나같이 "젊어서 그렇게 고생하고 이제 좀 살 만해졌는데 이게 무슨 날벼락이야!"라며 안타까워했어요. 그런데 한국의 운명도 이 불쌍한 아주머니의 운명과 비슷해 보여요. 1960년 한국의 합계출산율은 6.0명이었지만 1인당 국민소득은 필리핀의 1/3밖에 되지 않을 정도로 찢어지게 가난했어요. 1970년대에는 이런 가난에서 벗어나기 위해 '잘살아 보세'라는 노래까지 부르며 열심히 일했고 그 결과 정말 잘사는 나라가 되었는데 급격한 인구 감소 문제로 국가의 존립마저 우려스러우니 말이지요.

2 콜먼 교수의 동아시아 및 한국 진단

우리가 '인구 재앙'에서 벗어나는 것은 거의 불가능해 보여요. 한번 떨어진 합계출산율을 다시 끌어올리기는 매우 힘들기 때문이지요. 이제 우리가 할 수 있는 일은 인구 감소의 속도를 늦추고 그 부작용을 최대한 줄이는 거예요. 이런 의미에서 콜먼 교수의 진단을 좀 더 자세히 살펴볼 필요가 있어요. 콜먼 교수의 동아시아 국가들에 대한 진단은 작년 5월 18일 이화여대에서 배포한 강연 자료집에 잘 요약돼 있어요. 이 자료집에 따르면, 홍콩, 한국, 싱가포르, 타이완, 일본 등의 합계출산율은 1970년대 이후 아주 비슷한 양상을 보여요. 콜먼 교수는 이것이 다음과 같은 아홉 가지 이유 때문이라고 말해요. 첫째, 1970년대 이후 빠르게 성장한 경제와 느리게 변한 사회 사이에 큰 괴리가 존재하기 때문이에요. 즉, 경제는 급속히 발전했는데 사람들의 태도는 별로 바뀌지 않아 합계출산율이 크게 떨어졌다는 것이지요. 둘째, 전통적으로 가족주의와 가부장제가 너무 강하기 때문이에요. 이 둘은 가사를 거의 전적으로 여성에게 떠넘기고 있는데, 이런 강요는 특히 일하는 여성에게는 엄청난 부담이 된다는 거예요. 셋째, 남녀 간 교육격차는 줄었는데 임금 격차는 여전히 크기 때문이에요. 앞서 언급한 여섯 나라의 남녀 임금 격차는 경제개발협력기구 회원국 평균 13.1%(2024년)보다 두 배 정도로 커요. 넷째, 대도시 소규모 아파트가 가족 규모를 제한하기 때문이에요. 이 나라들 사람들은 높은 인구 밀도 때문에 거의 다 아파트에 사는데, 이 아파트가 자녀 수를 제한한다는 거예요. 다섯째, 과도한 업무문화 때문이에요. 이들 나라의 노동시간은 매우 길고 퇴근 후에도 업무를 강요하는 경우가 많아요. 이런 업무문화는 특히 일하는 여성들이 출산을 꺼리거나 미루게 만들지요. 여섯째, 과도한 경쟁의 교육 문화 때문이에요. 이 나라들의 학생들은 늘 경쟁 속으로 내몰리고 있는데, 이는 부모, 특히 어머니에게 큰 부담이 되고 있어요. 일곱째, 젊은 층에서 저출산이 새로운 '규범'이 되고 있기 때문이에요. 전문가들은 이것을 '저출산 함정(low fertility trap)'이라고 불러요. 즉, 저출산이 수년간 이어지면 이것도 하나의 문화로 자리 잡는다는 거지요. 앞서 설명한 '레밍 효과'처럼 말이지요. 여덟째, 일상적인 생활방식이 여성들에게는 우호적이지 못하기 때문이에요. 여성들은 옷 입기서부터 소비, 여가, 사회관계에 이르기까지 남성보다 훨씬 많은 제약을 받아요. 이런 여성들에게는 결혼과 출산도 하나의 제약으로 여겨질 수 있어요. 아홉째, 여성들이 자기가 원하는 방식대로 살기 힘들기 때문이에요. 동거는 '비정상적'으로 여겨지고, 비혼 출산은 '부적절'하게 여겨지고, 비혼 출산으로 태어난 아이는 출생 첫날부터 타인의 '차가운' 시선을 견뎌야 해요.

그럼 논의의 범위를 좁혀서, 콜먼 교수가 한국의 인구 문제에 대해 내린 진단을 살펴보기로 하지요. 이는 앞서 소개한 강연의 자료집 "한국의 주요 인구 문제에 대한 솔직한 답변"(p. 26)에 잘 나와 있어요.

Q. 한국이 저출산 문제를 극복할 수 있을까?

A. 확실하지 않다. 어느 정도는 가능하겠지만 매우 어려울 것이다. '경제적' 지원만으로는 부족하다.

Q. 이민정책은 저출산 문제의 해결책이 될 수 있나?

A. 아니다. '해결책'이라는 것은 없다. 한국이 한국적으로 남기를 원한다면 이민은 제한적인 해결책이 될 것이다.

Q. 우리는 저출산 문제에 어떤 관점으로 접근해야 하나?

A. 먼저, 출산율이 높거나 낮은 국가들의 특성을 살펴보고 특히 문화적 변화에 주목해야 한다.

먼저, 한국의 저출산 문제가 해결 가능해 보이냐는 질문에 콜먼 교수는 "확실하지 않다"라고 대답하고, 그것이 어느 정도는 가능하더라도 경제적 지원만으로는 안 된다고 강조해요. 사실 한국 정부는 그동안 경제적 지원에만 전념했어요. 2006년부터 15년 동안 총 280조 원이라는 어마어마한 돈을 저출산 · 고령화 대응에 쏟아부었지요. 물론 이 돈이 다 저출산에만 들어간 것은 아니지만, 이 문제를 해결하는 데 엄청나게 많은 돈을 쏟아부은 것은 틀림없어요. 하지만 합계출산율은 이런 노력을 비웃듯 계속 떨어졌어요. 2013년에는 1.19으로 떨어졌고, 2018년에는 1.0 이하로 떨어졌고, 2023년에는 0.72로 다시 떨어졌어요(통계청).

출생아·합계출산율 추이 단위: 명, 가임여성 1명당

중위추계 기준

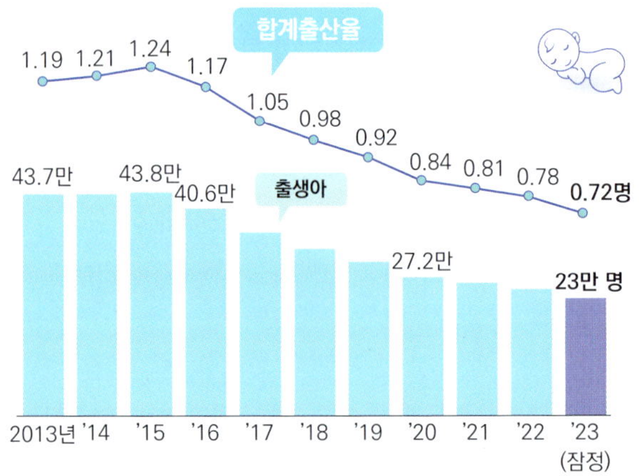

※합계출산율 = 여자 1명이 평생 낳을 것으로 예상되는 평균 출생아 수

자료: 통계청

이는 280조란 엄청난 돈이 제 기능을 하지 못했음을 의미하지요. 관련 학자들은 경제활동인구를 늘이는 경제 · 사회 시스템을 제대로 구축하지 못한 상태에서 예산만 집행하다 보니 정책의 사각지대가 발생한 데다, 저출산의 주요 원인인 고용불안, 주거 부담, 출산 · 육아 부담, 교육경쟁 심화, 일 · 생활 조화 어려움 같은 문제를 해결하는 데 실패했기 때문이라고 분석했어요. 이런 분석 때문인지 최근에는 정부, 지방자치단체, 기업 등이 젊은 부부가 체감할 수 있는 실질적인 지원에 집중하고 있어요. 정부는 2025년부터 육아휴직급여를 150만 원에서 최대 250만 원으로 인상했고, 신생아 특례 대출의 소득 기준을 1억 3천만 원에서 2억 원으로 완화했고, 신혼 · 출산 가구를 위한 주택 공급을 4만 호에서 6만 호로 늘렸어요. 지방자치단체도 출산 및 육아 장려금 지급을 경쟁적으로 늘리고 있어요. 「농민신문」(2024년 10월)에 따

르면, 강진군은 자녀 수와 관계없이 아이 한 명당 0세부터 7세까지 84개월 동안 매달 60만 원, 총 5,040만 원의 육아 수당을 지원해요. 김제시는 첫째 아이 800만 원부터 다섯째 아이 이상 1,800만 원까지 출산장려금을 차등 지급해요. 영광군은 결혼장려금으로 500만 원을 지급하고 양육비를 최대 3,500만 원까지 지원하고, 의성군은 2024년 7월 이후 출산하면 100만 원을 바로 지급한 후 60개월 동안 매달 30만 원을 지원해 모두 1,900만 원을 지원하고 있어요. 기업들도 이런 출산장려운동에 동참하고 있어요. 예를 들어, 부영그룹은 2021년-2023년 출산한 직원에게 총 70억 원을 지급했어요. 올해도 직원 자녀 1명당 1억 원이라는 파격적인 출산장려금을 지원해 화제가 되었지요. 이렇게 정부, 지방자치단체, 기업 등이 저출산 문제를 해결하기 위해 노력하는 것은 긍정적으로 평가할 수 있어요. 이 노력 덕분인지 2024년 합계 출산율은 0.75로, 9년 만에 처음으로 반등했어요. 그런데 관련 학자들의 의견을 종합해 보면, 이런 경제적 지원은 저출산 문제를 단기적으로는 해결할 수 있어도 장기적으로는 해결할 수 없어요.

다음으로, 이민으로 저출산 문제를 해결할 수 있느냐는 질문에 콜먼 교수는 "아니다"라고 대답해요. 그는 한국이 한국적으로 남기를 원한다면 이민은 제한적인 해결책이 될 것이라고 진단해요. 여기서 눈길을 끄는 것은 "한국이 한국적으로 남기를 원한다면(if Korea wants to stay Korean)"이라는 구절이에요. 그가 말하는 '한국적'이라는 단어가 무엇을 의미하는지는 정확히 알기 어렵지만, 앞뒤 맥락으로 짐작해 보면 '한국적 전통'이라고 해석할 수 있어요. 이는 강연 마지막 부분에 나오는 "지속할 수 없는, 전통적으로 한국적인 것으로 남는 것(Remaining traditionally 'Korean' not sustainable)"이라는 문장에서 엿볼 수 있어요. 이 두 문장을 연결해 보면, 한국이 '전통적으로 한국적인 것'을 고수한다면 이민자를 들어오더라도 저출산 문제는 해결할 수 없다는 말이 돼요. '전통적으로 한국적인 것'은 미술, 음악, 무용, 문학, 언어와 같은 '문화와 예술'에서부터, 한옥, 온돌, 마루, 명절과 같은 '생활양식', 전통적 가족제도, 유교적 가치관과 같은 '사회적 가치관', 불교, 유교, 샤머니즘 등의 '종교 및 철학'까지 포함하는 폭넓은 개념이에요. 이 네 가지 중에서 이민자를 가장 힘들게 하는 것은 아마도 '사회적 가치관'일 거예요. 이민자들이 못사는 나라에서 왔다고 무시하고 우리보다 열등하다고 차별하고 피를 섞으면 안 된다고 배제하는 것은 이 '사회적 가치관' 때문이니까요. 이 가치관은 고려 말에 중국에서 들어와 조선 500년 동안 변질할 대로 변질한 유학에 그 뿌리를 두고 있어요. 이 변질한 유학에 따르면, 오늘날 외국인 주민은 조선 시대 '쌍놈'과 비슷해요. 이 '쌍놈'은 글을 몰라 무식했고 주인에게 예속되어 있고 피를 섞어서는 절대 안 되는 존재였지요. 오늘날 외국인 주민은 한국어를 잘하지 못하고 고용인에게 예속되어 있고 피부색과 외모의 차이로 꺼리는 존재들이지요. 그런데 조선 시대 쌍놈과 오늘날 외국인 주민 사이에는 근본적인 차이점이 있어요. 조선 시대 쌍놈은 자신의 처지를 운명이라고 여기고 딱히 갈 곳이 없어 이 운명에 순응할 수밖에 없었어요. 반면, 오늘날 외국인은 부당한 게 있으면 그것을 개선해 달라고 요구하고 이 요구가 받아들여지지 않으면 직장을 옮기거나 아예 자기 나라로 돌아가면 그만이에요. 콜먼 교수가 한국이 한국적인 것을 고수하면 이민의 효과는 제한적일 것이라고 말한 것은 바로 이것 때문일 거예요. 이민자를 받아들이면 당장은 인구 감소 문제를 어느 정도 해결할 수 있지만, 한국인이 '전통적으로 한국적'인 것을 내세워 이민자들을 무시하고 차별하고 배제하면 이 이민 효과는 상쇄되어 인구 및 저출산 문제를 해결하는 데 제한적일 수밖에 없다는 것이지요.

마지막으로, 저출산 문제를 어떤 관점으로 접근해야 하느냐는 질문에 콜먼 교수는 출산율이 높거나 낮은 나라의 특성을 살펴보고 문화적 변화를 고려하라고 조언해요. 쉽게 말해, 출산율이 높은 나라의 경우를 타산지석으로 삼으라는 것이지요. 출산율이 높은 나라는 스웨덴(2021년 기준 1.66), 프랑스(1.80), 독일(1.58) 등이에요.

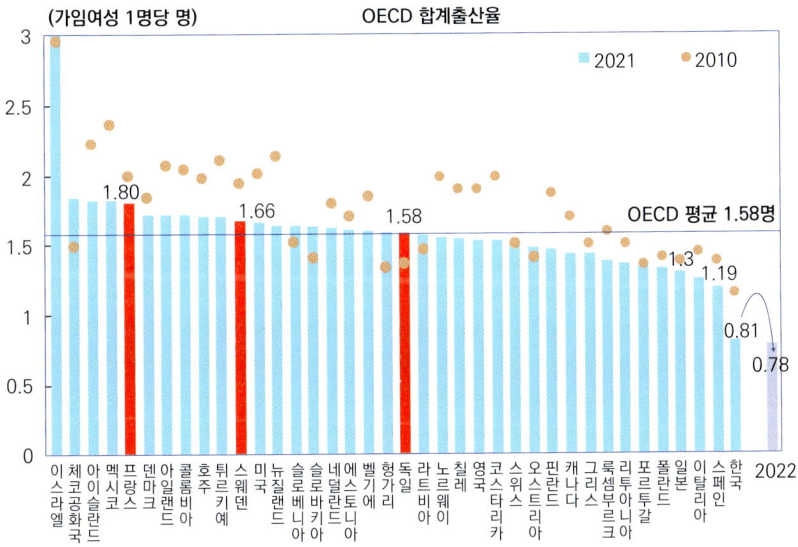

경제협력개발기구의 합계출산율

스웨덴은 1937년 왕실위원회가 출산 유도법을 제정한 후, 성평등, 사회복지, 노동시장 개혁 등으로 자녀를 가진 여성이 노동시장에 쉽게 참여할 수 있게 했고, 프랑스는 1939년부터 출산 유도 정책을 일관되게 실행해 온 유일한 나라예요. 특히 1968년의 '68혁명' 이후 비혼 출산이 늘어나면서 출산율이 많이 올라갔어요. 출산율이 높은 나라에서는 1960년대 이후 만혼, 비혼, 동거 등이 일반화되었고 성차별도 많이 개선되었어요. 한편, 출산율이 낮은 나라는 동아시아(평균 1.0–1.3), 남부 유럽(평균 1.2–1.3) 등이에요. 이들 나라에서도 만혼과 이혼은 조금 늘어났지만, 동거와 비혼 출산 비율은 여전히 낮고 부정적으로 인식되고 있어요. 또 '비도덕적인 가족주의(amoral familism)'가 만연해 있어 여성에게 결혼은 별로 매력적이지 않아요. 요컨대, 출산율이 높은 나라는 1960년대 이후 사회적 · 문화적 변화를 고려하여 성평등, 사회복지 확충, 노동시장 개혁을 추진해 왔지만, 출산율이 낮은 나라는 이런 변화를 제대로 반영하지 못하고 있다는 것이지요.

3 한국의 성평등, 사회복지, 노동시장

한국도 성평등 개선, 사회복지 확충, 노동시장 개혁이 아주 미비한 나라예요. 먼저, 성평등부터 살펴보지요. 2023년 세계경제포럼(World Economic Forum)은 국가별 남녀평등 순위를 발표했는데, 한국은 전체 조사대상 146개국 가운데 105위를 기록했어요.

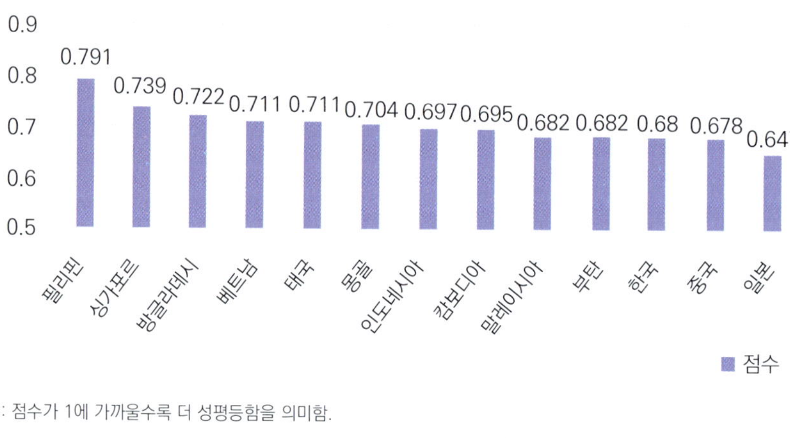

주: 점수가 1에 가까울수록 더 성평등함을 의미함.

아시아 국가의 성평등 수준 비교(2023)

출처: World Economic Forum, Global Gender Gap Report 2023.

남녀 완전평등을 100%로 했을 때 한국의 남녀평등 지수는 68% 정도예요. 참고로, 필리핀이 79.1%로 아시아에서는 가장 높았고, 그다음은 싱가포르(73.9%), 방글라데시(72.2%), 베트남(71.1%)순이었어요. 한국보다 낮은 나라는 중국(67.8%), 일본(64.7%)뿐이었어요.

다음으로, 2023년 한국의 국내총생산(GDP) 대비 사회복지 지출 비중은 경제협력개발기구 38개 회원국 중 34위로 나타났어요. 경제협력개발기구의 공공사회복지 지출은 노인, 가족, 근로 무능력자, 보건, 실업 등 9개 분야에 대한 공적 지출을 말하는데, 한국보다 순위가 낮은 나라는 멕시코, 칠레, 터키 세 나라뿐이에요. 이번 발표에서 눈에 띄는 점은 일본이 국내총생산 대비 사회복지 지출 비중을 24.8%로 높여 처음으로 10위권에 진입했다는 거예요. 회원국 중에서는 프랑스가 31%로 가장 높았고, 핀란드 · 벨기에(29%), 덴마크 · 이탈리아(28%), 오스트리아(27%), 독일(26%) 등이 그 뒤를 이었어요.

마지막으로, 한국의 노동시장 개혁도 시급해요. 한국의 노동시장 자유도는 세계 184개국 중 87위에 그치는 것으로 나타났기 때문이지요. 미국 헤리티지재단의 「2024 경제자유지수 보고서」에 따르면, 한국 노동시장은 경직된 근로시간과 고용 규제 등으로 인해 '부자유' 판정을 받았어요. 재산권, 기업 환경, 노동시장, 조세, 무역 등 총 12개 항목을 평가한 결과, 종합 점수는 73.1점이 나왔지만, 노동시장 항목은 57.2점으로 12개 항목 중 가장 낮았어요. 그만큼 근로시간 · 채용 · 해고 등과 관련된 규제가 많다는 것이지요. 한국의 경직된 노동시장과 낮은 노동생산성, 대립적 노사 관계가 한국 경제의 경쟁력을 떨어뜨리고 성장을 가로막고 있다는 건 다 아는 사실이에요. 꺼져가는 성장 동력을 되살리고 저출산 · 고령화 등으로 하락하는 잠재성장률을 끌어올리려면 노동 개혁은 절대 미룰 수 없는 과제예요(「서울경제」, 2024년).

성평등 개선이 문화 문제라면, 사회복지 확충과 노동시장 개혁은 경제 문제예요. 물론 노동시장 개혁과 경제 문제도 문화와 어느 정도

다 연결되어 있어요. 먼저, 사회복지 문제는 가족 문화와 별개일 수 없어요. 전통적으로 한국의 가족 문화에서는 부모, 자식, 형제 등 가족 구성원 간의 상호 지원과 책임을 중요한 가치로 여겼어요. 예를 들어, 어린 자녀는 부모에게 의존하고, 자녀는 나이 든 부모를 모시는 것을 당연시해 왔지요. 우리의 사회복지는 이러한 전통적인 가족 중심의 지원 모형에 기반해 발전했어요. 실제로 한국의 초기 사회복지 정책은 가족의 역할을 강조하고, 가족이 해결할 수 없는 문제에 대해서만 공공의 지원이 필요하다고 보는 경향이 강했어요. 다음으로, 노동시장 개혁 문제는 기업 문화와 밀접히 연관되어 있고, 기업 문화는 가족 문화와 밀접히 연관되어 있어요. 한국의 기업 문화와 가족 문화는 집단주의적 사고방식, 위계적 구조, 충성심과 헌신, 정서적 유대감 등 여러 면에서 유사한 점이 많아요. 가족 내에서 배운 가치들이 기업 내에서도 중요한 역할을 하고, 가족 같은 조직 문화가 기업 환경에서 여전히 중요한 요소로 작용하고 있기 때문이지요. 이러한 연관성은 한국 사회의 전통적인 가치관이 기업 문화에도 큰 영향을 미쳤음을 보여줘요.

4 한국인의 '문화적 문법'

콜먼 교수의 진단과 처방을 종합하면, 한국은 수십 년 만에 급속한 경제성장을 이루었으나 유교적 가치관이 가정과 사회 전반에 여전히 남아있어 여성에게 큰 부담을 주고 이 부담이 전대미문의 합계출산율로 나타났으니 이 문제를 해결하기 위해서는 경제적 요인뿐만 아니라 문화적 요인도 고려해야 한다는 것이에요. 그런데 한국 정부, 지방자치단체, 기업은 여전히 경제적 요인에 치중하고 문화적 요인은 등한시하고 있어요. 출산비 지원, 세금혜택, 주택 보조, 양육 휴가와 같은 경제적 지원은 단기적으로는 효과적일지 모르나 장기적으로는 그렇지 않아요. 따라서 저출산의 문화적 요인도 반드시 고려해야 해요. 이 문화적 요인의 핵심은 유교적 가부장제가 만들어 낸 지나친 성 불평등이에요. 유교적 가부장제는 남성에 의한 여성의 통제로서 성 불평등의 주범이에요. 과거의 여성은 교육 및 의식 수준이 낮아 이런 불평등에 순응했으나 요즈음 여성은 교육 및 의식 수준이 높아 이런 불평등을 더 이상 용인하지 않아요. 여성의 교육 수준을 대학 진학률로 살펴보면, 1986년에는 32.6%로 남성보다 7.1%포인트 낮았으나, 2006년에는 1.8%포인트 차로 거의 비슷해졌고, 2009년에는 마침내 역전했어요. 이 해 여성의 대학 진학률은 82.4%로 81.6%인 남성보다 0.8%포인트나 높았어요.

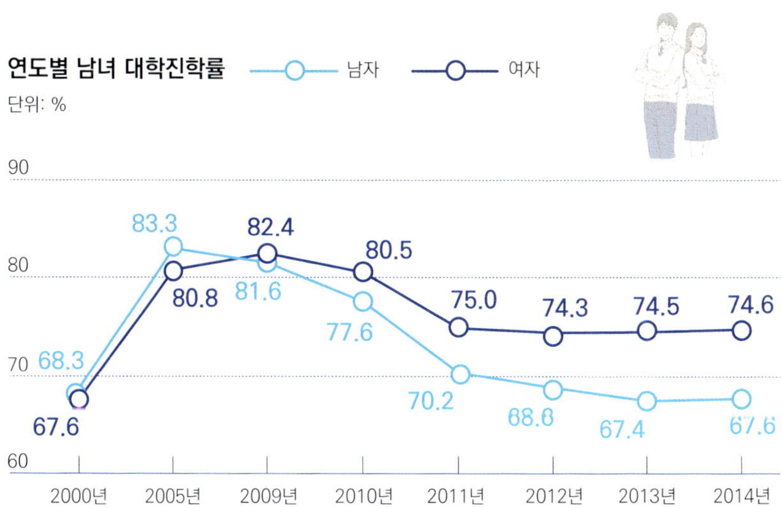

연도별 남녀 대학진학률

자료: 통계청 '2014년 한국의 사회지표'

이후 이런 추세는 계속되었고, 2024년에는 여성 76.9%, 남성 73.1%로 그 격차는 더 커졌어요. 이렇게 여성의 교육 수준이 높아지면서 비판 의식도 그만큼 높아졌고 사회적 참여도 더욱 활발해졌어요. 하지만 가정과 직장에는 여전히 유교적 가부장제의 잔재가 많이 남아 여성들의 불만은 점점 커지고 있어요. 자기와 비슷한 교육 수준의 남성이 남편이라는 이유로 가정에서 군림하려 들고, 자기와 비슷한 능력의 남자 직원이 남자라는 이유로 더 빨리 승진하는 것을 보면 이런 불만이 생기지 않을 수 없지요. 그래서 오늘날 여성들은, 2017년 한 이화여대생의 말처럼, '난 엄마처럼 살지 않겠다', '엄마처럼 살아야 한다면 연애 · 결혼 · 출산을 포기하겠다'라고 저항하고 나선 거지요. 합계출산율은 1986년 1.58이었다가 2009년 1.15로 떨어지고 2023년 0.72로 떨어졌는데, 이 변화는 여성의 대학 진학률의 변화와 거의 일치해요.

이처럼 유교적 가부장제가 오늘날 출산율을 낮추는 문화적 요인이라면, 이제 우리가 해야 하는 일은 유교적 가부장제의 형성 과정을 살펴보고, 그것을 해체하고, 그중에서 변질한 것은 버리고 여전히 유용한 것은 '재활용' 하는 거예요. 쉽게 말해서, 유교적 가부장제를 '분리수거' 하자는 것이지요. 정수복(2007) 교수는 『한국 사람의 문화적 문법』이라는 책에서 이와 비슷한 주장을 한 바 있어요. 이 책은 '당연의 세계 낯설게 보기'라는 그 부제부터가 아주 흥미로웠어요. 이 부제가 이렇게 흥미로워 보인 것은 그것이 제가 적극 지지하고 확산시키는 상호문화교육과 그 맥을 같이 하기 때문이에요. 이 부제를 풀어서 말하자면, 인간은 한 문화 속에서 태어나고 그 속에서 자라서 그 문화를 하나의 '문법'처럼 '당연하게' 여기기 마련인데, 이 문법이 시대에 맞지 않으면 그것을 '낯설게' 보고 해체하고 재구성해야 한다는 거예요. 정 교수는 "사회구성원의 행위의 밑바닥을 가로지르는 공통의 사고방식"을 '문화적 문법(cultural grammar)'이라고 정의하고, 그것을 '근본적 문화적 문법'과 '파생적 문화적 문법'으로 나누었어요. '근본적 문화적 문법'에는 현세적 물질주의, 감정우선주의, 가족주의, 연고주의, 권위주의, 갈등 회피 주의가 포함되고, '파생적 문화적 문법'에는 감상적 민족주의, 국가 중심주의, 속도 지상주의, 근거 없는 낙관주의, 수단 방법 중심주의, 이중규범주의가 포함돼요. 그런데 이것들은 모두 변질한 유학과 직접 또는 간접적으로 관련된 것들이에요. 한국인은 이런 것들에 너무나 익숙해져 있어서 자기가 이런 '문화적 문법'을 따르고 있다는 사실조차 의식하지 못해요. 이는 매 순간 숨을 쉬면서도 공기의 존재를 의식하지 못하는 것과 마찬가지지요. 한국인이 자신의 '문화적 문법'을 낯설게 바라볼 때는 외국인을 만날 때예요. 이들과 만나면 자기의 '문화적 문법'과 다른 문법이 존재하며 이 두 문화적 문법은 반드시 일치하지 않는다는 사실을 깨닫게 되고, 비로소 자기의 문화적 문법을 '낯설게' 바라볼 수 있지요. 이 논리는 "다른 문화와 대면해야만 비로소 자신의 문화적 가치들이 절대적인 것이 아니며 자신의 삶의 방식이 유일하고도 필연적인 것이 아니라는 사실을 깨달을 수 있다"(한경구 외, 2007)는 논리와 일치해요.

이 논리에 대한 예시로, 한국어의 주어 생략과 한국인의 악수 문화에 대해서 잠시 생각해 보지요. 한국인은 일상대화에서 주어를 많이 생략해요. '내일 갈게', '식사했니?', '언제 오셔?' 하는 식으로 말이지요. 한국인은 이렇게 말하면서도 자신이 주어를 생략하고 있다는 사실을 거의 인식하지 못해요. 한국인이 이렇게 하면서도 전혀 불편하지 않은 것은 동사에 붙이는 보조어간 '-시-'나 전후 맥락 덕분에 생략된 주어를 충분히 짐작할 수 있기 때문이지요. 그런데 이것을 영어로 번역할 때는 이렇게 할 수가 없어요. 영어에서는 I, you, he/she라는 주어를 반드시 써야 하기 때문이지요. '(I) will go tomorrow', 'Have (you) eaten ?', 'When is (he/she) coming ?'은 모두 문법에 맞지 않는 표현이에요. 이처럼 한국어로 말할 때는 한국어 문법을 따르지만, 영어로 말할 때는 영어 문법을 따라야 해요. 만약 그렇지 않으면 '못 배운' 사람 아니면 '수준 낮은' 사람으로 여겨질 거예요. 다음으로, 악수라는 문화적 문법을 생각해 보지요. 한국인은 연장자나 모르는 성인과 악수할 때는 두 손을 사용하고 목이나 허리를 가볍게 숙여요. 하지만 미국인은 한 손으로 악수하고 머리나 허리는 숙이지 않아요. 각자가 각자의 문화적 문법을 따르는 것이지요. 문제는 한국인과 미국인이 만나 악수를 할 때예요. 이 경우 한국인은 자신의 문화적 문법에 따라 두 손으로 악수할 수도 있고 미국의 문화적 문법에 따라 한 손으로 할 수도 있어요. 미국인과 처음 만날 때는 한국의 문화적 문법을 따를 가능성이 크지만, 시간이 지나면 미국의 문화적 문법을 따를 가능성이 커요. 이것을 흔히 문화적응(acculturation)이라고 부르지요.

이처럼 자기의 언어적 문법과 문화적 문법은 너무 익숙해서 인식조차 하기 어렵지만, 타인의 언어적 문법과 문화적 문법을 만나면 비로소 낯설게 보여요. 자신의 문법을 낯설게 본다는 것은 그 문법을 의심해 본다는 것을 의미해요. '이것이 과연 맞는 것인가?', '이래도 괜찮은 건가?' 하면서 말이지요. 이런 질문에 대한 대답을 찾으려면 자기의 문화적 문법부터 찬찬히 살펴보아야 해요. 알지 못하면 바꿀 수 없기 때문이에요. 이 논리는 정수복 교수의 말에서도 확인할 수 있어요. 그는 "문화적 문법도 전통의 한 부분이라고 한다면 우리가 당연하게 수용하는 문화적 문법도 해체와 재구성의 대상"이라고 말하고 "해체와 재구성에 이르려면 일단 문화적 문법이 어떻게 형성되었으며 어떤 기능을 하며 어떤 효과를 내고 있는가를 밝혀야 한다"라고 강조했어요.

삶 속의 유교, 말 속의 위계

정수복 교수의 말에 우리의 관심사를 대입해 보면, 저출산의 문화적 주범인 '유교적 가부장제가 한국 전통의 한 부분이라면 우리가 당연하게 수용하는 이 가부장제도 해체와 재구성의 대상'으로 삼아야 하고,

이 '해체와 재구성에 이르려면 일단 유교적 가부장제가 어떻게 형성되었으며 어떤 기능을 하며 어떤 효과를 내고 있는가를 밝혀야 한다'라고 할 수 있어요.

하지만 유교적 가부장제의 형성과 기능에 관한 연구는 기본적으로 유학자들의 몫이에요. 실제로 많은 동양철학자, 한문학자 등이 이 문제에 관해 깊이 연구해 왔어요. 불어교육과 상호문화교육을 전공한 저는 이분들에 비하면 문외한이나 다름없어요. 그래서 제가 이 문제를 언급하는 것은 상당히 조심스러운 일이에요. 이 경우 가장 좋은 방법은 유학자들의 기존 연구와 옛 문헌에 최대한 충실하면서 저의 생각을 펼치는 거라고 생각해요. 여기서 말하는 '저의 생각'이란 한국인이 '유학' 하면 떠올리는 단어들, 예컨대 삼강오륜, 삼종지도, 출가외인, 현모양처, 홍동백서와 같은 단어들의 어원과 변화를 통해 유교적 가부장제가 어떻게 형성되었는지 살펴보고 이 단어들에 대한 새로운 인식을 촉구해 보겠다는 거지요. 제가 사자성어로 된 이 말들을 중심으로 유교적 가부장제를 살펴보고자 하는 데는 나름대로 이유가 있어요. 그것은 유학이 오늘날 한국인에게 큰 영향을 끼친다면 그것은 주로 이런 사자성어들을 통해서라고 보기 때문이에요. 물론 이것 말고도 유학을 지속시키는 것은 많아요. 지금 80대, 90대 노인 중에는 어렸을 때 유학을 직접 배운 분들도 있을 거예요. 60대, 70대 사람들은 고등학교 한문 시간을 통해서 유학을 조금 배웠을 거예요. '배우고 때로 익히면 또한 기쁘지 아니한가'(학이시습지 불역열호), '자기가 원하지 않는 것은 남에게 하지 말라'(기소불욕 물시어인) 등은 다 이때 배운 것들이에요. 1980-1990년대에는 한문 시간이 줄어들고 없어지면서 당시 학생들은 학교에서 유학을 전혀 접하지 못했어요. 이런 사람들에게 유학이 남아 있다면, 그것은 설과 추석 차례, 조상 제사 같은 연례 행사나 삼강오륜, 현모양처, 홍동백서 같은 사자성어 때문일 가능성이 커요. 이 연례 행사는 조상을 숭배하고 부모를 공경하고 형제간에 화목해야 한다는 것을 상기하고 확인시키는 좋은 기회지요. 조상에게 바칠 음식을 정성껏 준비하고, 부모에게 공손히 세배하고, 장남은 제주가 되고 차남은 옆에서 잔을 치면서 유교적 질서를 실행에 옮겨요. 이런 유교적 행사나 실행이 특정 시기에 이루어지는 것이라면, 삼강오륜, 현모양처, 홍동백서 같은 사자성어는 가정이나 직장에서 일 년 내내 들을 수 있는 말이에요. 이 사자성어의 위력은 생각보다 대단한데, 그 이유는 다음 네 가지 때문일 거예요. 첫째, 간결한 표현이에요. 사자성어는 네 글자로 핵심을 빠르고 강렬하게 전달할 수 있어요. '홍동백서'는 '제사상에 붉은 과일은 동쪽에, 흰 과일은 서쪽에 놓는다'라는 예법을 빠르게 상기시켜 행동에 옮기게 하지요. 둘째, 문화적 깊이예요. 대부분의 사자성어는 과거의 역사나 일화에서 나온 말이라 깊은 문화적 의미를 가지고 있어요. '부위부강'은 고대 중국이 남성 중심의 질서를 만들기 위해 만든 말이고, '출가외인'은 조선 후기에 똑같은 목적으로 만든 말이에요. 셋째, 교육적 가치예요. 사자성어는 대개 교훈적 성격을 띠고 있어요. 오륜의 '장유유서'는 나이가 많은 사람이 먼저 하고 나이가 적은 사람은 나중에 해야 한다는 교훈을 주는 말이지요. 넷째, 언어적 미학이에요. 사자성어는 그 자체로 균형 잡힌 리듬과 대칭을 가지고 있어서 언어학적으로 볼 때 매우 매력적이에요. 네 글자의 조화로운 배치는 말하는 사람이나 듣는 사람에게 강한 인상을 남길 수 있어요. '남존여비'의 경우, 남자와 여자가 대칭을 이루고 '존'과 '비'가 대비를 이루고 있지요.

그런데 이런 사자성어 중에는 잘못 알려진 것들이 참 많아요. 예를 들어, 오륜의 '부부유별'은 본래 부부가 되면 남편은 아내를 다른 여자들과 '가리고' 아내는 남편을 다른 남자들과 '가려서' 대해야 한다는 부부의 쌍무적 예의를 강조했는데, 지금은 남편이 할 일이 따로 있고 아내가 할 일이 따로 있다는 의미로 곡해되고 있어요. '현모양처'는 신사임당을 바로 떠올릴 정도로 아주 오래전부터 써 온 말 같지만, 실상은 일제강점기에 생긴 100년 정도밖에 되지 않은 말이에요. 게다가 이 말은 일본이 자기들의 전쟁에 한국인을 동원하기 위해 만든 아주 사악한 말이에요. 또 '출가외인'은 유교 경전에는 전혀 나오지 않는 말이에요. 이 말은 18세기 이후 어느 양반 남자가 딸을 시집보내면서 그럴듯하게 만든 말일 가능성이 커요. 그런데도 이런 사자성어들은 마치 유학의 고유한 가르침인 양 여겨지고 우리의 머릿속에 들어와 우리의 언행을 지배하고 있지요.

이 장에서 논한 것을 떠올려 보면, 한국의 미래는 정상적인 국가에서는 찾아보기 힘든 저출산으로 매우 어두워 보여요. 저출산으로 산부인과, 소아청소년과가 기피 전공이 되고, 점점 많은 어린이집과 유치원이 문을 닫고, 초중고 학생이 줄어 폐교가 속출하고, 입학생 수 감소로 '벚꽃 엔딩'을 맞는 대학이 늘어나고, 군인 감소로 사단이나 군단이 해체되고, 소멸위기를 맞는 지자체가 늘어나고, 생산연령인구 감소로 국민연금이 고갈되는, 이른바 '도미노' 현상이 일어나고 있어요. 이 현상은 국가의 존립마저 위협하는 매우 엄중한 현상이에요. 국가 전체를 휩쓸고 지나가는 일종의 대형 쓰나미라고 할 수 있어요. 이런 국가적 위기에서 벗어나려면 우리 기성세대가 나서야 해요. 마치 1997년 외환위기 때 금 모으기 운동을 벌인 것처럼 말이지요. 당시 신혼부부는 결혼반지를, 젊은 부모는 아이의 돌 반지를, 노부부는 자식이 사 준 효도 반지를 내놓았어요. 불행하게도 오늘날 저출산 문제는 외환위기보다 극복하기가 더 어려워 보여요. 반지는 모든 연령대가 내놓을 수 있지만, 아이는 모든 연령대가 낳을 수 없기 때문이지요. 참고로, 2024년 50대 이상 인구는 전체 인구의 30% 정도 차지해요. 이들이 인구 감소를 우려한다 해도 아이를 다시 낳기는 어려워요. 이들이 할 수 있는 일은 젊은 세대가 자녀를 낳고 기르기 좋은 환경을 만들어 주는 거예요. 이 환경은 경제라는 물리적 환경과 문화라는 정신적 환경으로 나눌 수 있는데, 저출산 문제를 해결하려면 경제 문제뿐만 아니라 문화 문제도 반드시 해결해야 해요. 이 책에서는 저출산의 원인이 되는 성 불평등과 이 불평등을 만든 유교적 가부장제의 기원과 변화를 사자성어를 중심으로 살펴보고, 이 용어들을 어떻게 이해하고 어떻게 바꿔나가야 하는지 제안해 보고자 해요. 이것은 과거와 현재의 언어를 해체하고 **미래의 언어**를 만들어 나가는 작업이 될 거예요.

제2장

유학의 언어

제 2 장

유학의 언어

유교적 가부장제는 유학의 논리에 따라 만든 가족제도예요. 엄밀히 말하자면 공자와 맹자 시대의 유학이 아니라, 이들 이후 중국에서 변질하고 조선에서 또 한 번 변질한 유학의 논리에 따른 제도이지요. 그런데 유학이 이렇게 변질했다는 사실을 아는 사람은 별로 없는 것 같아요. 이를 모르는 사람들은 유학하면 공자를 떠올리고 공자를 오늘날 모든 폐단의 주범이라고 여기고, 심할 때는 공자가 죽어야 나라가 산다고 주장하지요. 하지만 이것은 잘못된 생각이에요. 공자는 자기가 살던 시대를 위해서 말한 것이지 2,500년 후 한국을 위해서 말한 게 아니기 때문이지요. 지금 우리가 경험하는 폐단은 공자에게서 온 게 아니라 그의 가르침을 시대적 상황이나 개인적 취향에 따라 변질시킨 중국과 한국의 유학자들에게서 온 거예요. 만약 오늘날 폐단 때문에 비난받아야 하는 사람이 있다면 그 사람은 공자가 아니라 그의 가르침을 변질시킨 중국과 한국의 유학자들이에요. 이런 의미에서 먼저 유학의 변화와 변질부터 알아보기로 하지요.

1 중국 유학의 변화

유학은 2,500년이라는 긴 역사를 가진 학문이에요. 만사가 그렇듯이, 이처럼 긴 역사를 가지면 그사이에 크고 작은 변화를 겪고 이 과정에서 종종 변질하기도 해요. 유학의 역사를 크게 나누면, 춘추전국시대의 원시 유학, 한나라에서 당나라까지의 훈고학, 송나라의 성리학, 명나라의 양명학, 청나라의 고증학으로 나눌 수 있어요. 여기서는 정진일(2005) 교수의 『유교윤리』를 중심으로 그 변화를 살펴보기로 하지요.

공자 맹자 순자

먼저, 원시 유학(原始 儒學)은 공자, 맹자, 순자 등에 의해 발전한 유학을 말해요. 천하가 어지럽던 춘추시대에 태어난 공자(B.C. 551-B.C. 479)는 주나라의 예와 악을 유학의 기초로 삼고 이것으로 정치를 구현하고 사회를 바로 잡으려 했어요. 맹자(B.C. 372-B.C. 289)가 살았던 전국시대에는 도가, 묵가, 법가 등 많은 학자가 제자백가(諸子百家)를 형성함에 따라 유학은 다소 위축되었어요. 이에 맹자는 공자를 "때에 들어맞게 행하신 분"이고 학문을 "모아서 크게 이룩하신 분"으로 추앙하고 성선설, 왕도정치를 내세우며 유학을 널리 알렸어요. 순자(B.C. 289?-B.C. 238)는 인간의 본성은 악하므로 예와 음악을 통해 선하게 해야 한다고 주장하며 유교를 현실적으로 체계화했어요.

기원전 221년 천하를 통일한 진나라 시황제(B.C. 259-B.C. 210)는 처음에는 법가와 유가 사상가들을 고루 등용했으나 유가 사상가들이 자신을 비판하자 법가 서적과 기술 서적을 제외한 모든 서적을 불태우고 유학자 460여 명을 생매장하는 분서갱유(焚書坑儒)를 단행했어요. 이로 인해 유학은 크게 위축되었어요.

한무제

동중서

다음으로, 한 · 당대의 유학은 경학 또는 훈고학이라는 형태로 이어졌어요. 기원전 206년에 진나라를 무너트린 유방(B.C. 247 혹은 256-B.C. 195)은 공자의 묘에서 제사까지 지낼 정도로 유학을 존중했어요. 6대 경제 때 노나라 공왕은 궁궐을 확장하기 위해 공자의 옛집을 헐었는데 그 벽 속에서 올챙이 모양의 고문자로 쓰인 경전들이 쏟아져 나왔어요. 하지만 당시 사람들은 이 경전들에 큰 관심을 보이지 않았어요. 7대 무제는 동중서의 건의을 받아들여 태학을 세우고 오경박사를 임명하여 유학을 가르치게 했어요.이로써 유학은 『시경』, 『서경』, 『주역』, 『예기』, 『춘추』로 재구성되었어요. 11대 성제 때에는 옛날의 고문 경전과 당시의 금문 경전을 비교해 본 결과 금문 경전에 빠진 글자와 문장이 많음을 알게 되었어요. 이에 학자들은 고문 경전의 글자를 해독하고 글귀를 해석하려고 애썼어요. 이것이 한 · 당대 약 1,100년간 유행한 훈고학과 경학이에요. 훈고학(訓詁學)은 글자의 의미를 파악하고 글귀를 해석하는 데 전념했고, 경학(經學)은 경전의 암기를 강조했어요. 이렇게 되면서 유학은 지식인의 전유물로 전락했고, 그 결과 공자와 맹자의 본래 가르침으로부터 점점 멀어졌어요. 유학은 후한 말에 쇠퇴했다가 남북조, 수, 당을 거치면서 다시 유행했어요. 당 태종은 공영달에게 오경에 대한 주석서를 만들게 했어요. 이렇게 편찬된 『오경정의』는 교육기관의 교재가 되었고, 과거 문제가 여기에서 출제되면서 유학의 위상은 더욱 높아졌어요.

송나라(960-279)를 세운 조광윤은 무인임에도 불구하고 학문을 무척 좋아했어요. 그래서 그는 자기 동생과 아들이 조상의 위폐 앞에서 "학자들을 절대로 모욕하지 않고, 아무리 죄가 있다고 해도 죽이지 않겠다"라는 맹세를 하게 했고 후대도 이를 지키라고 당부했어요. 주돈이는 유교를 바탕으로 도가와 불교, 음양오행설을 수용하여 태극도설을 수립했어요. 장재는 유학의 바탕 위에 도가와 불교의 형이상학적 내용을 비판적으로 수용하여 정교한 이론체계를 만들었어요. 주희는 주돈이의 태극도설, 장재의 기론(氣論), 정호 · 정이의 천리(天理) 개념을 종합하여 신유학을 주창했어요. 그는 자기를 맹자 이후 오랫동안 단절된 도통을 다시 이은 사람이라 자처했어요.

주돈이 장재 수의

이처럼 송대 유학자들은 공자와 맹자의 가르침을 성리(性理), 의리(義理), 이기(理氣)라는 형이상학으로 재편하고, 이를 '성명의리지학(性命義理之學)'이라 불렀는데, 성리학은 이것을 줄여서 부른 말이에요. 흔히 성리학을 '주자학'이라고도 하는데, 이것은 주희가 이 성리학을 집대성했기 때문이에요. 주자학은 고려 말에 도입되어 조선의 국가 이념이 되었고 이로써 한국인의 정신세계를 지배하게 되었어요.

명나라(1368-1644)를 세운 주원장은 주자학을 정통이라고 규정하고 주희가 해석한 사서오경을 과거시험 과목으로 삼았어요. 3대 성조는 주희의 해석을 바탕으로 모든 학인의 사상을 통일하려 했어요. 이처럼 주자학은 최고 통치자들의 지지하에 중국 전역에 퍼졌지만 이로 인한 폐해도 적지 않았어요. 가장 큰 폐해는 주자학이 관학이 되면서 통치자들의 지배를 정당화하는 학문으로 변질했다는 거예요. 왕수인은 이런 변질을 비판하며 유학의 도덕적 · 윤리적 측면을 특별히 강조하는 양명학을 창시했어요. 그는 마음이 곧 이치라는 심즉리(心卽理), 아는 것과 행하는 것은 일치해야 한다는 지행합일(知行合一), 올바른 앎에 이르러야 한다는 치양지(致良知)를 강조했어요. 이렇게 발전한 양명학은 명나라 사상계의 주류가 되었고 정치적으로도 큰 영향력을 발휘했어요. 하지만 양명학은 개인적 수양과 주관적 방법론에 너무 치중해서 오히려 공허하고 무익하다는 비판을 받게 되었어요.

왕수인

고염무

마지막으로, 청나라(1636-1912)의 고증학은 양명학에 대한 비판에서 출현했어요. 만주족이 세운 청나라가 한족의 명나라를 멸망시키자, 학자들은 명나라가 멸망한 원인을 찾아보았어요. 이들이 내린 결론은 명나라가 공허한 이학과 심학에 치중했기 때문이라는 것이었어요. 그래서 이들은 한대의 훈고학에 다시 관심을 보이고 고증을 중시하는 고증학을 창시했어요. 고염무는 경학을 연구할 때는 반드시 충분한 증거를 수집하여 정확한 판단을 내려야 한다고 강조했고, 황종희는 이학을 탁상공론이라고 비판하고 실증적이고 실용적인 것을 강조했어요. 안원은 주자학을 격렬히 비판하고 노나라를 건국한 주공과 공자의 전통 학문을 복원해야 한다고 주장했어요. 이런 고증학은 청나라 중기인 18세기 중엽에 전성기를 맞았어요. 그러나 고증학은 주로 문자나 문헌 연구에 치중하여 이론적으로는 크게 발전하지 못했어요

이상의 역사적 고찰을 통해 우리는 두 가지 사실을 알 수 있어요. 첫째, 유학은 시간의 흐름에 따라 여러 가지 형태와 이름으로 이어져 왔다는 거예요. 이 사실을 특별히 강조하는 이유는 오늘날 사람 중에는 이런 사실을 잘 모르는 사람이 생각보다 많기 때문이에요. 그래서 이들은 유학하면 바로 공자를 떠올리고 유학을 하나의 학문으로 생각하기 쉽지요. 둘째, 유학은 시대의 요구에 따라 일종의 '시계추 운동'을 했다는 거예요. 다시 말해, 공자와 맹자의 가르침에 충실했다가 멀어지고, 다시 충실했다가 다시 멀어지는 등의 경향을 보였다는 거예요. 원시 유학이 공자와 맹자의 가르침에 충실했다면, 한·당대의 훈고학은 이 가르침에서 멀어졌어요. 송대 유학자들은 이를 비판하고 공자와 맹자의 가르침을 복원하는 동시에 그것을 형이상학으로 구성하려 했어요. 이렇게 출현한 성리학은 최고 통치자들의 지지하에 관학이 되어 전국적으로 확산했으나 지배층의 지배를 정당화하는 학문적 도구로 변질했어요. 명대 양명학은 이런 변질을 비판하며 유학의 도덕적·유리적 측면

을 강조했지요. 하지만 이 유학은 개인적 수양과 주관적 방법론에 치중해 공허하고 무익하다는 비판을 받게 되었어요. 청대의 고증학은 명나라가 멸망한 것은 이 공허한 이학과 심학에 심취했기 때문이라고 보고 송대 이전의 훈고학에 다시 관심을 보이고 고증을 중시했어요.

2 한국 유학의 변화

유학이 한반도에 들어온 것은 삼국시대였어요. 372년 고구려 소수림왕은 태학을 세우고 유학을 가르쳤다고 해요. 그리고 경당에서는 제자백가의 서적과 함께 유교 경전을 읽었다고 해요. 『일본 서기』(720년)에 따르면, 405년에 백제 학자 왕인이 『논어』와 『천자문』 등을 가지고 일본에 가서 태자를 가르쳤어요. 신라의 내물왕은 381년 전진(前秦)의 왕에게 사절을 보내고 한자와 청자 등을 수입했는데, 이때 유학도 같이 들어온 것으로 보여요. 6세기 진평왕 때 사군이충(事君以忠), 사친이효(事親以孝), 교우이신(交友以信) 등 세속오계를 화랑들에게 가르친 걸 보면 유교가 적어도 지배층에는 꽤 큰 영향을 미친 것 같아요. 유교는 통일 신라 시대에도 계속 발전했어요. 강수는 『효경』, 『곡례』, 『이아』 등에 탁월했는데, 이 중에서 『이아』는 중국에서 가장 오래된 단어 사전으로, 한 · 당대의 훈고학 책이에요. 설총은 구경(九經)을 방언으로 가르쳐 유교의 대중화에 이바지했어요. 그리고 682년 신문왕 때는 국학을 설립하여 경서와 제자서를 가르쳤어요.

유학의 발전은 고려 시대에도 이어졌어요. 태조 왕건은 『훈요십조』 제10조를 통해 유교 경전을 읽고 이것으로 나라를 다스리라고 명했어요. 광종은 중국의 과거제도를 도입함으로써 유교 발전에 이바지했어요. 982년 최승로는 성종에게 『시무 28조』를 올렸는데, 제20조에서는 "불교를 행하는 것은 몸을 닦는 근본이고 유교를 행하는 것은 나라를 다스리는 근원인데, 몸을 닦는 것은 내생을 위한 것이나 나라를 다스리는 것은 오늘에 할 일입니다. 오늘은 지극히 가깝고 내생은 지극히 먼 것이니, 가까운 것을 버리고 먼 것을 구하는 것은 그릇된 일이 아니겠습니까?"라고 말하면서 유교에 따라 나라를 다스리라고 진언했어요. 성종은 이를 받아들여 그동안 널리 행했던 연등회와 팔관회를 없애고 태학을 세워 유학을 가르쳤어요. 1289년 안향은 왕과 공주를 호종하여 원나라에 갔다가 거기서 주자의 책을 베끼고 공자와 주자의 화상을 그려왔어요. 그는 1296년 다시 원나라를 갔다 왔는데, 그다음 해에는 집 뒤에 사당을 짓고 공자와 주자의 화상을 거기에 모셨어요. 그리고 주자의 호 '회암(晦庵)'을 본떠 자신의 호를 '회헌(晦軒)'이라고 지었어요. 이는 그가 공자와 주자를 얼마나 숭상했는지를 잘 보여주지요.

안향과 회헌실기

그에 의해 소개된 성리학은 이제현, 이색, 정몽주 등에 의해 확산했어요. 이색은 성균관 대사성이 되어 성리학을 가르쳤고 정몽주도 거기서 가르쳤어요. 이들은 주로 『역전』과 『사서집주』를 가르쳤고, 권근, 정도전 등은 이들의 제자였어요. 알다시피 마지막 두 사람은 이성계를 도와 역성혁명을 일으킨 사람들이지요. 정몽주는 부모상을 치르기 위해 낙향하는 정도전에게 『맹자』 한 질을 선물했는데, 결과적으로 이것은 큰 실수였어요. 정도전은 「양혜왕장구하」에 나오는 제나라 선왕과 맹자의 대화를 읽고 역성혁명을 꿈꾸게 되었기 때문이지요(이기환, 2016). 이 대화를 보면, 선왕이 맹자에게 "탕이 걸을 내치시고 무왕이 주를 쳤다는데 그런 일이 있었습니까?"라고 묻자 맹자가 "경전에 있습니다"라고 대답해요. 다시 선왕이 "신하가 임금을 죽이는 것이 옳습니까?"라고 물으니, 맹자는 "인을 손상한 자는 적(賊)이라고 부르고, 의를 해친 자를 잔(殘)이라고 부르고, 손상하고 해치는 자를 일부(一夫)라고 부르는데, 일부가 주를 베었다는 소리는 들었지만 임금을 죽였다고 소리는 듣지 못했습니다"라고 대답해요. 이것은 왕이라도 천명을 거역하고 인심을 잃으면 더는 왕이 아니라 한 남자에 불과하니 그를 죽이는 것은 문제가 되지 않는다는 의미였지요. 정도전은 이 이야기를 근거로 이성계를 도와 역성혁명을 일으켰으니 정몽주가 정도전에게 『맹자』 한 질을 선물한 것은 엄청난 실수였던 셈이지요.

조선, 유학의 나라

역성혁명으로 왕위에 오른 이성계는 억불숭유[1] 정책을 쓰고, 한양에는 성균관을, 지방에는 향교를 세워 유학을 장려했어요. 조선 초기의 유학은 위로는 고려 말기의 유학을 계승하고 아래로는 조선 중기 성리학 전성시대를 잇는 가교 역할을 했어요(현상윤, 2010). 성리학은 16세기 인종, 명종, 선조 대에 전성기를 맞이하는데, 이 세 시기는 서경덕, 이황, 이이의 활동한 시기와 일치하지요. 서경덕은 우주 만물의 원리인 리(理)보다는 보이는 현상인 기(氣)가 더 중요하다고 주장했고, 이황은 원리가 있어야 현상이 있으므로 리가 더 중요하다고 보았어요. 그래서 그는 인간의 본성에서 비롯된 사단은 순수한 감정이고 외부 현상에 의해 생겨난 칠정은 비천한 감정으로 보았어요. 이이는 원리가 있어야 현상이 생기고 현상이 있어야 원리가 드러나기 때문에 둘 다 중요하

1 불교를 억제하고 유교를 숭상한다는 뜻의 조선시대 정책.

다고 주장했어요. 그리고 인간의 감정에는 사단과 칠정의 구분이 있을 수 없고, 인간의 칠정 중에서 선한 감정이 사단이 된다고 주장했어요.

이황

이이

현상윤(2010) 교수는 16세기에 성리학이 번성한 이유를 두 가지로 설명하는데, 하나는 중국 송나라 학풍의 영향이고, 다른 하나는 사화의 영향이에요. 먼저, 송나라 학풍은 공자와 맹자의 유학을 성리 · 의리 · 이기라는 형이상학 체계로 구성하려 했는데, 이런 학풍은 한 · 당대 학풍에 염증을 느낀 조선 학자들에게는 매력적이었어요. 다음으로, 이 시기에는 무오사화(1498), 갑자사화(1504), 기묘사화(1519)가 이어졌는데, 학자들은 사화에 잘못 연루되면 멸문지화를 당하는 것을 보고 깊은 산이나 조용한 곳에서 성리학을 공부하고 가르치기를 선호했어요.

성리학의 리(理)와 기(氣)는 모두 추상적이어서 심각한 논쟁을 일으키기도 했어요. 그 대표적인 논쟁은 1559년부터 13년간 서신 왕래로 계속된 이황과 기대승 사이에 벌어진 이기논쟁이에요. 그런데 이권효(2022) 교수는 이런 이기논쟁은 공자의 유학과는 거리가 멀다고 보았어요. 그에 따르면, 공자는 성리학의 성(性)은 두 번 언급하고 리(理)는 한 번도 언급하지 않았어요. 그래서 성리학은 공자의 유학에서 보면 어느 정도 '변질'한 유학이라고 평가했어요. 그런데 이렇게 번성했던 성리학은 임진왜란과 병자호란을 겪으면서 점점 쇠퇴하기 시작했어요. 전쟁이라는 현실적 문제 앞에서 성리학은 탁상공론처럼 여겨졌기 때문이지요. 양란을 겪으면서 사회가 혼란스러워지고 기존의 질서가 무너지자, 16세기 말에는 예학이 유학의 일부로 부상하기 시작했어요. 이런 시대적 분위기에 속에 정착된 것이 바로 남자–장자–친가 중심의 유교적 가부장제예요.

한편, 17세기에는 중국의 양명학, 고증학, 서양의 문물이 들어오면서 성리학을 탈피하여 실용적인 것을 강조하는 실학이 일어났어요. 실학의 선구자로 여겨지는 이수광은 중국을 수차례 다녀오면서 서양의 과학과 천주교를 접한 후 진정한 학문은 무실(務實)임을 강조했어요. 이에 따라 유형원과 이익은 학문의 지평을 유학을 넘어 천문, 지리, 경제, 군사, 과학 등으로 넓혔어요. 정약용은 고증학적 방법으로 경전을 새롭게 해석함으로써 공자와 맹자 유학을 실천철학으로 개조하려고 노력했어요. 이런 실학은 부국강병과 민생안정을 꿈꾸었으나 19세기 후반 농민 봉기와 서세동점으로 실패했어요. 유학은 1894년 갑오경장으로 신분제와 과거제가 폐지되면서 그 제도적 기반을 잃었고, 1910년 일본의 식민지가 되면서 국가 이념이라는 위상도 잃었어요. 일본은 유학을 철저히 비판하면서도 식민통치를 위해 유학을 교묘하게 활용하는 이중성을 보였어요. 그 대표적인 예는 '현모양처'인데, 이 말은 겉으로는 '현명한 어머니와 어진 아내'라는 좋은 말처럼 보이지만 속으로는 자식과 남편이 일본을 위해 열심히 일하게 잘 내조하는 여성이 되라는 것이었지요. 해방 후 식민사관이 완전히 청산되지 않은 상태에서 미국으로부터 서양 문물이 들어오면서 유학은 침체기를 맞았어요. 유학은 농경사회 윤리여서 산업사회에는 적합하지 않으니 폐기해야 한다고 주장하는 사람들도 늘어났어요.

공자가 죽어야 나라가 산다

급기야는 김경일 교수의 『공자가 죽어야 나라가 산다』라는 책까지 나오게 되었어요. 김 교수는 1999년에 쓴 이 책 때문에 큰 홍역을 치렀어요. 재단법인 성균관이 이 책이 공자와 유교를 폄훼했다고 주장하며 손해배상 청구 소송을 냈기 때문이지요. 이 논란은 2004년 대법원이 원고 패소 판결로 일단락됐지만, 이 책의 제목을 기억하는 사람은 여전히 많아요. '공자가 죽어야 나라가 산다'는 책 제목인 동시에 이 책의 제2장 제목이기도 해요. 제2장은 전체의 1/4 정도로 그리 많은 분량이 아니에요. 이런 적은 분량의 글이 전국의 유림을 격분시키고 소송까지 내게 한 것을 보면 이 글이 일으킨 파장이 얼마나 컸는지 알 수 있어요. 만약 이 책의 제목을 김 교수의 처음 구상대로 '공자를 죽여야 나라가 산다'라고 했다면 그 파장은 훨씬 더 컸을 거예요. '공자가 죽어야'가 공자가 죽기를 기다리는 소극적인 입장이라면, '공자를 죽여야'는 그를 죽이는 적극적인 입장이니까요. 아무튼, 김 교수는 제2장에서 "유교의 출발 – 역사의 왜곡, 왜곡의 역사"라고 평가하고 그 근거를 다음과 같이 제시했어요.

> *"고대로부터 전해오던 하나라, 은나라 왕실 기록들의 일부를 공자가 100편으로 추려서 묶었고, 이는 다시 29편으로 줄어들었다. 진시황의 분서갱유 때 모든 경서가 불타 사라졌다가 한나라 때의 유학자 복생[2]에 의해 다시 29편으로 만들어졌던 것이다. 따라서 우리는 원래의 역사적 실록이 공자와 복생이라는 인물을 거치면서 유교적 가치와 편의를 위해 상당 부분 변질되었으리라 짐작할 수 있다."*

김 교수에 따르면 이렇게 변질한 유학은 이후에도 계속 변질했어요. 그 주범은 동중서와 주희예요. 동중서(B.C. 176?–B.C. 104)는 한 무

2 복생(伏生)은 중국 동한(東漢) 시대의 유명한 유학자이자 고대 경전의 해석자임.

제의 비위에 맞추기 위해 공자의 유교를 수정했는데, 그것은 "주나라 때부터 성행한 정치적 존재 '하늘'과 공자의 '과거 숭배', '제례 문화' 등의 토대 위에 주술적 분위기를 첨가"한 것이었어요. 동중서의 유교를 간단히 정리하면, "천자는 하늘로부터 명을 받았다. 때문에 제후는 천자로부터 명을 받아야 한다. 또 신하는 통치자로부터 명을 받아야 한다. 마찬가지로 아들은 아버지로부터 명을 받아야 하고 아내는 남편으로부터 명을 받아야 한다. 따라서 명을 받고 위를 섬기는 자들이 실제로 섬기는 것은 하늘이다"라는 이른바 대일통(大一統)론이에요. 우리가 여기서 주목할 것은 남존여비라는 개념이 이 대일통론에서 시작되었다는 것이에요. 아무튼, 유교는 동중서에 의해 정치력을 얻으면서 동양 문화의 주류로 자리 잡게 되었고, 오늘날에도 그대로 이어지고 있어요. 김 교수가 "우리는 어쩌면 동중서의 정신적 노예들"이고 "지금도 동중서는 당신의 머릿속으로 들어가 있다"라고 말하는 것은 이 때문이지요. 동중서에 이어 유교를 또 한 번 변질시킨 사람은 주희(1130-1200)인데, 그는 남송 시대에 장시성 우이산 깊은 산중에서 자신의 우주론과 『논어』, 『맹자』, 『중용』, 『대학』, 『시경』, 『주역』 등을 스스로 해석하면서 주자학을 창시했어요. 김 교수는 이 "주자학은 공자, 맹자가 말했던 순진한 윤리적 메시지가 아니었다. 그것은 과학적 검증도, 열린 토론도 거치지 않은 한 사나이의 깊은 사유가 만들어낸 불완전한 우주론적 에세이에 불과한 것이었다"라고 말하면서 이는 "위대한 사기극"이라고 혹평했어요. 김 교수가 이렇게 혹평한 이유는 태극, 음양, 이, 기 등을 재해석하며 윤리와 과학을 뒤섞어 혼란스럽게 만들었기 때문이지요. 그는 "조선 500년 동안 지식인들의 사유는 주자의 관념 체계 안에 갇혀 한 걸음도 밖으로 나가지 못했다"라고 결론 내려요. 강명관(2011) 교수 역시 비슷한 입장을 보여요. 그는 "성리학은 이미 공자, 맹자가 말한 유학의 본래 정신에서 삼만 팔천 리나 떨어진 것"이고, 특히 "19세기 성리학은 유교의 정신을 배반한 것"이라고 말해요. 이권효(2022) 교수도 "조선 시대의 성리학은 공자를 시조로 내세우지만, 유학의 발전이 아니라 변질이고 퇴보라는 측면이 분명히 있다"라고 말했어요. 정진일(2005) 교수도 사람들이 "지엽적이고 말단적인, 그리고 그것도 원래 공자나 맹자의 가르침으로부터 크게 변질된 것들을 유교의 전부로 알고" 있다고 개탄했어요.

3 유학으로서의 예학

그럼 유교적 가부장제의 이론적 근거가 된 예학에 대해서 좀 더 알아보기로 하지요. 예학은 글자 그대로 예법이나 예제를 연구하고 실천하는 학문이에요. 이 학문은 유학의 고대 예서인 『의례』, 『예기』, 『주례』와 중세 예서인 주희의 『가례』 등을 기반으로 삼았어요. 한국의 예학은 16-17세기 성리학자들이 연구한 것이므로, 예학은 성리학의 한 분야라 할 수 있지요. 이는 조선 후기 실학자 이익이 "유학의 방법에는 이학과 예학 두 갈래가 있다. 독서하고 담도하는 것을 이학이라 하며, 관혼상제의 의례를 고증하는 것을 예학이라 한다"(금장태, 2000)라고 한 데에서도 확인할 수 있어요.

역사적으로 볼 때, 예학의 초석을 놓은 사람은 당연히 공자지요. 공자는 예를 인을 행하는 수단으로 보았어요. 그는 예를 통해 개인적 수행을 실천하고 국가의 질서를 확립하고자 했어요. 공자의 학문을 계승한 순자는 성악설에 기초한 예치론을 정립했어요. 한대에도 예법을 매우 중시했어요. 당시 훈고학자들은 『의례』, 『예기』, 『주례』를 정리하고 보완했어요. 이후 예학은 이 세 고례와 주희의 『가례』를 중심으로 발전했어요. 고례는 길례, 흉례, 군례, 빈례, 가례라는 오례(五禮)로 체계화되었고, 『가례』는 관혼상제라는 사례(四禮)로 체계화되었어요. 오늘날 우리가 말하는 '관혼상제'는 바로 이 『가례』에서 유래한 것이지요.

앞서 이야기한 것처럼 조선에서 예학이 발달하기 시작한 것은 16세기 중반부터예요. 당시 학자들은 특히 주희의 『가례』를 중시했어요. 이들이 예학에 얼마나 심취했느냐는 이때 나온 예서의 수만 봐도 알 수 있어요. 16세기 중반부터 17세기 중반까지 나온 예서는 90여 종에 이르고, 이 중에서 90% 이상이 『가례』와 관계된 예서였어요(이영춘, 우리역사넷). 16세기 중반이 『가례』를 재구성하거나 주석을 붙이는 수준이었다면, 16세기 후반은 제례나 상례를 전문적으로 연구하는 수준으로 발전했어요. 예학이 이렇게 성행한 데는 크게 두 가지 이유가 있어요. 하나는 공고하게 구축된 성리학의 이론적 기반 위에서 예학을 확산시키고 실천하고자 했기 때문이고, 다른 하나는 임진왜란과 병자호란으로 기존의 사회 질서와 윤리의식이 흐릿해졌기 때문이에요. 실제로 1592년 임진왜란과 1636년 병자호란은 기존의 사회 질서를 뒤흔들었고 백성들의 지배층에 대한 불신을 야기했어요. 예학은 이처럼 무너진 사회 질서를 회복하려는 목적에서 등장한 것이지요. 이 예학을 등에 업고 강화된 것이 바로 장자 중심의 유교적 가부장제예요. 이런 변화는 재산 분배 내역을 기록한 분재기(分財記)에도 잘 나타나요. "장자 우위의 상속으로 변화된 시기를 넓게는 17세기 전반에서 중반으로 보며, 장자 위주의 제사 및 재산 상속이 일반화되는 시기를 17세기 후반 또는 18세기 중반"(박미해, 2010)으로 본다고 해요. 그래서 많은 학자는 18세기를 유교적 가부장제의 완성기라고 보는 것이지요.

그런데 이런 장자 중심의 유교적 가부장제의 강화는 곧 여성의 권리 약화를 의미해요. 실제로 여성이 조선 중기까지 누리던 권리들은 이 시기에 들어 확 줄어들어요. 17세기 중반까지만 해도 여성들은 결혼 후에도 친정에 머물고, 오빠와 똑같이 재산을 상속했고, 부모 제사도 돌아가면서 지내는 등 상당한 자율성과 권한을 가지고 있었어요. 하지만 유교적 가부장제가 확산함에 따라, 결혼 후 친정에 머무는 시간이 짧아졌고, 재산 상속에서도 배제되기 시작했고, 친정 제사보다는 시집 제사에 전념해야 했어요. 한마디로, 18세기에 일반화된 유교적 가부장제는 가정의 질서를 바로 세운다는 명목으로 여성을 철저히 억압한 변질한 유학이었어요. 여자는 출생하면 아버지를 따르고 혼인하면 남편을 따르고 사별하면 아들을 따라야 한다는 '삼종지도', 시집을 가면 더는 우리집 사람이 아니라는 '출가외인', 시집온 여자에게 문제가 있으면 쫓아낼 수 있다는 '칠거지악', 남편이 죽으면 수절하거나 따라 죽어야 한다는 '열녀' 등 온갖 이상한 논리를 내세워 여성들을 철저히 억압해 나갔지요. 한편, 18세기 양반층의 예법은 향약, 향교, 서당 등을 통해서 평민층에도 퍼져 나갔어요. 그리고 평민 중 부유한 사람은 국가에 곡식을 내고 공명첩(空名帖)을 받거나 몰락한 양반의 족보를 사서 양반이 되기도 했어요. 이 '가짜' 양반들은 자신의 비천한 신분을 보완하기 위해 허례허식에 매달렸고, '진짜' 양반들은 이들과 다르다는 것을 보여주기 위해 족보를 외우고 사당을 세우고 자기들만의 집성촌을 만들었지요. 이런 과정에서 유교는 계속 변질했고, 유교적 가부장제는 더욱 공고해졌어요.

4 유교적 가부장제

가부장제(家父長制)는 글자 그대로 집(家)에서는 아버지(父)가 우두머리(長)라고 여기는 제도(制)예요. 이 제도를 이해하려면 그 첫 글자인 '가(家)'의 의미부터 알아볼 필요가 있어요. 중국 한대 허신(58~147)에 따르면, 이 글자는 '집 면(宀)'과 '돼지 시(豕)'를 합쳐 만든 것으로, 아래층에는 돼지가 살고 위층에는 사람이 살던 옛날 중국 집 구조를 상형화한 것이에요.

예로부터 돼지는 다산과 번영을 상징했으니, '가'라는 글자는 자손의 번창과 밀접히 관련된 글자로 볼 수 있어요. 이렇게 생긴 '가'라는 글자에는 다양한 의미가 있어요. 집이라는 공간에서부터 같은 성을 가진 사람들의 무리에 이르기까지 말이지요. 유교적 전통 사회는 후자의 의미를 특히 강조했어요. 이런 사회에서 '가'는 개인과 사회를 연결해주는 통로 역할을 했어요. 이는 '수신제가치국평천하(修身齊家治國平天下)'라는 말에도 잘 드러나지요. '수신'은 개인의 일이고 '치국'과 '평천하'는 사회 및 국가의 일인데, 그 사이에 '제가'라는 중간 통로가 있어요. 이래서 유교 사회에서는 가족과 일체화되지 않은 개인은 상상할 수가 없게 된 것이지요. 한국인의 집단주의는 여기에서 유래했을 수도 있어요.

우리의 역사를 살펴보면 거의 다 가부장제 사회였음을 알 수 있어요. 고려 시대에는 다소 느슨한 가부장제였어요. 당시의 결혼은 처가살이가 보통이었고, 자녀는 외가에서 자라 외가 식구와 더 가까웠어요. 제사도 자녀들이 절에서 돌아가면서 지냈고, 재산도 딸 아들 구분 없이 상속했지요. 이런 느슨한 가부장제를 엄격한 가부장제로 바꾸는 데는 조선 건국 후 250년이라는 긴 시간이 필요했어요. 이 시간 동안 양반 남성들은 성리학을 내세워 남녀평등 관계를 남녀불평등 관계로 바꾸려고 노력했어요. 이렇게 가부장제가 조선 중기부터 강화되기 시작하고 조선 후기에 정착함에 따라 일상생활에는 네 가지의 큰 변화가 일어났어요. 처가살이에서 시집살이로, 균분상속에서 장자상속으로, 윤회봉사에서 장자봉사로, 여성의 성 규제에서 성 억압으로 옮겨 간 것이에요. 이런 변화 속에서 남성의 권한은 점점 커지고 여성의 권한은

점점 작아졌지요. 이를 두고, 최준식 교수는 "조선 왕조 5백 년의 정치사는 철저하게 가부장제 사회 질서를 강화한 과정이었으며, 이와 동시에 여성들을 사회 전면에서 철저하게 배제한 역사"[3]라고 평가했어요.

이렇게 강화된 가부장제는 외세의 침입, 일제강점기, 6 · 25 전쟁, 군부독재라는 사회적 혼란에도 계속 유지되었어요. 그런데 1970년대 여성학이 도입되고 여성 운동이 활발해지면서 가부장제는 비판받기 시작했어요. 박미해(2010) 교수에 따르면, 가부장제와 관련된 용어가 한국에서 가장 빈번히 사용된 것은 1970년대 이후라고 해요. 이런 가부장제는 지난 50년간의 노력으로 많이 약해졌지만, 젊은 세대, 특히 여성들에게는 '당장 버려야 하는 낡은 악습'으로 여겨지고 있어요. 이런 부정적 인식은 여러 가지 행동으로 나타나는데, 그중 하나가 연애, 결혼, 출산을 포기하는 것이지요. 젊은 세대의 이런 거부 또는 저항으로 합계출산율이 급격히 떨어지고 이는 급격한 인구 감소의 주된 원인이 되고 있어요.

3 https://www.sisajournal.com/news/articleView.html?idxno=116331

제3장

시집의 언어

제3장

시집의 언어

'겉보리 서 말만 있으면 처가살이 안 한다'라는 속담이 있어요. 여기서 '겉보리'는 껍질을 제대로 벗기지 않은 보리로, 아주 하찮은 식량을 의미하지요. 이 하찮은 식량만 있어도 처가살이는 안 하겠다는 걸 보면 사람들은 아주 옛날부터 이 처가살이를 무척 싫어했을 거라 생각할 수 있어요. 그런데 이것은 사실이 아니에요. 이런 말을 한 사람들은 조선 후기의 사람들일 가능성이 크니까요. 그 이전 사람들은 처가살이를 많이 했고 이런 삶에 큰 불만이 없었어요.

1 처가살이

처가살이는 한민족의 아주 오래된 풍습이에요. 그 기원은 고구려의 서옥제(壻屋制)까지 올라가요. 『삼국지』 「위지동이전」은 이 서옥제를 다음과 같이 설명해요.

> "언약으로 혼인이 정해지면 여자 집 뒤에 작은 집을 짓는다. 이를 서옥이라고 한다. 날이 저물면 사위가 여자 집 문밖에 와서 자신의 이름을 외친 후 무릎 꿇고 절을 하면서 여자와 함께 지내게 해줄 것을 수차례 청한다. 여자의 부모가 이를 듣고 허락한다. 부부가 된 이들은 그곳에서 자녀를 낳아 성장한 후에 남자의 집으로 간다."

우리는 이 기록에서 몇 가지 흥미로운 사실을 알 수 있어요. 첫째, "언약으로 혼인이 정해지면"이라는 표현과 "여자의 부모가 이를 듣고 허락한다"라는 표현이 나오는데, 앞에 나오는 표현을 혼인(婚姻)이라고 한다면, 뒤에 나오는 표현은 결혼(結婚)이라고 할 수 있어요. 본래 혼인은 남자와 여자가 부부의 연을 맺는 것을 말하고, 결혼은 신붓집과 신랑집이 혼인을 통해 밀접한 관계를 맺는 것을 말하니까요. 요즈음 사람 중에는 '두 사람의 결혼', '양가 혼인'이라는 말을 쓰는 사람이 종종 있는데, 엄격한 의미에서 보면 이 표현들은 모두 틀린 거예요. '두 사람의 혼인', '양가 결혼'이 맞는 표현이지요. 둘째, "서옥(壻屋)"이라는 표현이 나오는데 이는 글자 그대로 '사위(壻)'의 '집(屋)'이라는 뜻이에요. 사위는 장인 집 뒤에 작은 집을 짓고 살았던 것이지요. 이 풍습은 오늘날 '장가가다'와 '장가들다'라는 말에 남아있어요. 여기서 '장가(丈家)'는 장인(丈人)과 장모(丈母)가 사는 집(家)을 가리키는 말이에요. 셋째, "날이 저물면"이라는 표현이 나오는데, 이것은 혼(婚) 자에 그 흔적이 남아있어요. 혼(婚)은 '여자' 여(女)와 '어두울' 혼(昏)을 붙여 만든 말인데, 이는 신라나 고려 시대에는 혼례를 저녁에 치렀기 때문이에요. 조선 시대에도 이 풍습에 따라 저녁에 혼례를 올리기도 했어요.

서옥과 관련 있는 또 다른 말은 '서방'이에요. 장인이나 장모는 사위를 '김서방', '장서방' 등으로 부르는데, 이 '서방'의 어원은 15세기 서거정이 쓴 『태평한화골계전』에서 확인할 수 있어요.

> *"민간에서는 사위를 서방이라고 한다. 서방(西房)이 머무르기 때문이다. 어떤 재상은 사위를 여럿이나 보았다. 이에 새 사위는 서방에 들게 하고 묵은 사위는 사랑(斜廊)에 머무르게 하였다. 하루는 재상이 관가에서 집으로 돌아오자 날이 이미 어두워졌다. 따라서 사람들의 얼굴을 분별할 수 없었다. 마침 묵은 사위가 마당에서 인사를 올렸다. 그러자 장인이 말했다. "자네가 서방인가?" 묵은 서방은 그 말이 떨어지기 무섭게 대답했다. "저는 사랑이옵니다" 그런 연유로 민간에서 묵은 사위를 '사랑'이라 놀리는 것이다."*

여기서 알 수 있는 것은 사위의 집은 주로 처가의 서쪽 뒤에 마련했다는 사실이에요. '서방'이 사위를 부를 때 사용한 말이라면, '실(室)'은 친정 부모가 혼인한 딸을 부를 때 사용한 말이에요. 예를 들어, '장실이', '김실이' 등으로 불렀던 것이지요. 처가 서쪽에 작은 집이나 방을 지어 신혼부부가 살게 했으니, 그 집이나 방은 장 씨나 김 씨 사위의 처소, 즉 실(室)이 되고, 이 처소를 드나드는 딸은 자연스럽게 '장실이', '김실이'가 된 것이지요.

서옥제는 신라 시대 김춘추와 김문희의 혼인에서도 찾아볼 수 있어요. 김문희의 오빠인 김유신은 김춘추를 집으로 불러 동생과 동침하게 해요. 몇 번 동침한 끝에 김문희가 임신하자 김춘추는 이에 부담을 느껴 발길을 끊었어요. 이를 눈치챈 김유신은 선덕왕을 움직여 김춘추가 동생과 혼인하도록 하지요.

서옥제와는 직접적인 관련이 없지만, 여기서 잠시 주목했으면 하는 것은 '선덕왕'이라는 표현이에요. 이 왕은 오늘날 우리에게는 선덕여왕으로 알려진 인물이에요. 그런데 신라 시대에는 이 왕을 '선덕여왕'이라고 부르지 않았어요. 1145년 김부식이 쓴 『삼국사기』도 '선덕왕'이라는 표현을 사용했어요. 1281년 일연이 쓴 『삼국유사』는 '선덕여대왕', '선덕여왕'이라는 표현을 썼으나, 이것은 어디까지나 예외였고 대부분은 '선덕왕'이라는 표현을 사용했어요. 조선 시대에 들어오면서 '선덕여왕'이라는 표현이 점점 많이 쓰기 시작해요. 예를 들어 1454년 『세종실록』「지리지」는 '선덕여왕'이라는 표현을 썼어요. 이렇게 한 것은 신라 27대 선덕왕(善德王)과 37대 선덕왕(宣德王)을 구분하기 위해서라고 할 수도 있지만, 유교의 영향으로 남성 중심의 사회로 변해 가는 과정에서 여자가 왕이었던 경우에는 '왕(王)' 앞에 '여(女)'를 붙여 예외로 취급하려는 의도도 있었다고 할 수 있어요. 오늘날에도 사장이 여자이면 '여사장'이라고 하고, 교수가 여자이면 '여교수'라고 하는데, 이 역시 비슷한 의도로 해석할 수 있지요.

처가살이는 고려 시대에도 계속되었어요. 이는 고려 말 이곡이 원나라 어사대에 올린 상소문을 보아도 알 수 있어요.

> *"고려의 풍속은 차라리 아들로 하여금 따로 살게 할지언정 딸은 내보내지 않으니 이는 진(秦)의 데릴사위와 비슷합니다. 무릇 부모에게 봉양을 바치는 것은 딸이 맡아서 하는 것이므로 딸을 낳으면 은혜와 부지런함으로 키워서 밤낮으로 자라서 능히 봉양하게 되기를 바라는 것인데, 하루아침에 품 안에서 빼앗아 4천 리 밖으로 보내 버리기 때문에, 발걸음이 한 번 문을 나서면 죽을 때까지 돌아오지 못하니, 그 마음이 어떠하겠습니까?"*

이 상소문에서 알 수 있듯이, 고려 시대에도 남자가 여자 집에 가서 사는 것은 기본이었어요. 이렇게 처가살이가 일반적이다 보니 처가나 외가와의 관계가 아주 밀접했어요. 이는 당시 상복제(喪服制)에도 잘 나타나요. 고려 시대에는 장인·장모나 외조부모의 상복이 모두 1년으로 친조부모와 같았어요. 당시 중국은 친조부모는 1년, 외조부모는 5개월, 장인·장모는 3개월로 했지만 고려는 이를 따르지 않았어요. 처가나 외가와의 밀접한 관계는 음서제나 연좌제에서도 찾아볼 수 있어요. 사위나 외손자는 아들이나 친손자와 똑같이 장인이나 외조부로부터 음서제나 공음전 혜택을 받을 수 있었어요. 사위가 국가에 공을 세우면 그 부모와 더불어 장인·장모도 상을 받았고, 사위가 죄를 지으면 장인 역시 처벌받았어요. 이런 밀접한 관계는 외손자가 외조부모의 제사를 지내는 외손 봉사에서도 드러나지요. 이처럼 고려의 결혼은 중국처럼 부계 중심적이지 않고 양가가 거의 대등한 형태로 이루어졌어요.

처가살이는 조선 시대에도 계속되었어요. 그런데 이성계를 도와 조선을 건국한 사람들은 이를 비판하고 나섰어요. 그중 하나인 정도전은 여자가 혼인 후에도 친정에서 계속 살며 부모의 위세를 믿고 남편을 함부로 대한다고 비판하고 중국식 친영으로 바꾸자고 주장했어요. 친영(親迎)이란 남자가 여자 집에 가서 여자를 데려와 혼례를 치르고 계속 남자 집에서 생활하는 것, 즉 시집살이를 말하지요. 하지만 조선 초기에는 이렇게 바꾸는 게 쉽지 않았어요. 1434년 『세종실록』에서 세종은 다음과 같이 말해요.

> *"친영의 예는 법의 지극히 아름다운 것이다. 그러나 남자가 여자 집으로 장가드는 것은 우리나라에서 행한 지 오래되어 쉽게 고칠 수 없다. (…) 오직 왕실에서 행하게 되면 아래의 뜻있는 자가 보고 그대로 따르게 됨은 이치의 필연인지라 금후로는 왕자와 왕녀에게는 친영의 예를 행하는 것이 어떻겠는가? 잘 의논하여 아뢰라."*

이렇게 말한 세종은 자기가 모범을 보이기 위해 1년 뒤에 막내 여동생 숙신옹주의 혼례를 친영으로 치렀어요. 이로써 숙신옹주는 우리 역사상 최초로 시집살이를 한 여성이 되었어요. 물론 옹주라는 귀한 신분이라 우리가 생각하는 시집살이와는 거리가 멀었을 거예요. 친영으로 혼례를 올린 첫 번째 조선 왕은 중종이에요. 그는 1517년 세 번째 왕비를 친히 왕궁으로 불러들임으로써 친영의 본보기를 보여주었지요. 하지만 친영은 16세기 중반에도 널리 보급되지 않았고, 이를 본 명종은 그 절충안으로 반친영을 제안했어요. 반친영은 여자 집에서 혼례를 올린 후 그다음 날 시집으로 가 시부모에게 인사를 드리는 것이지요. 하지만 이 반친영 역시 널리 보급되지 않았어요. 여기에는 크게 두 가지 이유가 있었어요. 하나는 고구려 시대부터 이어져 온 오래된 풍속을 하루아침에 바꾸기가 어려웠기 때문이에요. 다른 하나는 처가살이가 양가 모두에게 도움이 된다고 여겼기 때문이에요. 신붓집에서는 애지중지 키운 딸을 계속 데리고 살 수 있으니 당연히 좋아했고, 신랑집에서는 처가의 지원을 계속 받을 수 있어서 좋아했어요. 바깥 활동이 제약된 여자가 남자 집으로 가면 친정에 오가기 어렵고 그러면 자연히 사돈

끼리도 만날 일도 줄어들지요. 반대로 활동이 자유로운 남자가 처가에 살며 양가를 오가면 두 집안은 긴밀한 유대 관계를 유지할 수 있었어요. 양가의 이런 이해관계가 맞물리면서 사람들은 처가살이를 쉽게 포기하지 않았던 것이지요. 참고로, 양가 부모가 상대방을 부르거나 가리킬 때 쓰는 '사돈(査頓)'이라는 말은 만주어 '사둔'이나 몽골어 '사든'에서 유래한 말로, 그 유래 시기는 고려 고종 때로 추정해요. 더욱 흥미로운 사실은 이 말은 중국에서는 쓰이지 않는 말이라는 거예요(이재운 외, 2008).

조선 중기 처가살이는 신사임당의 행적에서도 엿볼 수 있어요. 신사임당은 1522년 이원수와 혼인했고, 혼인한 지 2년 만에 서울 시댁에 인사하러 갔지만, 시댁이나 시댁의 근거지인 파주에는 그리 오래 머물지 않았어요. 남편을 따라 봉평에 살다가, 친정에서 이이가 태어난 지 5년 만인 1541년에 서울로 완전히 옮겨 갔으니, 시집보다 친정에 머문 시간이 더 길었어요. 이를 두고 여러 가지 설이 있어요. 흔히 아버지 신명화가 딸을 너무 아껴 시집으로 보내지 않았다고 하기도 하고 아버지의 상을 마쳐야 했기 때문이라고들 하지만, 주된 이유는 그저 당시에는 그렇게 해도 괜찮았기 때문이에요. 신사임당은 혼인 후 20년 만에 친정을 떠나면서도 시집으로 가는 게 내키지는 않았던 모양이에요. 이는 다음의 시에서도 드러나요.

늙으신 어머님을 고향에 두고
외로이 서울로 가는 이 마음
이따금 머리 들어 북촌을 바라보니
흰 구름 떠 있는 곳에 저녁 산만 푸르네.

처가살이는 18세기 양반가에서도 계속되었어요. 영조 때 대사헌을 지낸 권상일은 그의 『청대일기』에 아들의 혼인 과정을 자세히 적어 두었어요. 1725년 2월 7일 아들은 처가로 떠나고, 다음날 처가에서 혼례를 치러요. 그다음 날에 신행에 동행했던 사람들이 돌아와 며느리가 현명해 보인다고 말하자 권상일은 집안의 경사라며 크게 기뻐해요. 아들은 떠난 지 5일 만에 돌아오고, 며느리는 친정에 그대로 머물러요. 이후 아들은 한두 달에 한 번꼴로 처가에 가고, 한 번 가면 일주일 정도 머물렀어요. 이 사이에 권상일은 아들이나 종이 전해주는 편지로 사돈이나 며느리와 안부를 주고받아요. 며느리는 혼인한 지 2년 5개월 만인 1727년 7월 22일에 시집으로 오는데, 권상일이 며느리의 얼굴을 본 것은 이때가 처음이에요. 이처럼 혼인 후 친정에서 몇 년을 보내다 시집에 들어오는 것을 '해묵이'라고 하는데 이런 관습은 일제강점기에도 있었고, 일부 지역에서는 20세기 중반까지도 유지되었다고 해요.

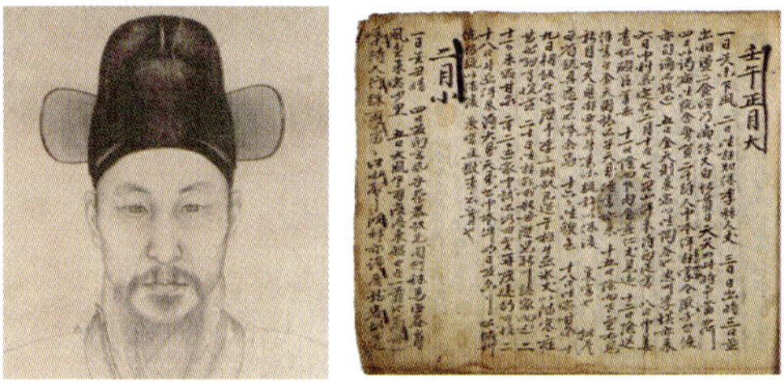

권상일과 그의 일기

이상의 사실로 미루어 우리의 처가살이를 요약하면 다음과 같아요. 첫째, 처가살이는 우리 민족 고유의 풍습이에요. 중국의 영향을 엄청나게 받았지만, 이 풍습만은 지켜 온 것이지요. 둘째, 시집살이는 길게 잡으면 300년, 짧게 잡으면 100년도 안 된 비교적 최근의 풍습이에요. 쉽게 말하자면, 혼인 후 바로 시집에 간 것은 우리 할머니나 어머니 때의 일이에요. 셋째, 처가살이에서 시집살이로 옮겨가면서 여성의 권리는 점점 축소되었어요. 이 부분은 뒤에서 살펴볼 제사 문제와 상속 문제와 관련해 좀 더 자세히 언급하도록 하지요.

2 시집살이

시집살이에 대해서 알아보기 전에, '시집'이라는 단어의 어원부터 살펴보지요. '시집'이 '시'와 '집'으로 이루어진 말이라는 것은 누구나 다 알아요. 하지만 '시'의 어원에 대해서는 학자들 사이에서도 의견이 분분해요. 모든 학자가 동의하는 것은 '시'가 고유어 '싀'에서 유래했다는 사실뿐이에요. 어떤 학자는 '싀'가 한자어 '신(新)'에서 유래했다고 주장해요. 이 주장대로라면 '싀집'은 '새로운 집'이라고 해석할 수 있지요. 또 어떤 학자는 '싀'가 '밖'이나 '남'을 뜻한다고 주장해요. 예를 들어, 안옥규(1989)는 '싀앗'이나 '시앗'은 '밖에 둔 여자', 즉 첩을 뜻하니 '시집'의 '시'도 '밖' 또는 '남'이라고 보아야 한다고 주장해요. 이 주장에 따르면, '시집'은 '밖의 집', '남의 집'이라고 해석할 수 있지요. 또 다른 학자는 '싀'가 본(本)과 대립하는 것으로, 관계가 '간접적'임을 나타낸다고 주장해요. 조항범 교수는 인터넷 사이트 '어원탐구'[4]에서 '시앗'이 '남편의 첩'이라면 이 '시앗'은 '남편의 처'인 본처(本妻)와 대립한다고 주장해요. 그리고 첩은 본처에 비해 그 관계가 간접적이고 심리적으로도 멀기에 이런 주장은 무리가 아니라고 보았어요. 이렇게 '시집'에서 '시'를 '새로운'으로 보든, '밖의'로 보든, '간접적'으로 보든, 시집은 혼인한 여자에게는 자기에게 익숙지 않아 낯선 집, 그래서 매사에 조심해야 하는 매우 거북한 집이었어요.

'시댁'이 된 시집: 단어 속 가부장제

한편, '시집'이라는 단어의 변화도 흥미로워요. 시집의 어원인 '싀집'은 16세기에 어머니가 딸에게 쓴 편지에 나와요. 이후 '싀집'은 '시집'으로 변했는데, 그 정확한 시기는 알 수 없어요. 인터넷 사이트 '우

4 https://mirror.puzzlet.org/korean.go.kr/nkview/nklife/2005_3/15_8.html

리말 샘'[5]에 의하면, '시집'은 적어도 18세기 중엽에는 사용되었지만 19세기에도 '싀집'을 완전히 대체하지 못했어요. 이는 1829년 『이재유고』가 "부가(夫家)를 싀집이라 하고, 부지부모(夫之父母)를 싀부모라 한다"고 설명하는 것을 보면 알 수 있어요. 또 하나 흥미로운 사실은 순우리말인 시집을 한자로 바꾸어 쓰기 시작했다는 거예요. 제가 보기에 다음과 같은 순서로 이루어진 것 같아요. 먼저, '시'를 '媤(시)'로 바꾸었어요. 1799년 『홍재전서』에는 "媤家之神主(시가지신주)"라는 표현이 나와요. 1819년 『아언각비』는 "시(媤)는 여자의 글자이다. 이것은 구가(舅家, 즉 시아버지의 집)를 가리킨다. 구(舅)를 시부라 하고 고(姑)를 시모라 한다"라고 설명해요.

그런데 '媤(시)'는 조선 시대에 어느 한 양반이 만든 한자인 것 같아요. 그래서 이 글자는 오늘날 중국 사람도 모르는 한자예요. 조항범 교수는 "'시집' 등에 쓰인 '시'의 어원이 불분명해지자 여인이 늘 마음을 써서 시부모를 섬겨야 한다는 뜻을 담아 '계집 女' 변에 '생각 思'를 결합한 '媤' 자를 만들어낸 것이다"라고 설명해요. 『한자어원사전』(2014)도 "여성이 언제나 생각해야 할 곳이 친정이 아니라 시집임을 강조했다"라고 설명해요. 이렇게 '시'에 해당하는 한자를 만든 다음에는 '집'에 해당하는 한자인 '宅(댁)'이나 '(家)가'를 붙이기 시작했어요. '싀댁'의 형태는 1830년대 나타나고, 19세기 『오주연문장전산고』는 "세속에서는 부가(夫家)를 시가(媤家)라고 부른다"라고 적고 있어요. 참고로, 고전 문헌에는 시집을 '구가(舅家)', '구고가(舅姑家)', '부가(夫家)' 등으로 불렀어요.

5 https://opendict.korean.go.kr/dictionary/view?sense_no=427397

정약용과 아언각비

바로 위에서 살펴본 싀집-시집(媤집)-시댁(媤宅)의 변화는 처가살이에서 시집살이로의 변화와 유교적 가부장제의 강화를 보여주는 좋은 예가 될 수 있어요. 이 세 단어는 고유어→고유어+한자어→한자어로 순차적으로 변해 왔는데, 조선 시대에는 고유어의 위상이 낮고 한자어의 위상이 높았다는 점을 고려하면, 시집의 위상이 언어적으로도 점점 높아졌음을 알 수 있어요. 이는 조선 중기 이후 여자들의 시집살이가 점점 길어지고 유교적 가부장제가 강화된 것과 그 맥을 같이 한다고 볼 수 있어요. 나중에 살펴보겠지만, 이는 여자가 거주하는 안채의 비중이 점점 줄어들고 남자가 거주하는 사랑채의 비중이 점점 커지는 것과도 무관해 보이지 않아요.

시집살이 개집살이

여자가 시집에 가면 모든 것이 조심스러워요. 거기에 사는 모든 사람이 낯설기 때문이지요. 사람만 낯선 게 아니라 집안 문화도 낯설어요. 게다가 시집에 가면 자신의 위상도 확 떨어져요. 친정에서는 부모 형제의 사랑을 받으면서 괜찮은 위치에 있었지만, 시집에 가면 가족 중에서 가장 낮은 위치가 되어 나이 어린 시동생이나 시누이에게도 존댓말을 써야 했어요. 이렇게 사람도 낯설고 문화도 다르고 위치도 하락한 상태에서 산다는 것은 그야말로 고역 중의 고역이었을 거예요. 정북

경산에서 구전되는 '시집살이 노래'[6]라는 민요는 이런 고역을 잘 보여줘요. 이 민요는 미혼인 사촌 동생이 시집간 사촌 언니에게 시집살이에 대해 묻고 답하는 대화 형식을 띠고 있어요.

형님 형님 사촌 형님 시집살이 어떱뎁까?
이애 이애 그 말 마라 시집살이 개집살이.
앞 발에는 당추 심고 뒷발에는 고추 심어
고추 당추 맵다 해도 시집살이 더 맵더라.
(…)
외나무다리 어렵대야 시아버니 같이 어려우랴?
나뭇잎이 푸르대야 시어머니보다 더 푸르랴?
시아버니 호랑새요 시어머니 꾸중새요,
동세 하나 할림새요 시누 하나 뾰족새요.
시아지비 뾰중새요 남편 하나 미련새요,
자식 하난 우는새요 나 하나만 썩는샐세.
귀먹어서 삼 년이요 눈 어두워 삼 년이요,
말 못해서 삼 년이요 석 삼 년을 살고 나니,
배꽃 같던 요내 얼굴 호박꽃이 다 되었네.

여기에서 가장 먼저 눈에 띄는 것이 시집을 '개집'이라고 부르는 대목이에요. 이 단어 하나에 시집살이에 대한 평가가 모두 담겨 있다고 볼 수 있어요. 다음으로 눈에 띄는 것은 시집살이가 고추와 당초보다 더 맵다고 하는 대목이에요. 이런 표현은 요즘 유행가 가사에도 종종 등장하지요. 예를 들어, 1941년 이화자가 부른 '초립동'이라는 노래에는 "고추 당초 맵다한들 시집보다 더할 쏜가 음~"이라는 가사가 나와요. 그다음은 시집 사람들과의 관계에 대해서 말하고 있어요. 시아버지 앞에서의 행동은 외나무다리를 건너는 만큼 어렵고, 시어머니의 눈총은 나뭇잎보다 더 푸를 정도로 따갑다고 해요. 시아버지는 호랑이같

6 http://www.davincimap.co.kr

이 무서워서 '호랑새'고, 시어머니는 날마다 꾸중을 해서 '꾸중새'고, 동서는 자기의 허물을 고해바치는 '할림새'고, 시누이는 까탈스러워 '뾰족새'고, 시아주버니는 불만이 많아 '뾰중새'고, 남편은 자기의 고충을 몰라주는 '미련새'고, 자식은 자꾸 울고 보채는 '우는새'라고 해요. 자기는 이런 사람들과 살다 보니 속이 썩어 문드러지는 '썩는새'라는 것이지요. 시집에서는 들어도 못 들은 척, 보고도 못 본 척, 알아도 모르는 척해야 하니 속이 썩을 수밖에요. 이렇게 십여 년을 살고 나니 자신의 꽃다운 인생은 다 끝났다는 것으로 마무리 짓고 있어요.

동병상련과 고부갈등

시집살이를 가장 힘들게 하는 사람은 뭐니 뭐니 해도 시어머니예요. 오죽했으면 시어머니를 '시집간 여(女)자가 늘 생각해야(思)' 하는 사람이라고 했겠어요. 그런데 사실 시어머니와 며느리[7] 사이에는 공통점이 참 많아요. 그것은 다른 집에서 왔다는 것, 아들을 낳기 전까지는 지위가 불안정하다는 것, 자신의 지위는 시집 남자들의 지지에 달려 있다는 것 등이에요. 따라서 시어머니와 며느리는 동병상련이나 역지사지를 하면 그 누구보다도 잘 지낼 수 있는 사람들이에요. 하지만 현실은 전혀 달라요. 동병상련은커녕 서로가 반감을 갖고 갈등을 빚는 경우가 많지요. 이런 적대적 관계를 만든 주범은 전통적 가족 구조예요. 사실 전통 사회에서 부부는 대개 중매로 맺어진 사이라 서로에 대한 애틋한 애정은 처음부터 기대하기 어려웠어요. 감수성이 풍부한 여성에게

7 "'며느리'는 15세기 문헌에도 '며느리'로 나온다. 이 시기에는 '며느리'와 더불어 '며느리'도 보이는데, 이것이 더 오래된 어형이다. (…) '며느리'는 '며늘'에 접미사 '-이'가 결합된 어형일 가능성이 있다. (…) 그러나 '며늘'의 어원을 밝히기는 지금으로서는 어렵다. (…) 그런데 '며느리'의 어원이 궁금해지자 언중은 그들 나름의 그럴듯한 해석을 내놓기도 했다. '며느리'의 또 다른 표기 형태인 '며나리'를 들어 '며'를 '밥'을 뜻하는 '메'로 보고, '나리'를 '나아오다'의 뜻으로 보아 '밥을 가지고 나오다'로 해석한 것이다. 이런 해석에는 여성을 낮고 하찮게 여기는 남녀 차별 의식이 배어 있다."(조항범, 2022)

는 더욱 그랬을 거예요. 이런 여성에게 유일한 희망은 아들을 낳아 집안의 대를 잇고 자신을 위상을 굳건히 하는 것이었어요. 아들은 자신을 칠거지악에서 구해주고 시집 내에서의 자신의 위치를 격상시켜 줄 수 있는 고마운 존재였지요. 아들이 남편을 이어 가장이 되면 어머니는 집안에서 그 누구의 눈치도 보지 않아도 되는 당당한 위치에 오를 수 있었어요. 그런데 이렇게 고마운 존재인 아들이 성장하여 혼인하면 많은 변화가 생겨요. 아들이 혼인하면 어머니인 자신과 만나거나 대화할 시간이 줄어들고 자신에 대한 태도도 예전 같지 않다고 느끼게 되지요. 어머니는 이를 서운하게 여길 것이고, 이 모든 것이 며느리 때문이라고 생각하게 돼요. 그래서 우리 속담에는 '외며느리 고운 데 없다', '흉이 없으면 며느리 다리가 희단다' 등 시어머니가 며느리를 미워하고 욕하는 속담이 유독 많아요. 고부갈등이 생기면 그 피해자는 아직도 그 입지가 약한 며느리일 가능성이 커요. 딸보다 이런 일을 먼저 겪은 친정어머니는 이를 예상하고 혼인을 앞둔 딸에게 '귀머거리 3년, 벙어리 3년, 장님 3년'을 반복하며 신신당부하지요. 한마디로, 혼인하면 적어도 10년간은 죽어지내라는 거예요. 이 모든 것은 유교적 가부장 가족 구조가 만들어 낸 비극적 시나리오예요.

다행히도 오늘날에는 핵가족이 늘어나면서 이 비극적인 시나리오는 줄어들고 있어요. 결혼하면 대부분 분가하고 여성의 지위도 많이 높아졌어요. 이제는 그 지위가 역전되어 시어머니가 '며느리 시집살이'를 한다는 말이 나돌 정도가 되었어요. 물론 이런 시집살이 또한 바람직한 것은 아니지요. 가장 이상적인 것은 '딸 같은 며느리, 엄마 같은 시어머니'일 거예요.

3 출가외인

'출가외인'은 우리에게 참 익숙한 말이지만, 한국고전종합DB에는 한 번도 나오지 않는 말이에요. 이 데이터베이스(DB)는 고전번역서, 조선왕조실록, 승정원일기, 일성록, 고전 원문, 한국문집총간 등 방대한 자료를 싣고 있는데, 이 말이 여기에 한 번도 나오지 않는다는 것은 매우 뜻밖이에요. 이것으로 보면, 이 사자성어는 유교 경전에도 나오지 않고 왕실이나 양반가에서도 널리 사용하지 않았음을 알 수 있어요. 만약 그랬더라면, 유학이라면 하나부터 열까지 따르고자 한 왕실이나 양반가가 이 표현을 쓰지 않았을 리가 없지요. 참고로, 이 데이터베이스는 유학 경전에 나오는 '삼강오륜'은 267번, '칠거지악'은 88번이나 사용했어요. 반면에 '출가외인'은 사람들의 입에서 입으로 전해지는 구비설화에는 자주 등장해요. 이인경(2019)에 의하면, 출가외인과 관련된 구비설화는 58편이나 돼요. 이 설화들은 딸이 친정 재산을 훔치는 것, 친정 명당을 빼앗는 것, 어머니도 남이라는 것과 관련된 설화들이에요.

유교 경전에는 나오지 않는 출가외인

그렇다면 출가외인이라는 사자성어는 언제, 누가, 어떤 상황에서 만들었을까요? 이에 대해 정확히 아는 사람은 아무도 없는 것 같아요. 「나무위키」도 "이러한 말이 언제부터 생겨났는지, 또 어느 특정 계층에게만 쓰이던 말이었는지 같은 상세한 출처는 알 수 없으나 한자성어에다가 은유적인 기법 또한 포함되어 있기에 사대부들 사이서 만들어지지 않았을까 추측할 수 있다"라고만 해요. 저는 이 말을 18세기에 딸을 시집보낸 양반 친정아버지가 만들었을 것 같다는 조심스러운 추측을 해 봐요. '18세기'라고 한 이유는 이 단어가 『17세기 국어사전』에는 나오지 않기 때문이고, '친정'이라고 한 이유는 딸을 시집보내는 친정 부모의 마음이 며느리를 맞이하는 시집 부모의 마음보다 더 간절했기 때문이며, '아버지'인 이유는 '출가'라는 한자에다 '외인'이라는 한자를 붙여 그럴듯한 사자성어를 만들 수 있는 사람은 한자를 좀 아는 남자였을 것 같기 때문이지요. 물론 이 말은 출가외인이라는 말을 친정아버지만 썼다는 의미는 아니에요. 사극에서도 많이 봤듯이, 친정아버지가 안방에 들어와 안락한 보료 위에 앉은 후 혼인을 앞둔 딸에게 '출가외인'이라는 사자성어로 일장 연설을 하면 그의 옆에 앉아 있던 친정어머니도 이에 동조하고 같은 소리를 반복했으니까요.

그럼 친정 부모가 이 말을 사용한 이유는 무엇일까요? 그것은 시집가는 딸이 '낯선' 집에 가서 잘 적응하기를 바랐기 때문일 거예요. '낯선 집'에서 잘 적응하려면 '익숙한' 집과 인연을 끊는 게 상책이라고 생각했던 것이지요. 이렇게 '출가'를 자기 집과 인연을 끊는 것이라고 보면, 집을 떠나 절에 들어가는 '출가'와 비슷해요. 물론 이때 쓰는 한자는 출가(出家)로, 시집으로 가는 출가(出嫁)와 다르지만 말이지요. 아무튼, 출가외인은 한 여성에게는 삶의 연속성이 단절됨을 의미해요. 유교적 전통 사회에서 여성의 삶은 딸-며느리-어머니순으로 변해 가는데, 이는 삼종지도와 그 맥을 같이 하지요. 남성의 삶도 아들-남편-아버지순으로 변하지만, 남성은 이런 변화를 자기 집에서 경험하여 그 연속성을 유지할 수 있어요. 여성은 딸의 역할은 자기 집에서, 나머지의 역할은 남의 집에서 해서 이 연속성을 유지할 수가 없어요. 요즈음 여성이 직장이나 일에서의 '경력 단절'을 경험한다면, 옛날 여성은 가정에서의 '혈연 단절'을 경험한 셈이지요.

한편, 유교적 가족 구조에서는 아내는 남편보다도 시부모에게 더 잘해야 했어요. 며느리의 운명은 남편보다도 시부모에게 더 많이 달려 있었으니까요. 이런 논리는 『소학』 「명륜」에 확인할 수 있어요.

"아들은 그 아내가 매우 합당하더라도 아버지와 어머니께서 좋아하지 않으시면 (아내를) 내보내고, 아들은 그 아내가 합당하지 않더라도 아버지와 어머니께서 "이 사람은 나를 잘 섬긴다"라고 하시면 부부의 예를 갖추고 (아내를) 몸이 다하도록 돌보아야 한다."

이 글은 소혜왕후의 『내훈』(1475년)에 다시 실리면서 조선 시대 양반 여성 사이에 널리 퍼지게 돼요. 시부모에 대한 불순함이 칠거지악의 첫 번째 항목이고, 이 항목이 아내를 내칠 때 가장 많이 활용된 것도 바로 이 때문이지요. 이런 가족 구조 속에서 시집살이를 잘하려면 시부모, 특히 시어머니의 비위를 잘 맞추어야 했어요. 그런데 '시집살이 개집살이'라는 말처럼, 친정어머니 밑에서 곱디곱게 자란 딸이 '낯선 어머니'의 비위를 맞추며 산다는 것은 매우 힘들었을 거예요. 시어머니로부터 무시나 구박을 받으면 친정 생각이 절로 났을 것이고, 이런 생각은 시집살이를 더욱 혐오하게 했을 거예요. 시집살이를 먼저 경험한 친정어머니는 이를 우려하여 "시집가면 너는 더는 우리 집 식구가 아니다. 너는 죽어서도 그 집 귀신이 되어야 한다"라는 마음에 없는 소리를 반복하면서 딸을 세뇌했어요. 딸이 시집가면 그동안 부르던 이름 대신에 남편의 성에다 집 '실(室)' 자를 붙여서 '김실이', '장실이'라고 부른 것도 같은 맥락에서 이해할 수 있어요. 물론 이렇게 출가외인을 강조한 친정어머니의 마음도 편치 않았을 거예요. "출가외인이라는 이데올로기는 비단 출가하는 여성만을 억압하지 않고 딸에 대한 애정을 인위적으로 억제해야 하는 친정 부모에게도 동일한 고통을 안겨주는 것"(이인경, 2019)이었을 테니까요. 아마 딸에게 '출가외인'이라는 말을 되풀이한 어머니도 딸이 없는 곳에서는 손으로 입을 막고 흐느껴 울었을 거예요.

송시열의 신신당부

친정 부모는 시집간 딸이 시부모의 눈 밖에 나지 않을까 늘 노심초사했어요. 조선 시대 대표적인 유학자 송시열도 여기서 예외가 아니었지요. 어찌 보면 8대 조모를 열녀로 배출한 가문이고 '송자'라고 불릴 만큼 그 명성이 대단했으니 누구보다도 그랬을 거예요. 이는 송시열이 시집가는 맏딸을 위해 한글로 쓴 『계녀서』 발문에서도 충분히 엿볼 수 있어요. 그는 "여자의 행실은 아버지가 가르칠 일이 아니로되 너의 나이가 비녀를 꽂기에 이르러 행실이 높은 집으로 출가하니 마지못하여 대강 적어서 주는 것이니 늙은 아버지의 말이 선후가 맞지 않고 소략하다고 하지 말고 힘써 행하도록 하라"라고 신신당부해요.

이 책은 모두 20장이고 그 주된 내용은 다음과 같아요. 제1장 "부모 섬기는 도리라"는 낳아 준 아버지와 길러 준 어머니의 은혜를 강조하고 효도를 당부했어요. 제2장 "남편 섬기는 도리라"는 평생 남편만 바라보고 투기하지 말라고 당부했어요. 제3장 "시부모 섬기는 도리라"에서는 시부모를 친부모보다 더 잘 섬길 것을 강조했어요. 제4장 "형제 화목하는 도리라"는 시집 형제들과도 친형제처럼 지내라고 당부했어요. 제5장 "친척 화목하는 도리라"는 친척은 모두 선대의 자손이므로 최대한 도와주고 잘 지내라고 했어요. 제6장 "자식 가르치는 도리라"에서는 자녀교육이 어머니의 소임임을 강조하고, 태교, 조기 교육 등을 구체적으로 제시했어요. 제7장 "제사 받드는 도리라"는 제사를 정성스럽고 정결하게 받들기를 당부했어요. 제8장 "손님 대접하는 도리라"에서는 집에 오는 손님은 모두 집안과 관련된 사람이니 극진히 대접할 것을 강조했어요. 제9장 "투기하지 말라는 도리라"는 여자가 투기하면 친한 부부도 서로 미워하게 되고 집안의 앞날까지 망칠 수 있음을 경계했어요. 제10장 "말씀을 조심하는 도리라"에서는 백 가지 행실 가운데 가장 중요한 것은 말을 삼가는 것이니 부디 말을 삼가라고 당부했어요. 제11장 "재물 아껴 쓰는 도리라"에서는 가산을 절약하고 불리고 연간 계획을 세워 근검절약할 것을 강조했어요. 제12장 "부지런히 일하는 도리라"에서는 가정주부가 근면해야 그 집안을 보존할 수 있으니 부지런히 일하라고 당부했어요. 제13장 "병환 모시는 도리라"에서는 시부모나 남편이 아프면 정성껏 돌보고, 특히 병구완하는 사람과 의원을 잘 대접하라고 부탁했어요. 제14장 "의복, 음식하는 도리라"는 손님은 내오는 음식을 보고 평가하고 남편이 나가면 의복을 보고 평가하니 잘 준비해 주라고 당부했어요. 제15장 "노비 부리는 도리라"는 노비가 잘못하면 꾸짖되 매를 심하게 치지 말고 위엄과 은혜를 아울러 행할 것을 당부했어요. 제16장 "꾸며 받는 도리라"에서는 되도록 꾸지 말고 꾸면 바로 갚기를 당부했어요. 제17장 "팔고 사는 도리라"에서는 값을 제대로 매기고 마땅한 값을 치를 것을 강조했어요. 제18장 "비손[8]하는 도리라"에서는 무당이나 소경을 불러 굿하지 말고 절에 시주하지 말라고 당부했어요. 제19장 "종요로운 경계라"는 부녀자의 마음가짐과 언행에 대해 세세히 지적하고 경계하였어요. 제20장 "옛사람의 착한 행실 말이라"에서는 옛사람들의 효와 덕행을 열거하고 열심히 본받게 했어요. 송시열은 이렇게 상세히 알려주고도 행여 딸이 제대로 실행하지 못할까 걱정했던 것 같아요. 그래서 제20장 마지막 부분에 다음과 적으며 또다시 신신당부해요.

> *"네가 미성하여 출가하니 늙도록 내 곁에 두어 가르치지 못하고 타문에 보내니 행여 인사와 매매사를 어찌할 줄 모르는 고로 내가 답답하고 민망하여 여러 가지 소견으로 써서 구차히 경계하여 이르나니 부디부디 뼈에 새기고 마음에 적시어 이 책을 일삭에 두세 번씩 보아 잊지 말이리."*

8 두 손을 비비면서 신에게 병이 낫거나 소원을 이루게 해 달라고 빈다는 의미임.

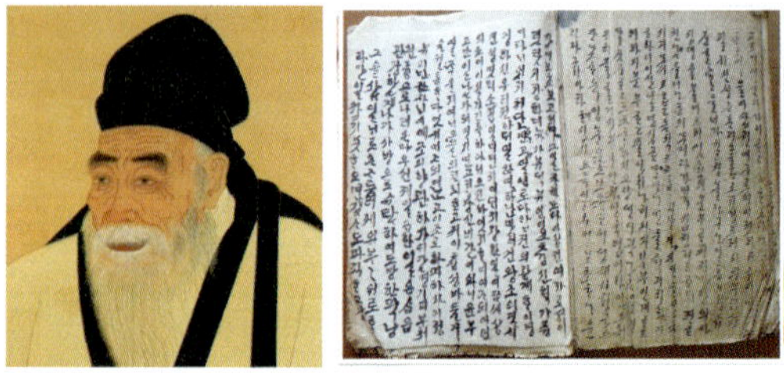

송시열과 계녀서

이처럼 여성이 시집에서 해야 하는 도리나 의무가 정말 많았어요. 이 중에서 특히 주목할 부분은 제2장 "남편 섬기는 도리라"예요. 이 부분을 좀 더 자세히 살펴보면, 아내가 "백 년 우러러 바라는 것이 오직 남편뿐이다"라고 강조한 후, 남편의 "뜻을 만분의 하나라도 미진한 일이 없게 하여 그가 하는 대로 하게 하고 한 가지의 말과 한 가지의 일을 어기지 말라"고 당부해요. 한마디로 말해, 남편을 무조건 따르라는 것이지요. 이 말에도 동의하기 어렵지만, 더욱 동의하기 어려운 것은 바로 다음에 이어지는 투기 관련 당부예요. 송시열은 아내가 남편을 섬길 때 투기하지 않는 것이 "으뜸가는 행실"이라고 말한 다음, "일백의 첩을 두어도 본체만체 말하지 말고 첩을 아무리 사랑하여도 성낸 기색을 나타내지 말고 더욱 공경하라"라고 했어요. 그는 이렇게 당부하고도 마음이 놓이지 않았는지 제9장 "투기하지 말라는 도리라"에서 다시 투기에 대해서 언급했어요. 여기서 "투기라는 것은 부인의 제일가는 악행"이라고 말해요. 그리고 "투기를 하면 친밀하던 부부 사이라도 서로 미워하고 속이고 질병에 관계치 아니하고 분한 마음과 악정을 내게 하고 구고[시부모] 섬기는 마음이 감하고 자연 사랑하는 마음이 헐후[감소]하여 노비도 부질없이 치고 가사도 잘 다스리지 못하고"라고 말하면서 절대 투기해서는 안 된다고 가르쳐요.

이처럼 딸의 시집 생활 문제는 본래 친정어머니의 소관임에도 불구하고 아버지가 직접 나서서 딸의 마음가짐과 행동거지를 낱낱이 가르칠 정도로 절실한 문제였어요. 이렇게 한 것은 딸이 일단 시집가면 친정 부모도 더는 관여할 수 없는 출가외인으로 여겼기 때문이기도 해요.

한편, 시집간 여자는 남편이나 자기가 낳은 아들에게도 출가외인 취급당하는 예도 있었어요. 이인경(2019)이 수집한 구비설화에는 다음과 같은 글들이 나와요.

> *"만약에 뭔 극도한 일이 있으면 부자간에는 비밀을 감추지마는 엄마는 비밀을 감출 수가 없다 이거지. 그러니까 출가외인 남이여. 그러니께 살 때가 한쪽이지 딴 파이라. 남이라 그런 거여"*

> *"열 살 묵은 아들 놈 하는 말이, "아부지 넘 듣습니다." 그라거든. "아, 이 놈아! 누가 넘 있냐? 니 어머니하고 나하고 너하고, 우리 식구밖에 더 있냐?" 이라거든. 그라니까 자기 어머니는 남이라는 것이여."*

첫 번째 글은 아버지가 아들에게 어머니가 출가외인이라고 말하는 글이고, 두 번째 글은 아들이 아버지에게 어머니가 출가외인이라고 말하는 글이에요. 이렇게 친정, 시집, 남편, 아들에게도 출가외인 취급을 받으면 "여성은 기존의 상태도 아닌, 그렇다고 새로운 상태로 온전히 통합되지도 못한 과도기적 상태"(유경자, 2014)에 놓이게 되지요. 이 '샌드위치' 상태가 지속되면 여성은 매우 혼란스러워하고 극단적일 때는 스스로 목숨을 끊기도 했어요.

천하의 불쌍한 향랑

이런 예는 1702년 선산에서 강물에 빠져 죽은 향랑에게서 찾아볼 수 있어요. 1703년 선산 부사 조구상은 「향랑전」을 짓고 그녀의 정렬을 기렸어요. 100여 년 지나 이광정은 그의 『눌은집』(1808년)에 이 이야기를 「임열부향랑전(林烈婦薌娘傳)」이라는 제목으로 다음과 같이 적고 있어요.

"향랑은 농부 박자신의 딸이다. 어려서부터 품행이 방정하여 사내 아이들과 놀기를 좋아하지 않았다. 향랑은 계모의 박대를 받다가 17세에 같은 동리에 사는 칠봉에게 시집을 갔다. 칠봉은 향랑을 무시하고 때렸다. 시아버지도 이를 말리지 못하여 결국 시집에서 쫓겨나게 되었다. 친정에 돌아온 향랑은 계모의 박대를 받았다. 아버지가 향랑을 외삼촌댁에 보냈다. 외삼촌도 몇 달이 지나자 개가를 하라고 권하였다. 향랑은 할 수 없이 다시 시집에 왔다. 그러나 남편의 행실은 여전하고, 시아버지도 다른 곳에 가기를 원하였다. 향랑이 문밖에 방 한 칸을 얻어 지내기를 애원하였다. 향랑은 그것마저 거절당하자 「산유화」 한 곡을 불러 아이에게 가르쳐 주고는 물에 빠져 죽었다."

향랑은 친정에서는 계모, 아버지, 외삼촌으로부터, 시집에서는 남편, 시아버지로부터 출가외인 취급을 받았어요. 어디를 가도 출가외인이었던 그녀는 더 이상 갈 곳이 없었어요. 이는 그녀가 지은 '산유화'라는 시에도 그대로 나타나요.

"하늘은 어찌하여 높고 먼 것인가
땅은 어찌하여 넓고도 광막한가
하늘과 땅이 비록 크다고 해도
이 한 몸을 의탁할 수 없으니
차라리 이 강물에 몸을 던져
물고기 배 속에 장사지내리라"

조선 시대 한 여성의 말할 수 없이 기구한 운명이에요. 그런데 여기서 우리를 더욱 분노하게 만드는 것은 그녀의 죽음에 대한 양반 남성들의 태도예요. 「임열부향랑전」이

구미시 형공동 향량의 노래비

라는 제목에서 알 수 있듯이, 당시 양반 남성들은 향랑이 온갖 박대에도 불구하고 시집에 들어가 살려고 한 것을 높이 평가하여 그녀를 '임열부(林烈婦)'라고 칭송했어요. 하지만 그들은 향랑의 남편 칠봉이가 세 살 많은 아내를 함부로 때리고 무자비하게 박대한 것은 전혀 문제 삼지 않았어요. 이게 18세기 조선 양반 남성들의 보편적인 시각이었다니 정말이지 지독한 사람들이었어요.

다음 주제인 삼종지도로 넘어가기 전에, 출가외인의 현대적 의미에 대해서 잠시 생각해 보기로 하지요. 만약 이 낡은 단어를 오늘날에도 쓰기를 원한다면, 이때는 '남자나 여자는 결혼하면 양가 부모에게서 벗어나 독립적으로 생활하여야 한다'라는 의미로 썼으면 해요. 다시 말해, 출가는 곧 성가(成家)라 생각하고 결혼하면 양가 부모에게 더는 의존하지 말고 스스로의 힘으로 살아가야 한다는 것이지요. 그리고 여자가 출가외인이면 남자도 출가외인이라고 생각해야 해요. 시부모도 아들이 결혼하면 더는 이래라저래라 간섭하지 말아야 해요. 모두가 어느 정도의 거리를 두는 것이지요. 이렇게 하면 고부갈등도 줄어들고 '시집살이 개집살이'라는 말도 하지 않을 거예요.

4 삼종지도

삼종지도(三從之道)는 어려서는 아버지를 따르고 혼인하면 남편을 따르고 남편과 사별하면 아들을 따르라는 말이지요. 아버지, 남편, 아들이 모두 남자라는 점에 주목하면, 결국 이 말은 여자는 남자를 따라서 살라는 말이에요. 이렇게 되면 여자는 자신의 정체성을 자신이 아니라 남자에게서 찾아야 하는데, 김미영(2004) 교수는 이것을 '존재적 단절'이라고 불러요. 이 단절의 시발점은 전한 시대(B.C. 202–A.D. 8) 대덕과 그의 조카 대성이 지은 『예기』에서 찾을 수 있어요. '삼종지도'라는 말은 이 책의 「본명해(本命解)」에 나와요.

> "부인은 남자에게 복종하는 자이다. 주체적으로 일을 할 수 없으므로 삼종의 도가 있다. 결혼 전에는 아버지를 따르고 결혼 후에는 남편을 따르고 남편이 죽으면 자식을 따르니 감히 스스로는 이룰 것이 없다."

이 글에 따르면 여성은 평생 남성을 따를 뿐이고 스스로 할 수 있는 건 아무것도 없어요. 그런데 이런 관점은 원시 유학에서 많이 변질한 거예요. 원시 유학은 "군자의 도는 부부로부터 출발한다"(『중용』)라는 말과 "부부 사이에는 가림이 있어야 한다"(『맹자』)라는 말에서 엿볼 수 있듯이, 남녀 관계를 상보적이고 수평적인 것으로 보았어요. 강숙자(2004) 교수는 이런 원시 유학을 변질시킨 주범을 동중서라고 지목해요. 동중서(B.C. 176?–B.C. 104)는 삼강에 부위부강(夫爲婦綱), 즉 "남편은 아내의 벼리가 되어야 한다"라는 것을 포함시켰어요. 여기서 '벼리'는 그물에서 가장 굵은 줄을 말하는데, 남편은 굵은 줄이고 아내는 가는 줄이니 아내는 남편을 따라야 한다고 했지요. 바로 이런 의미에서 강 교수는 "한대에 체계화, 편집된 『예기』의 삼종지도론 등의 여성 비하적인 내용은 한대의 유가들의 편협한 여성관의 반영일 수 있다"라고 평가해요. 이에 대해서는 조금 뒤 삼강오륜을 논할 때 다시 논하기로 하지요.

한편, 동중서 이후 부부관계를 수직적으로 규정한 사람은 송나라 주희예요. 주희는 1187년 제자 유자징의 도움으로 『소학』을 완성했는데, 이 책에서 그는 동중서의 삼강을 일절 언급하지 않고 이 수직적인 관계를 음양설에 따라 설명했어요. 즉, "남자가 여자보다 먼저 하는 것은 강한 것이 부드러운 것보다 먼저 한다는 뜻이니, 하늘이 땅보다 먼저 하며, 임금이 신하보다 먼저 하는 것과 뜻이 같은 것이다"(강숙자, 2004)라고 했어요. 이렇듯 남녀 관계와 부부관계는 주희의 음양설에 의해 또 한 번 변질했어요. 이 『소학』은 안향이 주자전서를 가지고 올 때 함께 들어온 것 같아요. 이 책은 조선 초기부터 사학, 향교, 성균관에서 가르쳐졌고, 세종 때는 수차례 간행되어 조선 시대 남녀 모두에게 큰 영향을 미쳤어요.

광평대군 부인 이야기

『단종실록』 1453년 4월 24일 기록에는 삼종지도와 관련된 흥미로운 내용이 나와요. 세종의 다섯째 아들 광평대군의 부인 신씨가 동래에서 여러 달 머물며 온천을 찾자 의정부 사인(舍人, 정4품) 이예장이 단종에게 다음과 같이 진언해요.

> *"광평대군 부인이 동래 온정에서 목욕한 것이 지금 이미 여러 달이므로, 여러 읍에서 지대(支待)[9]하는 데 폐단이 있사옵니다. 또 듣건대, 왜인들이 목욕할 수가 없어서 머물러 있는 자가 자못 많다고 하니, 더욱 불가하옵니다. 여자에게는 삼종지도가 있으니, 집에 있을 때는 아비를, 시집을 가면 지아비를 따르고, 지아비가 죽으면 자식을 따르는 것이옵니다. 지금 광평대군은 이미 서거하였고 그 아들 이영순은 어린데, 그 아비 신자수가 이를 금지하지 못하여 이와 같은 지경에 이르렀으니, 청컨대, 신자수를 불러서 그 사유를 묻고 법사에 내려서 추국하게 하소서."*

단종은 이 간언을 받아들였고 곧 추국이 열렸어요. 부인의 아버지인 신자수를 불러 딸이 그렇게 멀리 갔는데 왜 말리지 않았느냐고 물으니, 그는 딸이 처음에는 충청도로 간다고 했고, 다시 경상도로 간다고 하길래 사람을 보내 만류했으나 병이 깊어 부득이 동래로 간다고 해서

9 공적인 일로 지방에 나간 고관에게 먹을 것과 쓸 것을 그 지방 관아에서 제공하는 것.

더는 말리지 못했다고 대답했어요. 그런데 문제는 여기에서 끝나지 않았어요. 한 달 반 후인 6월 8일에 사인 나홍서가 다시 이 문제를 거론하며 다음과 같이 간언했어요.

> *"부녀는 삼종지도가 있는데, 광평대군 부인은 의리상 아비를 따르는 것이 마땅한데, 지금 동래 온정에 가서 왜인들이 부인이 멀리 온 것을 다 알게 되었는데도 아비 신자수는 가장으로서 능히 금지하지 못하였으니 징계하지 않을 수 없습니다. 청컨대, 파직시키소서."*

서울 강남구 광평대군 내외 묘소

단종은 이를 받아들여 신자수를 파직했어요. 하지만 부인은 세종의 며느리이자 단종의 숙모인지라 정4품 사인으로서는 부인을 직접 비난하기는 어려웠던 것 같아요. 그래서 꺼내 든 것이 삼종지도라는 유교적 예법이에요. 그런데 딸의 일로 그 아버지를 처벌한 것은 광평대군의 부인의 지위가 높았기 때문만은 아니었어요. 이렇게 한 것은 이때만 해도 삼종지도가 그렇게 철저히 지켜지지 않았기 때문이기도 해요. 만약 그랬더라면 시집간 딸의 일은 친정아버지까지 연좌하지는 않았을 거예요.

하지만 이런 분위기는 시간이 흐르면서 서서히 바뀌어요. 이 일이 있은 지 100여 년이 지난 1579년 『조선실록』 「광해군일기태백산본」에는 "여자가 출가하면 연좌 형법 역시 적용되지 않는다"라는 말이 나오고, 다시 100여 년 뒤에는 김수홍이 왕에게 "아버지와 딸의 경우, 딸이 결혼을 정하였으면 이미 그 죄가 적용되지 않습니다. 그러니 딸과 아버지의 경우도 이 법이 서로 적용되어 딸의 죄는 아버지에게 연좌되어서는 안 됩니다"(김경미 외, 2011)라고 말했어요. 이처럼 삼종지도는 조선 중기까지는 그 구속력이 약했으나 17세기에 유교적 가부장제가 강화되면서 양반 여성의 삶에 지대한 영향을 미쳤어요.

한편, 요즈음에는 '신(新)삼강지도'라는 말이 나돌고 있어요. 이것은 '결혼 전에는 엄마의 말을 잘 들어야 하고, 결혼 후에는 아내의 말을 잘 들어야 하고, 나이가 들면 딸의 말을 들어야 한다'라는 거지요. 결혼 전에 엄마 말을 잘 들어야 하는 이유는 그래야 좋은 대학에 갈 수 있기 때문이지요. 아빠는 정보력이 없어 어설픈 의견을 내기보다는 차라리 입 다물고 가만있는 게 더 낫다고 보는 것이지요. 결혼 후에 아내의 말을 잘 들어야 하는 이유는 그래야 재산이 늘기 때문이라고 해요. 게다가 맞벌이까지 하는 아내를 함부로 무시할 수 없기 때문이지요. 나이가 든 후 딸과 친해져야 하는 이유는 일반적으로 볼 때 딸이 아들보다 부모를 더 잘 모시기 때문이에요. 요즈음 사람들 사이에는 "딸 낳으면 비행기를 타고, 아들 낳으면 버스 탄다"라는 말이 나도는데 이는 결코 빈말이 아닌 것 같아요.

5 삼강오륜

삼강오륜 중 여자와 관련된 것은 삼강의 '부위부강'과 오륜의 '부부유별'이에요. 시간상으로 보면, 오륜이 먼저 생겼고 삼강은 200여 년 뒤에 생겼어요. 이러면 '오륜삼강'이라고 하는 게 순리인데 실상은 그렇지 않았어요.

맹자의 수평적 관계

먼저, 시간순에 따라 오륜부터 살펴보기로 하지요. 『맹자』「등문공」에서는 "성인(순임금)이 이를 근심하여 설(순의 신하)을 사도(교육부장관)로 삼아 인륜을 가르치게 하셨으니, 부모와 자식 사이에는 친애함이 있어야 하고, 군주와 신하 사이에는 의리가 있어야 하고, 남편과 아내 사이에는 분별이 있어야 하고, 어른과 아이 사이에는 질서가 있어야 하고, 친구 사이에는 신뢰가 있어야 한다"라는 말이 나와요. 사람들은 이 다섯 가지를 인간이면 지켜야 할 윤리로 보고 '오륜(五倫)'이라고 불렀지요. 참고로, 중국에서는 '오상(五常)'이라고 했어요. 그런데 이 다섯 가지 관계는 각각 친(親), 의(義), 별(別), 서(序), 신(信)이라는 가치를 매개로 한 상당히 수평적인 관계였어요. 이 다섯 가지 중 가장 많은 논란을 일으킨 것은 별(別)이에요. 예를 들어, 조선 중기 이덕홍의 『간재집』에는 다음과 같은 글이 나와요.

> *"대체로 부부유별의 별(別) 자에는 두 가지 의미가 있으니 천지 생성의 수와 일치한다. 남편과 아내가 한집에 살면서 다른 사람과 난잡하지 않는 것, 이것이 하나의 의미다. 비록 부부가 한집에 함께 산다고 하더라도 남자는 바깥채에, 여자는 안채에 있으면 안팎이 서로 어지럽지 않은 것이 또 하나의 의미다."*

첫 번째 의미는 부부와 남 사이의 '가림'이고, 두 번째 의미는 부부 간의 '가림'이에요. 첫 번째 의미는 남녀가 부부가 되면 다른 사람과는 더는 난잡한 관계를 맺어서는 안 된다는 것이지요. 즉, 남편은 아내를 다른 여자와 가려야 하고, 아내는 남편을 다른 남자와 가려야 한다는 거예요. 이때 '가림'은 남편과 아내 모두가 지켜야 하는 쌍무적 덕목이지요. 이 덕목을 절개에 적용한다면, 남편이 아내의 절개를 요구하려면 자신의 절개도 지켜야 한다고 말할 수 있어요. 하지만 이것은 아내 외에 첩을 두고 기생집을 찾고 여종을 건드리는 조선의 양반 남자로서는 도저히 받아들일 수 없는 덕목이었어요. 두 번째 의미는 부부가 한 집에 살더라도 거처를 달리 한다는 거예요. 남자는 사랑채에 지내고 아내는 안채에서 지낸다는 거예요. 여기서 주목할 것은 이덕홍이 첫 번째 의미를 가림의 근본적인 의미로 보았다는 거예요. 정약용 역시 이덕홍과 비슷한 견해를 피력했어요. 그는 『소학지언』에서 부부유별에 대해서 다음과 같이 말해요.

> *"부부유별이란 각각 배우자를 정해서 서로 어지럽히지 않는 것이다. (…) 『예기』에서는 "폐백을 가지고 서로 만났으니 그 가림을 삼가 드러낸 것이다. (…) 가림이 없고 의가 없으면 금수처럼 사는 것이다"라고 했다."*

그는 자식들에게 보낸 「유배지에서 보낸 편지」에서도 "부부유별이란 각자가 그 짝을 배필로 삼고 서로 남의 배필을 침범하지 않는다는 것이다. (…) 기생을 금지하지 않아 고을 수령들이 모두 빠져 있으니 부부유별은 이미 문란해져 버렸다"라고 개탄했어요. 이렇게 시간이 흐르면서 부부가 되면 배우자를 각각 다른 여자와 남자와 구별해야 한다는 본래의 의미는 사라지고, 부부는 거처가 다르고 하는 일도 다르다는 차별적인 의미가 마치 본래의 의미처럼 변질해 버린 것이지요.

인간 관계를 변질시킨 동중서

그럼 이제 '삼강'에서 대해서 알아보기로 하지요. 삼강의 기원은 한나라 한비(B.C. 280년?-B.C. 233년)의 말에서 찾을 수 있어요. 그는 『한비자』 「충효사상」에서 "신하가 군주를 섬기고 자식이 부모를 섬기며 아내가 남편을 섬기는 일, 이 세 가지가 순조롭게 이루어지면 천하가 잘 다스려진다"라고 했지요. 하지만 이때까지는 '삼강'이라는 말을 쓰지 않았어요. 석미현(2024) 교수에 따르면, '삼강'이라는 말은 동중서의 「춘추번로」에 처음으로 나오고, '군위신강, 부위자강, 부위처강'이라는 표현은 「예함문가」에 나온다고 해요. 동중서는 「춘추번로」에서 "제후는 천자에게서 명을 받으며, 자식은 부모로부터 명을 받는다. (…) 아내는 남편으로부터 명을 받는다"라고 했어요. 삼강에서 강(綱)은 '벼리'라는 뜻이에요. 벼리는 원래 고기잡이 그물의 코를 꿰어 그물을 잡아당길 수 있게 한 굵은 동아줄을 가리켜요. 그러니까 벼리는 여러 그물코를 통제하는 줄이지요.

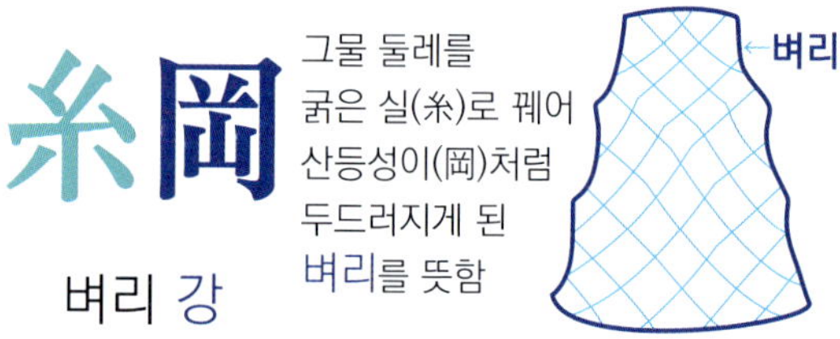

이 어원에 따라 삼강을 해석해 보면, 군위신강은 임금이 신하라는 그물코들을 통제하는 벼리이고, 부위자강은 아버지가 자식이라는 그물코들을 통제하는 벼리이고, 부위부강은 남편이 아내라는 그물코를 통제하는 벼리라는 거예요. 그런데 이 삼강은 공자나 맹자의 가르침에는 나오지 않을 뿐만 아니라 이들의 가르침과도 어긋나요. 『논어』「안연편」에서 공자는 "임금은 임금다워야 하고, 신하는 신하다워야 하고, 부모는 부모의 도리를 다해야 하며, 자식은 자식의 도리를 다해야 합니다"라고 했고, 『맹자』「등문공」에서 맹자는, 앞서 살펴보았듯이, "부모와 자식 사이에는 친애함이 있어야 하고, 군주와 신하 사이에는 의리가 있어야 하고, 남편과 아내 사이에는 분별이 있어야 하고, 어른과 아이 사이에는 질서가 있어야 하고, 친구 사이에는 신뢰가 있어야 한다"라고 했어요. 그런데 한비와 동중서는 이 수평적 관계를 수직적으로 바꾸어 버렸어요. 정진일(2005) 교수는 "삼강은 수평적인 평등관계인 오륜을 수직적 종속적 관계의 윤리로 변질시킨 것"으로 "이러한 삼강은 유교 윤리의 근본정신인 인, 곧 충서와 배치되는 것이므로 오늘날에는 의미가 없다"라고 단언해요. 한편, '오륜'과 '삼강'의 순서를 정한 것은 79

년에 열린 백호관 회의에서라고 알려져 있어요. 이 회의에 모인 사람들은 유교 경전에 대한 토론을 벌였는데, 여기서 삼강육기(三剛六氣)[10]를 인정하고 군위신강을 삼강의 맨 처음에 배치함으로써 봉건 사회의 윤리를 체계화한 것이지요. 민정기(2017) 교수는 "맹자의 오륜에서 동중서의 삼강이 파생되었고, 백호관 회의에서 반고가 그 순서를 정했다"고 요약해요.

고려 말 이색은 이렇게 체계화된 삼강을 유독 강조한 사람이에요. 그는 중국 유학 시절에 동중서가 체계화한 삼강을 그대로 전수하여 성균관에서 가르쳤어요. 이렇게 삼강은 고려말 신진 사대부들에게 금과 옥조처럼 여겨졌고 이들이 이끈 조선 시대에는 모든 인간관계를 규정하는 원리로 자리 잡았어요.

6 칠거지악

오륜의 '부부유별'과 삼강의 '부위부강'이 여자가 갖추어야 할 덕목이라면, 칠거지악은 이 덕목을 어겼을 때 내리는 일종의 처벌이라 할 수 있어요. 칠거지악은 아내를 시집에서 내쫓을 수 있는 일곱 가지 악행을 말하는데, 이 말의 기원은 기원전 1세기 중반 한나라 대덕이 쓴 『대대례기』에서 찾을 수 있어요. 이 책의 「본명」 편은 삼종지도에 대해서 말한 뒤 아내를 내칠 수 있는 일곱 가지 경우를 열거해요. 그것은 시부모에게 순종하지 않는 것, 아들이 낳지 못하는 것, 음란한 짓을 하는 것, 질투하는 것, 나쁜 병이 있는 것, 말이 많은 것, 도둑질하는 것이에요. 이어서 그 이유도 밝히는데, 시부모에게 순종하지 않는 것은 덕을 거스르는 것이고, 아들이 없으면 대가 끊기고, 음란하면 가족이

10 육기는 아버지 형제, 집안 어른, 일가친척, 스승, 어른, 친구를 말함.

어지러워지고, 질투하면 집안이 어지러워지고, 나쁜 병이 있으면 집안이 번창하기 어렵고, 말이 많으면 가까운 사람과 멀어지고, 도둑질하면 의롭지 못하기 때문이라는 거예요. 참고로, 「본명」에서는 '칠거지악' 대신에 '부유칠거(婦有七去)'이라는 말을 썼어요.

악법 중의 악법

여성의 입장에서 보면 칠거지악은 악법 중의 악법이에요. 이 중에서 여성들이 가장 억울하게 여기는 것은 아들을 낳지 못하면 쫓겨난다는 것일 거예요. 아들을 낳지 못하는 것은 남자 때문일 수도 있는데 그 책임을 오롯이 여자에게만 덮어씌우기 때문이지요. 물론 이런 반론은 과학적 지식이 거의 없었던 당시 사람들에게는 하나 마나 한 이야기였을 거예요. 나쁜 병이 있으면 쫓겨난다는 것도 상당히 억울하게 여겨졌어요. 살다 보면 누구나 걸릴 수 있는 게 병인데 그것을 이유로 아내를 쫓아내는 것은 야박하기 그지없는 일이지요. 칠거지악 중에서 가장 설득력 있는 것은 도둑질하면 쫓아낸다는 것일 거예요. 도둑질은 남에게 피해를 주고 가족과 가문에도 수치스러운 일이니까요. 나머지 네 가지는 다분히 주관적인 것들이에요. 어느 정도 해야 시부모에게 불순한 것인지, 어떤 행위를 해야 음란한 것인지, 질투를 어느 정도 해야 심한 것인지, 말을 어느 정도해야 말이 많다고 할지는 객관적으로 판단하기 어려워요. 그야말로 코에 걸면 코걸이고 귀에 걸면 귀고리예요. 그런데 이렇게 칠거지악을 만든 남자들도 이를 두고 조금은 켕겼던 모양이에요. 칠거지악 다음에 바로 삼불거(三不去)라는 예외 조항을 달아 놓은 것을 보면 말이지요. 이 삼불거는 쫓겨나면 돌아갈 곳이 없는 경우, 삼년상을 함께 치른 경우, 시집의 가난한 살림을 일으킨 경우에는 아내를 쫓아내지 못한다는 거예요.

그런데 『대대례기』에 나오는 칠거지악은 당시의 시대상과 깊은 관련이 있어 보여요. 2,000년 전 당시는 죽은 사람을 위해 산 사람을 강제로 매장하는 순장과 큰 제사를 치를 때 산 사람을 제물로 바치는 인신 공양이 버젓이 행해진 시기로, 인간의 존엄성이라는 개념 자체가 없었어요. 칠거지악과 삼불거는 이런 시대적 분위기에서 생긴 악습 중의 악습이에요. 불행하게도 이 악습은 3세기 『공자가어』「본명해」에도 거의 그대로 인용되었어요. 이 책의 저자로 알려진 왕숙은 칠거지악을 공자가 말한 것으로 기록하고 있는데, 어머니 안씨에 대해 애틋한 감정과 사랑을 보인 공자가 이렇게 잔인한 말을 했을 가능성은 거의 없어요. 만약 이게 공자의 말이 아니라면 이 또한 상당한 변질이지요. 12세기 주희도 『소학』에서 『대대례기』의 칠거지악을 그대로 인용했어요. 이렇게 『소학』을 통해 조선에 소개된 칠거지악은 소혜왕후의 『내훈』(1475년)으로 조선 여성의 삶을 지배하는 담론이 되었던 것이지요.

칠거지악을 둘러싼 갖가지 논란

하지만 조선 시대에도 칠거지악으로 아내를 내쫓기는 쉽지 않았어요. 유교를 숭상한 조선은 남녀 결합인 혼인을 모든 인간관계의 출발점으로 보았고 가정을 국가의 토대를 이루는 최소단위로 보았기 때문에, 왕의 허가 없이는 이혼할 수 없었어요. 설사 아내가 칠거지악을 범했더라도 삼불거를 내세워 이혼을 막았어요. 예를 들어, 1440년 『세종실록』에는 좌찬성 이맹균이 계집종을 총애하자 그의 처가 이를 질투하여 계집종을 죽인 일을 두고 이인손과 세종이 주고받은 내용이 나와요. 이인손은 처가 질투가 심한 데다 아들도 없으니 두 가지 칠거지악을 범했다고 주장했으나 세종은 다음 같이 말하면서 이혼을 불허해요.

"여자에게 삼불거가 있으니, 전에는 빈천하다가 뒤에는 부귀하면 버리지 못하는 것이고, 함께 삼년상을 입었으면 버리지 못하는 것이다. 이씨가 비록 질투하고 아들이 없다고는 하나, 이 두 가지 버리지 못하는 의가 있으니, 갑자기 이것만으로 이혼시킬 수는 없는

것이다. 또 대신의 명부[11]는 형을 가할 수 없으니 작첩을 거둠으로써 족하다. 남편이 되어서 아내를 제어하지 못하였으니 맹균은 진실로 죄가 있다."

세종은 칠거지악으로 아내를 쫓아내려 했던 이맹균을 귀양보내고 그 부인의 작위를 거둠으로써 이 사건을 종결했어요. 세종이 이렇게 한 것은 당시에는 아내가 부덕하면 그것은 곧 '벼리'인 남편의 책임이라는 생각이 팽배해 있었기 때문이에요. 삼강이 칠거지악을 구해준 셈이니 참으로 역설적이라 할 수 있지요. 조선 중기 유학자 조광조도 세종과 비슷한 생각을 했어요. 그의 글을 모아 간행한 『정암선생문집』(1681년)을 보면, 조광조가 대사헌으로 있을 때 그와 같은 해 진사 시험에 합격한 동기가 지인을 통해서 자기 마음에 안 드는 아내를 칠거지악으로 쫓아낼 수 있는지 물어왔어요. 이에 조광조는 이 지인에게 다음과 같이 답해요.

"부부는 인륜의 시작이며 만복의 근원이니 관계된 바가 지극히 중요하네. 부인의 성품은 어둡고 무지하니, 비록 잘못이 있더라도 군자로서는 바른 도리로 이끌고 감화시켜 함께 가정을 이루어야 하네. 이것이 두터운 덕이네. 모범을 다하지도 않고서 갑자기 쫓아내려 한다면 너무 야박하지 않겠는가. 하물며 이것은 한 집안의 윤리에 관한 일이니, 바깥사람이 감히 논의할 수 없네. 헤아려 알아서 처리하시게."

여기서 주목할 것은 비록 아내에게 "잘못이 있더라도 군자로서는 바른 도리로 이끌고" 가야 한다는 대목이에요. 이것은 얼핏 보면 남자의 넓은 아량이나 포용력을 보여주는 것 같지만, 사실은 도덕적으로 우위에 있는 남자가 그렇지 못한 여자를 이끌어야 한다는 남성들의 지극히 거만한 논리예요.

11 봉작(封爵)을 받은 부인을 통틀어 이르는 말. 내명부와 외명부의 구별이 있었음.

칠거지악으로 이혼을 불허한 또 다른 이유는 양반 여성의 재혼을 금지한 상태에서 이혼을 쉽게 허용하면 오갈 데 없는 여성이 늘어나고 이는 양반 사회의 기반을 흔들 수 있다고 보았기 때문이에요. 1477년부터 실시된 과부재가금지법에서 보듯이, 양반 여성은 과부가 되어도 재혼할 수가 없었어요. 이처럼 남편을 잃은 과부의 재혼도 금지했는데, 남편과 살고 있는 여성의 재혼은 허용하는 것은 말도 안 되는 소리였어요. 또 양반 여성의 재가를 금지한 상황에서 여성들을 칠거지악으로 쫓아내면 친정이 아주 부자가 아닌 이상 여성들은 생업에 종사할 수밖에 없고 극단적인 경우에는 몸을 팔 수도 있었어요. 전근대 국가에서 여성이 팔 수 있는 것은 몸이 유일했기 때문이지요. 한 마디로 양반 여성이 기생이 되는 거예요. 이것은 신분을 매우 중시한 조선 사회로서는 받아들이기 어려운 일이었어요. 조선 중기 이황도 비슷한 논리로 이혼을 만류한 바가 있는데, 그것은 『퇴계선생문집』(1600년)에 자세히 기록되어 있어요. 이황의 제자 중에 전라도 순천 출신 이함형이 있었는데, 그가 조만간에 이혼하려고 한다고 하는 소문이 파다했어요. 어느 날 이함형이 고향에 다녀오겠다고 말하자 이황은 그 이유를 미리 짐작하고 편지 한 통을 써주면서 그 편지를 꼭 고향 집 대문에 들어서기 전에 읽어보라고 신신당부를 해요. 그 편지에는 다음과 같이 적혀 있었어요.

> *"대개 옛날에 쫓겨난 부인네들은 그래도 달리 시집갈 길이 있어 칠거지악을 범한 부인을 쉽게 처리할 수 있었지만, 오늘날의 부인네들은 대체로 일부종사를 하여 일생을 마치게 되니, 어찌 그 정의가 맞지 않는다고 하여 길가는 사람처럼 대하거나 원수처럼 보아 한 몸이던 부부가 반목하게 되고 한 자리에 들던 부부가 천 리나 떨어져서 가도(家道)는 출발점을 잃고 만복의 경사를 누릴 근원을 끊는 짓을 해서야 되겠는가."*

이 편지에서 눈여겨볼 것은 "대개 옛날에 쫓겨난 부인네들은 그래도 달리 시집갈 길이 있어 칠거지악을 범한 부인을 쉽게 처리할 수 있었지만"이라는 대목이에요. 여기서 말하는 "옛날"이 중국을 말하는지 고려 말이나 조선 초를 말하는지 분명치 않지만, 분명한 것은 양반 여성의 재혼을 금한 상태에서는 칠거지악을 들어 아내를 쉽게 쫓아내서는 안 된다고 보았다는 거예요.

한편, 조선 중기까지 칠거지악으로 아내를 쫓아낸 사례를 찾아보기 힘든 것은 처가살이와도 관련 있어 보여요. 잘 알다시피 처가살이는 남편이 아내 집에 와서 사는 것인데, 이런 상황에서 남편이 아내를 쫓아낸다는 것은 거의 불가능해요. 정도전도 지적했듯이, 처가살이의 경우에는 아내가 기세등등하고 남편이 위축되는 경우가 많았으니까요. 하지만 조선 후기로 가면 사정은 많이 달라져요. 유교적 가부장제가 정착되면서 칠거지악의 논리는 점점 힘을 얻었기 때문이지요. 정해은(2010) 교수는 "이 시기에는 아내를 내쫓는 행위에 대한 타당성을 주장하는 발언들은 있으나 반대하는 주장은 잘 찾아지지 않았다"라고 말해요.

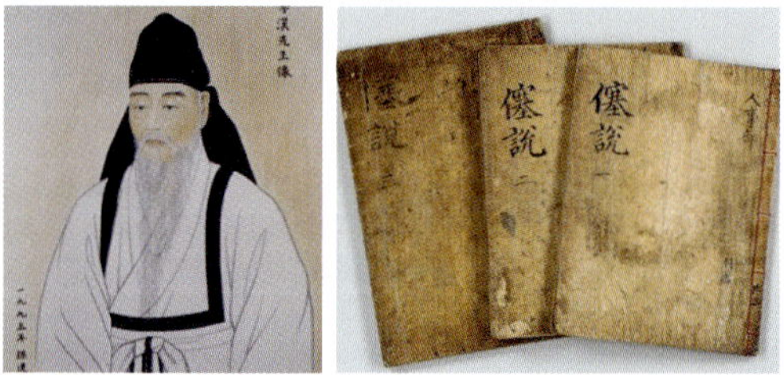

이익과 성호사설

칠거지악의 타당성을 강하게 주장한 학자 중에는 이익도 들어있어요. 이익은 『성호사설』(1760년 무렵)에서 다음과 같이 말해요.

> *"아내를 내쫓는 행위가 진실로 폐단은 있으나, (…) 아내가 죄가 있어도 쫓아내지 못한다면 무한한 폐단이 있음을 어찌 고려하지 않*

는가? 법이 없다고 해서 불효자를 벌주지 않는단 말인가? 이혼법이 없는 것은 죄 없는 자가 쫓겨나는 것을 막기 위함이지 죄지은 여자를 쫓아낼 수 없다는 것은 결코 아니다. (…) 성인들이 예법을 정하실 때 부녀자들에 대해 아무런 생각도 없이 칠거지악을 만들었겠는가? (…) 법이 없다 해서 이혼을 금하는 것은 이해할 수 없는 일이다."

여기에 나오는 '성인들'로 가장 많이 거론된 사람들은 공자 집안의 사람들일 거예요. 공자의 아버지인 숙량흘, 공자 아들인 백어, 백어 아들인 자사는 모두 아내를 내쫓은 사람들이니까요. 특히 자사는 아들 백에게, 자기가 내친 여자가 더는 자기의 아내가 아니라면 아들에게도 더는 어머니가 아니니 죽은 어머니를 위해서 상복을 입을 필요가 없다고까지 말했어요. 조선 후기 양반 남성들에게는 이런 공자 집안의 사례가 아주 유용했을 거예요. '공자 집안의 사람들도 이랬는데 나라고 못 할 게 뭐 있어?'라고 말하면서 행동했을 테니 말이지요. 자신의 주장을 정당화하기 위해 2천 년 전의 공자 집안사람들까지 끌어들이는 것을 보면 정말 놀라지 않을 수 없어요.

칠거지악으로 이혼한 사례

김용원(2009) 교수는 조선 후기에 칠거지악을 내세워 이혼한 사례들을 조사한 바 있어요. 그 결과 가장 많이 내세운 이유는 불효, 음란, 질투순이었어요. 시부모에 대한 불효로 처벌한 예는 『현종실록』(1668년)에서 찾을 수 있어요. 남편 유진이 아내 비희가 시부모에게 불순했고 이로 인해 시어머니가 화병에 걸려 죽었다고 고소하자, 비희를 강계로 유배하고 유진도 집안을 제대로 단속하지 못한 죄로 1년간 유배했어요. 음란과 관련해 처벌한 예는 『인조실록』(1638년)에 나와요. 장유는 청나라에 잡혀갔다 돌아온 며느리에게 조상 제사를 맡길 수 없으므로 아들이 이혼하고 새로 장가들 수 있게 해달라고 청했지만, 왕은 똑같은 상황에 있는 사람이 너무 많다는 이유로 이를 허락하지 않았어요. 이 문제는 장유의 사망으로 일단락되었으나 3년 후 장유의 처 김씨가 며느리가 시부모에게 불순하다며 이혼을 허락해 달라고 다시 한번 청했어요. 인조는 고심을 거듭한 끝에 이 이혼을 예외적으로 인정하고 향후 이런 이혼은 절대 허락하지 않겠다고 단언했어요. 하지만 이 사건을 계기로 많은 사람은 '사대부의 가풍'에 누가 된다는 이유로 환향한 부인들과 이혼했어요. 질투로 처벌한 예는 『숙종실록』(1677년)에서 찾을 수 있어요. 이익대의 아내 아정이 여종을 질투하여 형벌을 가했고, 여종의 아버지는 이를 분하게 여겨 과음하다 죽었어요. 숙종은 "아정이 여종을 혹독하게 형벌하여 그의 아비가 죽게 했으니 시해한 것과 무엇이 다르겠는가?"라고 말하며 엄벌을 명했고, 아정은 아홉 차례 형벌 끝에 결국 옥사했어요. 나쁜 병으로 아내를 쫓아낸 예는 『고종실록』(1899년)에서 찾아볼 수 있어요. 조동윤은 홍만식의 딸과 혼인했으나 아내가 12살에 병을 얻자 이혼하겠다는 글을 왕에게 올리고 아내를 친정으로 돌려보낸 후 김상준의 딸과 혼인하여 13년간 살았어요. 그런데 그사이에 아내 홍씨가 완쾌했고 다른 잘못이 없었기에 다시 집으로 들어왔어요. 결국, 조동윤은 두 처를 데리고 살게 되었는데, 고종은 춘추시대 조최와 17세기 숙종 때 문신 여성제[12]의 사례를 들어 이를 허락했어요. 한편, 말이 많다는 이유로만 아내를 내쫓은 경우는 찾아보기 어려워요. 다만 『숙종실록』(1704년)에 비슷한 예가 나오는데, 그 주인공은 유정기의 아내 신씨였어요. 신씨는 성질이 사나워 남편에게 욕하기를 일삼고 제사에 쓸 술에 더러운 것을 섞고 신성한 사당에서 난동까지 부렸

12 여성제는 금천 강씨와 결혼했으나 아내 쪽의 일로 자신에 화가 미칠 것을 우려하여 아내와 이혼하고 윤씨와 혼인했다. 그러나 옛정을 잊지 못해 강씨와 계속 만났고 그 사이에 자식까지 두었다. 아내 쪽의 일이 해결되자 여성제는 강씨를 다시 데려와 윤씨와 함께 살았고, 윤씨가 먼저 죽자 강씨는 그 제사를 지냈다. 이후 강씨는 다시 고첩을 돌려받아 정경부인에 봉해졌다.

어요. 남편은 예법에 따라 사당에 고한 후 신씨를 내쫓고, 전후 사정을 적어서 관아에 제출하여 이혼 허가를 요청했어요. 그 결과 신씨는 멀리 유배됐지만 이혼은 면할 수 있었어요. 또 도둑질을 문제 삼아 아내를 내친 사례는 『성종실록』(1471년)에 딱 한 번 나오는데, 여기에는 "구영안의 종모(從母)[13] 금이는 일찍이 남의 채단(綵段)[14]을 도둑질하다가 죄에 연좌되어 그 지아비에게 버림을 당하였다"라고 적혀 있어요. 마지막으로, 자식이 없는 것도 아내를 내칠 수 있는 사유였으나 자식을 낳는 것은 마음대로 되는 일이 아니어서 실제로 그렇게 하기는 어려웠어요. 게다가 17세기 이후에는 양자를 입양할 수 있어서 더욱 그랬지요.

그런데 이상의 예들은 모두 실록에 나오는 것들이에요. 따라서 칠거지악을 내세워 아내를 내친 경우는 이보다 훨씬 많았을 거예요. 사실, 칠거지악은 법으로 하자를 가릴 수 있는 조항이 아니라서 어떤 여성이라도 걸릴 수 있었고, 엄격하게 적용하면 쫓겨나지 않을 여자가 없었어요. 그래서 조선 시대 양반들은 이 칠거지악을 최대한 이용해서 아내를 겁박하고 자신의 가부장적 지위를 유지하고 강화하려고 했지요.

7 현모양처

대부분 한국인은 '현모양처' 하면 신사임당을, '신사임당' 하면 현모양처를 떠올리지요. 한국인의 머릿속에서 이 둘은 마치 동전의 양면처럼 짝을 이루어 작동하고 있어요. 그런데 이것은 일제강점기의 이미지 조작과 1970년대 박정희 정권의 세뇌 결과예요.

13 이모를 말함.

14 온갖 비단을 통털어 이르는 말.

'현모양처'는 최근에 만들어진 말

먼저, 현모양처란 말부터 알아보기로 하지요. 이 말은 유교 경전이나 고전 문헌에는 나오지 않는 말이에요. 실제로 한국고전종합DB를 검색해 보면, '현모'라는 말과 '양처'라는 말은 나오지만, 이 둘을 붙여 쓴 예는 나오지 않아요. '현모'의 경우는 17세기 후반 허목이 쓴 『기언별집』「구묘문」에서 찾을 수 있는데, 여기에는 "권대재가 공산 현감이 되었을 때 부인이 항상 백성을 사랑하고 형벌을 삼가야 한다고 훈계하니 이 말을 들은 사람마다 현모(賢母)라고 일컬었다"라는 문장이 나와요. 그런데 여기서 '현모'는 백성을 사랑하는 현감 부인을 가리키는 것이지 자녀를 사랑하는 어머니를 가리킨 것은 아니에요. 18세기 후반 이익이 쓴 『성호전집』「해동악부」에는 "공보 현모가 어리석은 아들을 꾸중하였으니"라는 문장이 나오는데, 여기서 '현모'는 공보의 어머니이므로 이 단어는 자녀와 관련해 사용된 예로 볼 수 있어요. 반면에, '양처(良妻)'는 천민 남자와 혼인한 양민 처를 가리켰어요. 18세기 말 윤선도가 쓴 『고산유고』「서 · 단」에는 "홍가에서 말하는 그 여종은 바로 우리 집 종 대언의 양처이다"라는 문장이 나오는데, 이때 '대언'은 천민 남자이고 그 처는 양민이라서 '양처'라고 표현한 것이지요. 이렇게 '어진 어머니'를 뜻하는 현모와 '천민 남자와 결혼한 양민 처'를 뜻하는 양처는 처음부터 함께 쓸 수 있는 말이 아니었어요.

현모양처는 일본인이 만든 말이에요. 일본은 1868년 메이지유신을 통해서 서양 제도를 많이 받아들였는데, 이 시기에 나카무라 마사나오는 영국 새뮤얼 스마일스(Samuel Smiles)의 『Character』(1871년)를 『서양품행론』(1878년)으로 번역하면서, good wife를 '양처(良妻)'로, good mother을 '선모(善母)'로 번역했어요. 같은 해, 모리 아리노리는 「여자 교육에 관한 연설」에서 여자 교육의 목표를 "타인의 양처가 되고, 타인의 현모가 되어 일가를 정리하고 자제를 훈도하는 데 충분한 기질 재능을 양성하는" 것이라고 하면서 '선모' 대신 '현모'라는 말을 사용했어요. 이렇게 해서 '현모'와 '양처'라는 말을 많이 사용하게 되었는데, 메이지 유신 초기에는 현모를 강조했고 1880년대 중반부터는 양처를 강조했어요(윤소영, 2005). 이후 사람들은 이 두 단어를 붙인 '양처현모'나 '현모양처'를 혼용했어요. 예를 들어, 1899년 가바야마 스케노리는 "건전한 중등사회는 단지 남자교육만으로 달성될 수 없다. 현모양처와 더불어 집안을 다스림으로써 사회 복리를 증진할 수 있다"라고 했고, 1906년 마키노 노부아키는 "여자 교육은 그 본분인 양처현모를 양성하는 데에 있다"라고 했어요. 하지만 1900년대 중반부터는 '현모양처'라는 말을 더 많이 쓰기 시작했어요.

비슷한 시기에 한국에서도 이 말을 쓰기 시작했는데, 1906년 설립된 서울여자교육회가 양규의숙(養閨義塾)이라는 여성 교육기관을 세우면서 그 설립 취지문에 "학문과 여공에 정예와 부덕순철을 교육하야 현모양처의 자질을 양성완비" 한다는 교육목표를 제시했어요. 이후 '현모양처'라는 말은 여성이 갖추어야 할 자질로서, 한국 사회에 널리 퍼지기 시작했어요.

양규의숙을 지원한 서울여자교육회

서인들의 신사임당 만들기

이처럼 '현모양처'라는 말은 120년 전에 사용하기 시작한 말이에요. 그런데 많은 한국인은 이 단어를 400여 년 전에 살았던 신사임당과 연결해서 생각하지요. 이 둘 사이의 연결 고리를 찾기 위해서는 신사임당이라는 인물에 대해서 좀 더 알아볼 필요가 있어요. 사실 신사임당만큼 후세에 의해 이미지가 많이 바뀐 사람도 드물 거예요. 이 여성의 이미지는 400여 년간 변화와 변화를 거듭했어요. 그 출발점은 17세기 서인들에게서 찾을 수 있어요. 이들의 입지는 선조 말과 광해군 초에 매우 약했어요. 이를 극복하기 위해 이들은 이이를 자신들의 종주(宗主)로 추앙하고 그 효과를 극대화하기 위해 그의 어머니인 신사임당도 함께 추앙했어요. 실제로 김장생, 이항복, 김집, 송시열과 같은 서인들은 이 두 사람을 미화하려고 무척 노력했지요. 이 과정에서 때로는 과장되고 때로는 왜곡되었어요. 먼저, 김장생은 1597년「율곡 행장」에서 신사임당을 다음과 같이 기술해요.

> *"신씨는 기묘명현 명화(命和)의 딸로서 타고난 바탕이 매우 남다르고 예에 익숙하고 시에 밝아서 옛 여인의 규범을 모르는 것이 없었다. 선생이 태어날 때 신씨 부인의 꿈에 용이 아이를 품 안에 안겨 주었던 까닭에 이름을 현룡(見龍)이라 하였다."*

이 글은 1551년 신사임당이 세상을 떠났을 때 당시 16살이었던 이이가 쓴「선비행장」에 근거한 것인데, 이 행장의 내용은 다음과 같아요.

> *"신공(申公)의 둘째 딸이다. 어렸을 때 경전을 통했고, 글도 잘 지었으며, 글씨도 잘 썼다. (…) 천성이 온화하고 얌전하였고 지조가 정결하고 거동도 조용하였으며 일을 처리하는 데 안온하고 자상스러웠으며 말이 적고 행실을 삼가고 겸손하였으므로 신공이 사랑하고 아꼈다. (…) 7세에 안견(安堅)의 그림을 모방하여 산수도를 그린 것이 아주 절묘하다. 또 포도를 그렸는데 세상에 시늉할 사람이 없다."*

이 두 글을 비교해 보면 김장생이 신사임당을 어떻게 미화했는지 알 수 있어요. 첫째, 신사임당을 예와 시에 밝고 여범을 꿰뚫은 여성으로 추앙했어요. 둘째, 이이가 강조한 화가로서의 재능은 언급하지 않았어요. 그는 이 부분이 신사임당을 미화하는 데 오히려 누가 된다고 생각한 것 같아요. 김장생이 신사임당을 미화하기 시작한 사람이라면 송시열은 이 미화를 완성한 사람이라고 할 수 있어요. 송시열은 1659년 「사임당화란발」을 통해, 신사임당의 난초 그림을 극찬하면서 신사임당을 유교적 부덕을 갖춘 사람이라 칭송했어요.

> *"이것은 고 증찬성 이공 부인 신씨의 작품이다. 그 손가락 밑에서 표현된 것으로도 혼연히 자연을 이루어 사람의 힘을 빌려서 된 것은 아닌 것 같은데, 하물며 오행(五行)의 정수를 얻고 또 천지의 기운을 모아 참 조화를 이룸에는 어떠하겠는가? 과연 그 율곡 선생을 낳으심이 당연하다."*

이 글은 신사임당이 "오행의 정수를 얻고 또 천지의 기운을 모아 참 조화를 이룸"으로써 이이와 같은 대학자를 낳았다고 말하고 있어요. 송시열은 김장생이 신사임당을 "예에 익숙하고 시에 밝아서 옛 여인의 규범을 모르는 것이 없었다"라고 추앙한 것으로는 뭔가 부족하다고 여긴 모양이에요. 그래서 김장생이 의도적으로 뺀 난초 그림 이야기까지 들고나와 그것을 성리학의 핵심 개념인 오행과 천지와 연결하고, 이를 통해 이이라는 존재를 최대한 추앙하려고 했지요. 이것은 전례를 찾아보기 힘든 말도 안 되는 우상화예요. 신사임당이 난초를 그릴 때 그런 심오한 의미로 그렸는지 알 수 없는 데다, 그것을 이이의 출생과 관련짓는 것은 해도 해도 너무했어요.

신사임당과 묵란도

그런데 송시열의 이런 우상화 작업은 그가 몇 년 전에 성공한 8대 조모 우상화 작업에서 영감을 얻었을 가능성이 커요. 송시열은 8대 조모 류씨의 묘비에 적힌 “나이 22살에 남편을 여의고 82세에 사망하였으니 성품이 대장부의 뜻과 같아서 종신토록 수절하였다”라는 딱 한 줄로 8대 조모를 열녀 반열에 올리는 데 성공한 사람이에요. 이에 대해서는 나중에 열녀와 관련된 글에서 좀 더 자세히 논하기로 하지요. 아무튼, 난초 그림 하나로 어머니를 우상화해 그의 아들의 존재감을 드높이는 작업은 묘비에 적힌 딱 한 줄로 8대 조모를 열녀로 만들어 자신과 가문의 명예를 드높이는 작업과 정확히 일치해요.

계속되는 신사임당 우상화

신사임당의 우상화는 18세기에도 계속되었어요. 18세기 노론파는 신사임당을 북송시대 학자 정호, 정이 형제의 어머니에 비견하면서 성모화(聖母化)하기에 이르렀고, 19세기에는 모두가 본받아야 할 모성성의 표상으로 여겨졌어요.

한편, 20세 초 민족주의 지식인들은 신사임당을 좀 다른 방식으로 평가했어요. 이들은 일본이 을사늑약으로 조선의 외교권을 박탈하자, 부국강병과 문명개화를 외치고 교육을 이 문명개화의 수단으로 강조했어요. 이 교육에는 여성도 포함되었는데, 이때 현모양처라는 용어와 개념이 다시 도입되었어요. 장지연은 1908년에 쓴 『여자독본』에서 신사임당을 여성 교육의 모범으로 소개해요.

> *“문성공 율곡 이이의 모친 신 부인의 별호는 사임당이니 덕행과 재를 완전히 갖추고 글씨와 그림 또한 옛 진나라 위 부인과 같은지라 세상 사람이 신 부인이 그린 포도를 명화라 하느니 부인의 재덕이 이러함으로 그 아들 율곡 선생도 가정교육을 받아 일국이 명현이 되었습니다.”*

신사임당은 지식과 재능을 겸비한 데다 이이의 어머니로서 명망이 높았기에 민족주의 지식인들은 신사임당을 여성 교육에 바로 소환할 수 있었어요.

하지만 일본 제국주의자들이 말하는 현모양처는 이런 전통적인 여성상과는 거리가 멀었어요. 그들의 현모양처는 서구의 영향으로 만들어진 근대적인 여성상이었기 때문이지요. 일본은 이 여성상을 통해 조선 여성들이 과거의 전통적인 생활방식과 단절하고 일본 제국의 신민이 되기를 기대했어요. 이런 기대는 민영대가 1918년 매일신보에서 쓴 다음 글에서도 엿볼 수 있어요.

> *"우리는 과거 봉쇄주의, 내방주의, 무교육주의에서 뛰쳐나와서 교육해야 합니다. 우리 딸들이 양처가 되고 현모가 되게 해야 합니다. 여자의 교육은 이 현모양처가 되게 하는 것이 최대의 목적입니다."*

여기서 '봉쇄주의', '내방주의', '무교육주의'는 조선 시대 여성의 생활과 교육 방식을 말하고, 여기서 "뛰쳐나와서 교육" 한다는 것은 전통적인 여성상과의 단절을 의미해요.

한편, 1920-1930년대 식민지 시기에는 다양한 젠더 담론이 쏟아져 나왔어요. 근대교육의 첫 번째 수혜자인 여성들이 사회에 진출하고 조선일보, 동아일보 등 다양한 신문과 잡지가 발간되면서 많은 사람이 젠더 담론을 만들어내고 일부는 실천했어요. '신여성'으로 불린 나혜석, 김원주, 김명순 등은 조선 사회가 남녀에 대해 들이댄 이중잣대를 비판하고, 여성에게만 정절과 도덕 관념을 요구하는 것은 부당하다고 주장했어요. 하지만 이들에 맞서는 사람들의 논리도 만만치 않았어요. 현모양처는 하늘로부터 정한 일종의 성별 분업이라고 주장하는 사람도 있었고, 여성이 아이의 양육 및 교육에 더 적합하다고 말하는 사람도 있었고, 조선 민족의 성쇠가 어머니에 의해 결정된다고 주장하는 사람까지 있었어요. 시인 이은상은 마지막 유형에 속하는 사람이었어요. 그는 '조선 민족의 모성', '조선의 어머니' 등의 표현을 통해 여성을 민족의 어머니로 규정했는데, 그의 이런 인식은 후일 신사임당을 '민족의 어머니'로 만드는 데 중요한 기반이 되었어요. 이들의 주장은 1930년대 신여성을 비판하는 시대적 분위기와 맞물리면서 큰 힘을 얻었어요. 이 비판은 신여성을, 짧은 치마에 뾰족구두를 신고 남자가 가진 돈과 명예를 갈취하는 천박한 여성, 가정 살림은 안중에도 없고 사치만 즐기는 여성으로 규정했어요. 이런 분위기에서 1920년대 신여성에 밀려 잊혔던 신사임당이 현모양처의 상징으로 부활했어요. 1939년 신귀현은 「율곡 선생의 어머니 신사임당 평전」을 통해 신사임당을, 예술적 재능과 학식이 뛰어난 여성, 네 아들을 훌륭히 키워낸 현모, 남편의 실책을 사전에 막아낸 양처로 평가했어요. 여기서 눈에 띄는 것은 이이만이 아니라 나머지 세 아들도 모두 잘 키웠다고 말하는 것, 자신이 죽은 뒤 자식들을 위해 재혼하지 말라고 당부하는 것이에요. 이 두 가지의 말, 특히 후자는 논란의 소지가 많아요. 16세기라는 시대적 분위기로 볼 때 죽음을 앞둔 여자가 남편에게 재혼하지 말하고 말하는 것은 매우 이례적이었고 좋은 태도로 여겨지지 않았기 때문이지요.

한편, 식민지 말기에는 신사임당에게 새로운 이미지가 부여되었어요. 이것은 조선의 남자를 일본이 벌이는 전쟁에 보내는 것과 관련이 있어요. 그동안 일본은 조선인을 선별적으로 차출했는데, 1941년 진주만 기습으로 전장이 태평양으로 확대되자 그 정책을 바꾸었어요. 1943년에는 징병 신청을 받았고, 1944년 4월부터는 징병 검사를 하고 9월부터는 현역병으로 투입하기 시작했어요. 이 과정에서의 가장 큰 걸림돌이 되는 사람은 징병 대상의 어머니와 아내였어요. 이들 중에 자기 아들이나 남편을 전쟁에 보내고 싶어 하는 사람은 거의 없었을 테니까요. 그래서 일본은 만담이나 연극을 통해 이들을 설득해 나갔어요. 이런 문화 활동 속에서 신사임당은 이이와 같은 훌륭한 아들을 낳아 국가에 바친 어머니, 즉 현모양처로 등장한 것이지요. 이로써 신사임당은 황국신민 정책을 동조한 지식인과 연예인들에 의해 '총후부인'과 '군국의 어머니'라는 이미지를 갖게 된 것이지요. 참고로, 총후부인은 남자들을 전쟁터에 보낸 뒤 후방의 일을 책임지는 부인이라는 뜻이에요.

해방 이후에는 민간단체가 신사임당 기념사업을 이어갔어요. 1966년에 창립한 대한주부클럽연합의 초대회장인 김활란은 여성들이 서구문화를 추종하고 전통문화를 소홀히 하는 것을 개탄하고 건전한 여성상을 정립해 나가야 한다고 역설했어요. 그런데 그녀의 이런 행동은 과거 행동과 너무나 다른 행동이었어요. 그녀는 1941년 말 아마기 가츠란(天城活蘭)으로 이름을 바꾸고 강연과 방송을 통해 일제의 침략정책을 미화하고 내선일체·황민화를 지지한 사람이었기 때문이지요. 이런 의미에서 보면, 김활란은 지독한 기회주의자였어요. 아무튼, 이 여성단체는 1967년에 좌담회를 개최하여 신사임당의 생애, 예술, 부덕을 칭송했고 1969년에는 '신사임당의 날'이라는 행사까지 개최했어요. 이 해에 제정된 신사임당상은 "현명한 아내로, 훌륭한 어머니로 모든 분야에서 모범이 되며 조국발전에 이바지할 참된 일꾼"에게 주어진 상이었어요. 여기서 "조국발전에 이바지할 참된 일꾼"은 당시 박정희 정권의 조국 근대화 논리와 맞아떨어져 신사임당이 다시 한번 역사의 무대로 소환되었어요. 1970년 제2회 '신사임당의 날'부터는 수상자가 청와대를 방문하여 육영수 여사와 면담했어요. 이로써 신사임당의 이미지는 육영수에게 옮겨갔고, 그 결과 오늘날 나이 든 사람 중에는 육영수를 신사임당과 같은 현모양처로 생각하는 사람들이 많아요. 박정희 정권은 1974년부터 1975년까지 강릉 오죽헌을 단장했는데, 이것 역시 같은 맥락에서 이해할 수 있어요. 이런 현모양처 담론은 오늘날에도 여전히 계속되고 있어요. 2009년 신사임당 초상을 5만 원권 지폐에 넣는 문제를 두고 2년간 격렬한 논쟁을 벌였지만 결국은 넣게 되었어요. 이것을 보면 이 담론의 위세가 얼마나 대단한지 잘 알 수 있어요. 지폐 이야기가 나와서 한마디 덧붙이자면, 오늘날 우리가 사용하는 지폐에 나오는 인물은 다 조선 시대 사람이에요. 그것도 신사임당 한 사람 빼고는 모두 이씨에요. 이것을 두고 '우리는 여전히 조선 시대에 살고 있다'고 평가한다면 이 평가가 무리라고 말할 수 있을까요?

한편, 오늘날 젊은 여성 중에는 현모양처라는 말을 찬사가 아니라 부담으로 여기는 사람이 많아요. 이 말을 진정한 찬사라고 생각한다면 남성에게도 '현명한 아버지와 어진 남편', 즉 '현부양부(賢父良夫)'가 되라고 요구해야 해요. 마치 20세기 초에 나혜석이 요구한 것처럼 말이지요. 그녀는 1914년 도쿄의 조선인 유학생 잡지 『학지광』에 「이상적 부인」이라는 글을 기고하면서, 현모양처가 그렇게 좋으면 남자들도 현부양부할 것이지 남자들은 왜 그렇게 하지 않느냐고 강하게 비판했어요. 여성에게만 이런 자질을 요구하는 것은 우리 시대에서 끝내야 해요.

제4장

상속의 언어

제4장

상속의 언어

1 족보

족보는 "한 가문의 계통과 혈통 관계를 적어 기록한 책"(네이버사전)이에요. 이 족보는 종적으로는 시조에서 현재까지의 세계(世系)를 나타내고, 횡적으로는 현재 동족 간의 관계를 보여주지요. 종적 기록이 조상을 존경하게 하는 존조(尊祖)의 기능을 수행한다면, 횡적 기록은 후손은 모아 결속시키는 수족(收族)의 기능을 수행한다고 할 수 있어요.

족보에 대해 알아보기 전에 먼저 사람의 성씨(姓氏)부터 알아보기로 하지요. 흔히 성씨라고 하면 아버지의 성만 생각하는데 이것은 틀린 거예요. 성은 부계 혈통을 말하고, 씨는 모계 혈통을 말해요. 예를 들어, 우리에게 '강태공'으로 널리 알려진 중국 제나라 시조 강여상(姜呂尙)의 경우, '강(姜)'은 성이고, '여(呂)'는 씨고, '상(尙)'은 이름이에요. 이처럼 고대 중국에서는 아버지의 성을 쓰고, 그다음에 어머니의 성을 쓰고, 마지막에 이름을 붙였어요. 또 진시황의 이름은 영조정(嬴趙政)인데, 여기서 '영(嬴)'은 아버지의 성이고, '조(趙)'는 어머니의 성이고, '정(政)'은 이름이에요. 하지만 한나라 때 어머니의 성을 쓰지 않게 되면서 성(姓)과 이름(名)만 남아서 지금의 성명(姓名)이 된 거예요. 중국인 이름 중에 두 자로 된 이름이 유독 많은 것은 바로 이 때문이지요. 참고로 1990년대 한국 여성학자들은 '이이효재', '고은광순'처럼 아버지의 성과 어머니의 씨를 같이 쓰자고 주장했어요. 또 1997년 제13차 한국여성대회에 참가한 사람들은 호주제를 반대하고 부와 모의 성 모두를 사용하자고 제안했어요. 이런 움직임은 그동안 아버지 성만 써 온 사람들에게는 낯설고 거북하겠지만, 이것은 중국에서 오래전에 있었던 관행이에요.

이제 족보 이야기를 좀 해보지요. 사람들이 족보를 만든 것은 오래전 일이에요. 그 기원은 중국의 제왕 연표에서 찾을 수 있어요. 일반인이 족보를 만든 것은 한나라 때예요. 하지만 족보는 아무나 만들 수 있는 게 아니었어요. 송나라 때는 과거를 통해 등장한 사대부들만이 자신들의 계보를 만들 수 있었어요. 명 · 청 시대에는 몇몇 종족이 시조를 소급해 단일 족보를 만듦으로써 그 범위가 넓어졌어요. 우리 족보는 고려 때 왕실의 계통을 기록함으로써 시작되었다고 봐요. 고려 시대에는 일부 귀족도 간단한 형태의 족보를 작성했어요. 조선 시대 태종은 왕들의 직계 선조를 기재한 『선원록』, 태조와 태종의 적자들을 기록한 『종친록』, 적녀와 서얼을 기록한 『유부록』을 만들게 했어요. 시간이 흐르면서 신하들도 이런 관행을 따라 했지요. 이 족보를 크게 나누면 전기 족보와 후기 족보로 나눌 수 있는데, 전기 족보는 15세기 중엽부터 17세기 중엽까지 개인이나 가족을 중심으로 작성한 것을 말하고, 후기 족보는 17세 후반 이후 문중의 공동사업으로 편찬한 것을 말해요.

조선 전기 '포용의 족보'

전기 족보 중 가장 오래된 것은 1476년 간행된 『안동권씨성화보』예요. 이 족보의 서문을 쓴 사람은 서거정이었는데, 그는 서문에서, 외삼촌 권제가 족보를 소첩자 형태로 만들었고, 외사촌 권람이 이를 보충했으나 마무리 짓지 못해, 자신이 박원창과 최호원의 도움을 받아 완성했다고 밝혀요. 그렇다면 안동 권씨도 아닌 서거정, 박원창, 최호원이 왜

안동 권씨 족보 편찬에 참여했을까요? 그것은 당시 족보에는 부계만 아니라 모계도 같이 기록했기 때문이에요. 실제로 이 족보에 실린 사람은 9,120명인데, 이 중 안동 권씨는 867명으로 10%도 되지 않아요(이남희, 2011). 우리는 이 족보에서 두 가지 흥미로운 사실을 확인할 수 있어요. 먼저, 기재 순서가 출생순이라는 거예요. 다음으로, 여성이 개가한 경우 그 사실을 그대로 기록했다는 거예요. '전부(前夫)', '후부(後夫)'라는 표기를 통해 전 남편과 현 남편을 모두 기록하고, 성씨가 다른 자식들도 다 적었어요. 이러한 관행은 1565년에 간행된 『문화유씨가정보』에서도 확인할 수 있어요.

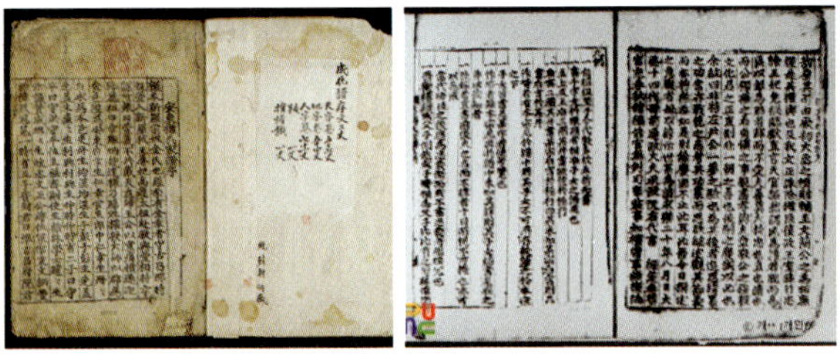

안동권씨성화보와 문화유씨가정보

박옥임(1984) 교수는 전기 족보의 특징을 네 가지로 요약해요. 첫째, 직계 조상을 밝힐 때 부계와 모계를 다 같이 수록했어요. 둘째, 자녀를 출생순으로 적어 아들과 딸을 차별하지 않았어요. 다만 딸을 기록할 때는 딸의 이름 대신 '女夫 홍길동' 식으로 사위의 이름을 적었어요. 셋째, 외손을 친손과 모두 기록했어요. 아들의 자식이나 딸의 자식을 구별하지 않았고 내외 8촌까지 모두 기록했어요. 넷째, 가계 계승을 위한 양자 제도를 도입하지 않았어요. 딸만 있어도 양자를 들이지 않았고 자식이 없으면 '무후(無後)'로 기록했어요. 딸만 둔 경우에는 혈연관계가 먼 양자보다는 혈연관계가 가까운 딸의 자손으로 가계를 잇게 했어요. 이 네 가지 특징은 조선 전기의 균분상속, 처가살이, 윤회봉사 등과 그 맥을 같이하는 것들이에요.

조선 후기 '배척의 족보'

조선 전기 족보가 가계 기록 수준이었다면, 조선 후기 족보는 문중 수준으로 넓어졌어요. 이런 변화의 분기점은 임진왜란과 병자호란이에요. 이 두 전란 동안 전통적 질서는 무너졌고 이에 위기를 느낀 양반들은 새로운 가족 및 사회 질서를 만들고자 했어요. 그래서 생각해 낸 것이 남성 중심의 유교적 가부장제였고 족보도 이에 따라 제작되었어요. 15세기에서 18세기 사이의 족보 중 80% 이상이 17세기 후반 이후에 간행된 것을 보면 이 시기 사람들이 족보 제작에 얼마나 몰두했는지 알 수 있어요(노명호, 1999). 당시 양반들은 족보가 없으면 평민으로 전락해 군역을 부담해야 했으니 무슨 일이 있어도 족보를 만들려고 했던 것이지요. 부유한 평민은 족보를 사거나 남의 족보에 끼어드는 등 온갖 수단과 방법을 동원했어요.

이렇게 족보의 범위를 문중으로 넓히다 보니 전기 족보처럼 부계와 모계를 다 기록하기가 어려워졌어요. 그래서 족보의 범위로 부계로 한정했고, 모계와 여성은 족보에서 빠지게 되었어요. 이렇게 되면서 남녀불평등은 더 커진 것이지요. 박옥임(1984) 교수는 후기 족보의 남녀불평등을 네 가지로 요약해요. 첫째, 여자는 본관과 성만 기록했고 남자는 아명, 관명, 항명(항렬 이름), 별호, 시호까지 자세히 기록했어요. 둘째, 아들을 먼저 적고 딸을 나중에 적는 선남후녀(先男後女) 방식을 택했어요. 예컨대, 5명의 딸을 내리 낳고 아들을 낳으면 이 아들을 맨 앞에 기재한 것이지요. 셋째, 딸만 있는 집은 가장 가까운 부계 친척 중에서 양자를 들임으로써 딸의 가계 계승을 원천 봉쇄했어요. 넷째, 부계는 직계와 방계로 최대한 많이 수록하면서도 모계는 모(母)의 본관과 성만을 기록했어요. 이런 후기 족보는 조선 후기의 유교적 가부장제가 어떤 제도였는지를 잘 보여줘요. 이 제도에서는 아버지는 가장이고 아들은 차기 가장이고 나머지 가족은 모두 이 두 사람에 종속되었어요. 부부관계도 마찬가지였어요. 남편은 가부장으로서 온갖 권세를 부렸지만 부인은 후사를 잇고 집안에 노동력을 제공하는 존재였을 뿐이었어요. 박옥임 교수는 이런 조선 후기의 관행이 20세기 후반까지도 유지되었다고 주장해요. 예를 들어, 부계에 의거한 동성동본 결혼을 허락하지 않는 것, 친족의 범위를 부계와 모계에 있어 다르게 규정하는 것, 호주권 행사나 친권행사에 이견이 있으면 부의 의견에 따르는 것 등이 그 잔재라는 것이지요.

역사상 족보가 가장 많이 발간된 시기는 일제강점기였어요. 국립중앙도서관에 소장된 2천여 개의 족보 중 대부분은 1910년에서 1930년대 후반에 편찬된 것이라고 해요.[15] 이 시기에 만든 족보가 이렇게 많은 것은 평민도 족보를 만들었기 때문이지요. 1894년 갑오개혁으로 신분제가 폐지되고 1910년 조선이라는 나라가 없어지면서 그동안 양반에게 억눌려 지낸 평민들은 앞다투어 족보를 만들고 양반 행세를 하려고 했지요. 예를 들어, 1920년대와 30년대를 배경으로 한 염상섭의 소설 『삼대』(1947년)를 보면, 조의관은 자신의 이름을 족보에 올리기 위해 3천~4천 원이라는 엄청난 거금을 써요. 당시 쌀 한 가마니가 10원 정도였으니 이 돈이 얼마나 큰 돈인지 충분히 짐작할 수 있지요. 조의관이 이렇게 엄청난 돈을 족보를 만드는 데 쓰자 아들은 그 이유를 따져 물었어요. 이에 조의관은 "삼사천 원은 누가 삼사천 원 썼다던?"이라고 반박하며 이 돈의 용처를 다음과 같이 밝혀요.

> *"실상 그 삼사천 원이란 돈이 족보 박는 데에 직접으로 들어간 것이 아니라 XX 조씨로 무후(無後)한 집의 계통을 이어서 일문 일족*

15 「한국민족문화대백과사전」.

에 끼려 한즉 군식구가 늘면 양반의 진국이 묽어질까 보아 반대를 하는 축들이 많으니까 그 입을 씻기 위하여 쓴 것이다.”

여기서 다음 세 가지 사실을 알 수 있어요. 그것은 첫째, 삼사천 원이라는 거금을 족보 제작에 다 쓴 것은 아니라는 것, 둘째, 조의관은 대가 끊긴 어느 한 조씨 집안에 이름을 올려서 양반이 되었다는 것, 셋째, 이를 알고 반대하는 사람들의 입을 막기 위해 많은 돈을 썼다는 것이에요. 이런 식의 족보 위조는 창씨개명이 시작된 1940년 이후에도 계속되었어요. 이를 두고 전우용[16] 교수는 “한편에는 사라질 성씨에 관해 마지막 기록이라도 남겨두자는 충정”과 “다른 한편에는 막판 떨이로 한몫 챙기려는 심사”가 있었다고 평가해요.

죄인이 돼야 알려지는 여자 이름

족보와 관련해 생각해 볼 문제는 조선 시대 양반 여성의 이름 사용 문제예요. 앞서 언급한 것처럼, 족보에는 딸의 이름은 기재하지 않았어요. 전기 족보에는 ‘여부(女夫) 홍길동’ 식으로 사위의 이름을 적었고, 후기 족보에는 딸의 본관과 성만 적었어요. 이와는 달리 아들의 이름은 다 기재했어요. 사실 양반 남성들은 서너 개의 이름을 가지고 있었어요. 태어날 때 지은 초명, 어릴 때 집에서 사용한 아명, 관례를 치르면 스승이나 윗사람이 지어주는 자(字), 자기 신념이나 취향에 따라 본인이 짓는 호(號) 등이 그런 것이지요. 예를 들어, 율곡 이이의 초명은 이(珥), 아명은 현룡(見龍), 자는 숙헌(叔獻), 호는 율곡(栗谷)이에요. 이에 반해, 양반 여성들에게는 어릴 때 부모가 지어준 아명이 전부였어요. 그나마 이 아명도 결혼 후에는 아무도 사용하지 않았어요. 친정 부모도 아명 대신에 ‘장실이’, ‘김실이’로 불렀지요. 족보나 문헌에 그 이름을 남길 때는 아무개의 딸 최 씨, 아무개의 처 이 씨, 아무개의 모 김 씨

16 https://www.hani.co.kr/arti/opinion/column/758229.html

식으로 표기했어요. 묘비에는 '배(配)경주김씨지묘' 식으로 적었는데, 이것을 풀이하면 '(바로 옆에 누워 있는) 아무개의 배우자로, 친정의 본관이 경주 김씨인 사람의 묘'라는 것이에요.

그렇다면 왜 조선 시대에는 양반 여성의 이름을 밝히지 않았을까요? 이에 대한 가장 일반적인 대답은 양반 여성을 배려하고 존중했기 때문이라는 거예요. 그런데 이런 대답에 얼마나 많은 사람이 수긍할지 모르겠네요. 조선 시대 양반들이 남의 이름을 함부로 부르는 것을 결례로 여겼고 여성의 경우에는 더욱 그랬던 것은 사실이에요. 여성은 신체 노출을 꺼리듯이 이름 노출조차 꺼려야 하는 존재로 본 것이지요. 하지만 양반이 아닌 여종, 기생, 의녀 등의 이름은 그대로 기록했고, 양반이라도 죄인이 되면 그때는 이름을 기록했어요. 죄인이 되면 배려와 존중의 대상이 아니라고 본 것이지요. 마지막의 예는 『세조실록』(1456년)에도 나오는데, 세조는 단종 복위 사건에 연루된 사람의 처와 딸의 이름을 부르면서 다음과 같이 처리하라고 명해요.

> *"이소동의 아내 천비(千非), 이공회의 아내 동이(同伊), 심상좌의 아내 미비을개(彌飛乙介)·딸 계금(繼今)은 계양군 이증에게 주고, (…) 성삼문의 아내 차산(次山)·딸 효옥(孝玉), 이승로의 누이 자근아지(者斤阿只)는 운성 부원군 박종우에게 주고 (…)"*

이 글을 보면, 성삼문의 아내 이름은 차산이고 딸 이름은 효옥이에요. 성삼문은 두 명의 처를 두었는데, 「위키 백과」를 보면 전처는 '신씨 부인'이라고 나오고 후처는 '김차산'이라고 나와요. 만약 사육신 사건이 전처가 살아있을 때 일어났다면 '신씨 부인' 대신에 본명을 기재했을 것이고, 이 사건이 후처가 죽은 이후에 일어났다면, '김차산' 대신에 '연안 김씨'라고 기재했을 거예요. 이처럼 조선의 양반 여성은 역모에 연루되거나 사회적 물의를 일으켜 죄인이 되어야 비로소 자기 이름을 남길 수 있었어요. 그냥 죽어서는 이름을 남기지 못하고 죄인으로 죽어야 그렇게 할 수 있었다니 정말 이해할 수 없는 일이에요. 이것을 보면 '호랑이는 죽어 가죽을 남기고, 사람은 죽어 이름을 남긴다'라는 말은 남성에게나 적용된 말이었음을 알 수 있어요.

물론 조선 시대에도 양반 여성의 이름도 기재하자고 주장하는 사람이 있어요. 그 대표적인 사람은 유형원인데, 그는 『반계수록』(1769년[17]) 「호적」에 다음과 같이 적어요.

> *"여자는 본시 이름을 숨길 이유가 없으니 예법에 여자가 시집가서 비녀 함을 허하고서 이름을 짓는다하고 한·진나라의 사전(史傳)을 상고하건대 비록 왕후 왕비라도 또한 그 이름을 기재하였으며 수·당나라 이후에 이에 보임이 없다. 우리나라에 이르러서는 사부의 부녀가 이름을 굳게 숨겨서 나타내지 아니하고 심지어 신주(神主)란에 씀과 같음에 이르러서도 또한 이름을 쓰는 것이 마땅한지 마땅치 아니한지를 의심하고 있으니 이것은 습관과 풍속의 야속함이다."*

윗글에서 유형원은 중국 한나라와 진나라 때는 왕후나 왕비의 이름까지도 기재했는데, 우리는 양반 여성의 이름을 굳이 숨기고 신주에도 기재하지 않는 것은 야속하다고 말해요. 그리고 자신이 구상한 새로운 호적 체계에는 양반 여성의 이름을 기재하자고 제안했어요. 하지만 당시 양반 남성들이 이런 제안을 받아들일 리가 없지요. 유형원도 이를 의식해서인지 바로 타협안을 제시했어요. 그것은 호적과 같은 공문서에는 여성의 이름을 밝히고, 집안과 같은 사적 영역에서는 관행대로 이이름을 숨겨도 괜찮다는 것이었어요. 하지만 당시는 유교적 가부장제가 강화하던 때라 이런 타협안 역시 정신 나간 한 선비의 헛소리로 여겨졌어요.

---

17 1670년에 완성되었으나 1769년에 간행됨.

○氏로 불린 여성들

한편, 조규태(1980년) 교수는 『동국신속삼강행실』(1617년)에 나오는 조선 여성의 이름을 분석해 본 바 있어요. 이 책에는 임진왜란 때 죽음으로 정절을 지킨 356명의 열녀가 실려있는데, 여기에 등장하는 사람은 정승 부인부터 노비에 이르기까지 매우 다양해요. 그래서 당시 여성의 이름을 살펴볼 수 있는 아주 유용한 자료이지요. 물론 이 자료에도 양반 여성의 이름은 모두 '○氏'와 같이 기재되어 있어 이들의 이름을 알 수는 없어요. 하지만 이 자료에 나오는 평민이나 천민의 이름을 통해 일반적인 경향을 살펴보는 데는 무리가 없어요.

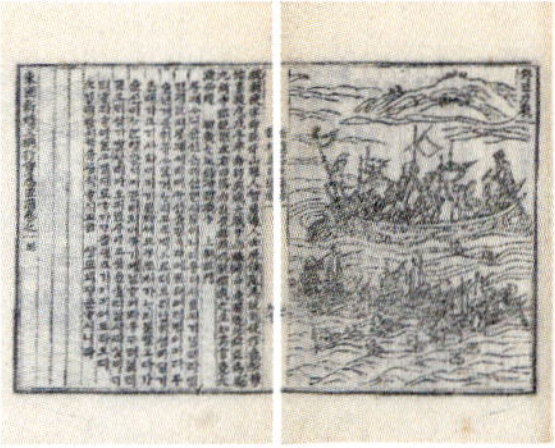

동국신속삼강행실도

조 교수는 이 일반적인 경향을 다음 세 가지로 요약해요. 첫째, 조선 시대 여성들은 기녀, 승녀 등 특수층을 제외하고는 모두 아명을 가지고 있었으나 이 아명의 사용은 극히 제한적이었어요. 둘째, 모든 여성은 신분과 관계없이 같은 유형의 아명을 가지고 있었어요. 셋째, 이 유형은 召史(조이), 阿只(아기)처럼 별 뜻 없이 만든 이름, 고유어를 그대로 사용하거나 약간 변형해 만든 이름, 특수한 접미사를 사용한 이름, 한자식 이름으로 나눌 수 있어요. 바로 위에서 살펴본 『세조실록』(1456년)에 나오는 일곱 명의 양반 여성의 이름을 이 기준으로 분류해 보면, '미비을개'와 '자근아지'는 고유어를 그대로 또는 약간 변형시켜 만든 이름이고, '천비', '동이', '계금'은 특수한 접미사를 사용한 이름이고, '차산'과 '효옥'은 한자식 이름이에요. 통시적으로 볼 때, 과거에는 고유어 이름이 월등히 많았으나 오늘날에는 한자어 이름이 압도적으로 많아요.

한 가지 흥미로운 사실은 이 땅의 여성들이 자신의 이름을 호적에 올리기 시작한 것은 일제강점기였다는 것이에요. 일제가 이렇게 한 것은 조선의 인구를 정확히 파악하여 식민지 정책을 효과적으로 수행하기 위해서였지만 말이에요. 1909년 민적법이 시행되면서 여성의 이름이 호적에 기재되었고, 1910년 이후 출생한 여성들은 본명을 기록하기 시작했어요. 하지만 여성의 이름을 족보에 기재하기 시작한 것은 한참 뒤인 20세기 후반이었어요.

2 균분상속

'상속'이라는 용어는 오늘날 우리에는 매우 익숙하지만, 조선 시대에는 그렇지 않았어요. 당시에는 이 용어를 '계속 잇는다'라는 의미로 썼을 뿐이고, 이 용어 대신에 분재(分財), 분집(分執), 화회(和會) 등을 사용했어요(정긍식, 2021). 상속(相續)은 뭔가를 다음 세대에 물려 주거나 이어받는 것을 말해요. 일종의 세대 간의 '바톤 터치'인 셈이지요. 상속은 이어주는 것이 무엇이냐에 따라 가계 상속과 재산 상속으로 나눌 수 있어요. 먼저, 가계 상속은 제사 상속과 직접 관련된 것인데, 고려 시대에는 모든 자녀가 돌아가며 제사를 지내는 윤회봉사였으나 조선 후기에는 장자봉사로 바뀌었어요. 가계 상속은 일제강점기에 호주상속 · 승계로 바뀌었고, 2005년 민법개정으로 2008년에 '법적으로' 완전히 폐지되었어요. 여기서 '법적으로'라는 말은 실제로는 여전히 존속되고 있다는 의미예요. 그래서 아직도 장남이 제사를 모시는 경우가 많아요. 다음으로, 재산 상속은 본래 재산을 자녀에게 똑같이 나누어 주는 균분상속이 원칙이었어요. 하지만 조선 후기에는 장자 제사 승계와 가문 중시의 분위기에서 장자 우대 상속으로 변했어요. 이런 풍조는 일제 강점기에 강화되었고, 1958년 민법에서도 호주상속인을 우대했어요. 하지만 1977년과 1990년 민법개정으로 남녀균분상속으로 돌아왔어요. 역시 역사는 돌고 도는 모양이에요.

고려의 재산 상속 소송

고려 시대는 부모가 자녀에게 재산을 똑같이 나누어주는 분위기였어요. 그때는 딸이라고 해서 상속에서 배제되거나 차별받지 않았어요. 1451년에 김종서가 쓴 『고려사』에는 이런 사실을 보여주는 재미있는 일화 하나가 실려있어요. 이 일화의 주인공은 고려 고종 때 문신 손변인데, 그는 복잡한 문제를 아주 잘 처리하는 사람으로 유명했어요. 그가 경상도 안찰부사로 나가 있을 때 남동생이 재산 분배 문제로 누나를 고소한 일이 있었어요. 이 소송에서 남동생은 “다 한 부모에게서 태어났는데 어째서 부모의 유산을 누나 혼자 차지하고 동생인 나에게는 나누어주지 않느냐?”고 항의했고, 누나는 “아버지가 세상을 떠날 때 내게 집안의 재산 전부를 주셨고, 너에게 남긴 것은 검은 옷 한 벌, 검은 갓 하나, 미투리 한 켤레, 종이 한 묶음뿐이었어. 증거 문서가 있는데 어찌 이를 어길 수 있느냐?”라고 방어했어요. 이를 지켜본 손변이 “너희 아버지가 돌아가실 때 어머니는 어디 계셨느냐?” 하고 물었더니, “어머니는 먼저 돌아가셨어요”라고 대답했어요. 다시 손변이 “그때 너희들은 각각 몇 살이었느냐?”라고 물었고, “누나는 이미 혼인했고 저는 아직 어렸어요”라고 대답했어요. 이를 들은 손변은 “부모 마음은 어느 자식에게나 다 같은 법이다. 어찌 장성해서 출가한 딸에게만 후하고 어머니도 없는 어린 아들에게는 박하겠는가? 짐작건대 너희 아버지는 아들이 의지할 사람은 누나밖에 없다고 보았고, 만약 재산을 똑같이 나누어주면 혹시 누나가 동생을 덜 돌보지 않을까 우려했고, 동생이 장성해서 분쟁이 생기면 이 종이로 소장을 만들고 검은 옷을 입고 검은 갓을 쓰고 미투리를 신고 관가에 가 고소를 하면 관원이 이 문제를 잘 해결해 줄 것으로 생각한 것이다. 동생에게 오직 이 네 가지 물건만을 남긴 것은 아마 이런 의도에서일 것이다"라고 말했어요.

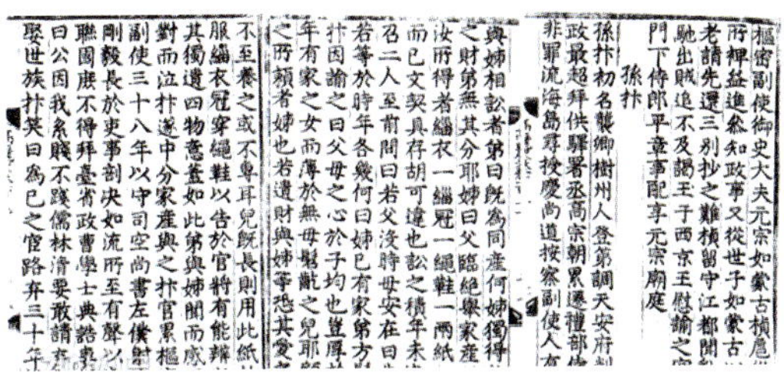

남매 간 상속재산분할소송을 해결한 고려 말 손변(?-1251)의 판례문

이 말을 들은 남매는 아버지의 깊은 뜻을 비로소 깨닫고 서로를 부둥켜안고 울었어요. 이를 지켜본 손변은 재산을 남매에게 똑같이 나누어 주었어요. 그런데 손변이 아버지의 유언에도 불구하고 이렇게 처리할 수 있었던 것은 당시 관행이 균분상속이었기 때문일 가능성이 커요.

『고려사』에는 이 이야기보다 100여 년 뒤의 이야기도 실려 있어요. 충혜왕 4년 (윤선좌는)병을 얻고 자녀들을 모두 불러 이르기를, "오늘날 형제들이 화목하지 못한 까닭은 재물을 두고 서로 다투기 때문이다"라고 말하고, 아들 윤찬을 시켜 문서를 작성하여 재산을 균등하게 나누어주고 "서로 화목하고 다투지 말라는 것을 너희들 자손에게도 가르치라""는 말을 남긴 후 세상을 떠났다고 해요.

율곡선생남매분재기

균분상속은 조상 제사와 깊은 관련이 있어요. 고려 시대 조상 제사는 사찰에 부모의 위패를 모시고 재(齋)를 지내는 식이었는데 이때 드는 비용은 자녀들이 똑같이 부담했어요. 이런 균등부담은 재산 상속의 균등원칙에 따른 것이라 할 수 있어요. 이런 균분상속의 원칙은 조선 시대에도 이어졌어요. 이는 『경국대전』(1485년)에서도 확인할 수 있어요. 여기에는 "부모가 소유하고 있던 노비를 승중자(承重子)에게는 5분의 1을 더 준다(중자녀가 각각 5명을 갖는다면 승중자는 6명을 갖는다). 중자녀에게는 균등 분급하지만, 양첩 소생에게는 7분의 1을 준다(적자녀가 6명을 갖는다면 양첩 자녀에게는 1명을 준다). 천첩 소생은 10분의 1을 상속받는다"라고 규정되어 있어요. 이처럼 조선 초 · 중기에는 적자라면 남녀와 출생 순서와 상관없이 균등하게 재산을 물려받았어요. 고려 시대와 다른 점이 있다면 그것은 조상 제사를 물려받는 승중자에게 별도의 상속분을 주었다는 것이었어요. 이런 균분상속의 예는 1566년 「율곡선생남매분재기」에서도 찾아볼 수 있어요. 이해 5월 20일 이이를 비롯한 7남매가 한자리에 모여 재산 분배 문서를 작성했어요. 이때 제사를 위한 일정분의 재산을 남겨두고 나머지는 7남매가 똑같이 나누었어요.

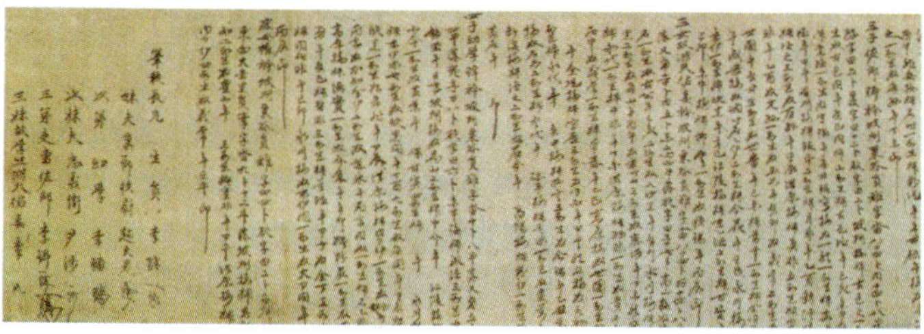

「율곡선생남매분재기」

80여 년 뒤에 이조 참판을 지낸 정광경이 적자 7남매와 서자 3남매에게 유산을 나누어 준 기록도 남아있는데, 적자 7남매는 각각 노비 30명과 전답 64마지기, 서자 3남매는 각각 노비 4명과 전답 10마지기를 상속받았어요. 이것을 보면 『경국대전』이 정한 원칙이 160여 년이 지나도 거의 그대로 지켜졌음을 알 수 있어요.

하지만 조선 후기에 들어서면서 균분상속의 전통은 서서히 무너져요. 윤진숙(2013) 교수는 그 이유를 혼인 양식의 변화, 유교적 종법 제도의 강화, 토지에 대한 인식 변화로 설명해요. 먼저, 혼인 양식의 변화부터 살펴보면, 기존의 처가살이가 서서히 시집살이로 옮겨 가요. 딸은 혼인 후 자기 집에 잠시 머문 후 시집으로 갔는데, 이렇게 되면서 딸은 지리적으로나 심리적으로 거리가 멀어졌고, 이런 딸에게 재산을 똑같이 나누어 줄 필요가 없다고 생각했어요. 다음으로, 유교적 종법제가 점차 강화되면서 경국대전이 정한 균분상속의 원칙이 흔들리기 시작했어요. 아들은 딸, 특히 시집간 딸보다 더 많은 상속을 받게 되었어요. 특히 장자는 가계 계승자로 여겨지면서 '봉사조'라는 명목으로 가문의 재산을 우선 상속받을 수 있었어요. 시집간 딸은 상속을 받더라도 자신이 아니라 남편의 명의로 상속받는 경우가 많아 여성의 재산권은 많이 약해졌어요. 마지막으로, 15세기 이후 인구가 증가하면서 토지가 부족해졌고 그 결과 토지의 가치가 상승했어요. 이런 상황에 토지를 자녀들에게 똑같이 나누어 주면 토지가 사분오열되어 가문을 유지하기 어려웠어요. 그래서 재산을 장자 한 사람에게 몰아줌으로써 이 문제를 해결하려 했지요. 요컨대, 17세기 중엽까지는 대개 균분상속이었고, 17세기 중엽부터 18세기 중엽까지는 균분상속이 여전히 많았으나, 장남을 우대하고 아들과 딸 차별하는 차등상속이 늘어나기 시작했어요. 18세기 중엽부터는 장남 우대와 아들과 딸 차별 관행이 일반화되었어요(이광규, 1977).

한편, 재산 상속에서 차별받은 사람은 여성만이 아니었어요. 남성도 장남이 아니면 상당한 차별을 받았어요. 장남과 차남 이야기를 하니, 갑자기 '흥부전'이 떠오르네요. 이 이야기는 모르는 사람이 거의 없을 거예요. 장남 놀부가 부모 재산을 독차지하고 동생 흥부를 집에서 쫓아내지만, 마음씨 착한 흥부는 그런 형에 순종하며 살다가 제비 다리를 고쳐주고 복을 받는다는 내용이지요. 이 이야기를 두고 오늘날 사람들은 '놀부, 그놈 참 나쁘네', '흥부, 너무 불쌍해' 등으로 말하겠지만, 19세기 사람들은 그렇게 말하지 않았을 거예요. 왜냐하면, 당시는 유교적 가부장제가 확립된 때라 장자인 놀부가 재산을 독차지하는 것을 당연하게 여겼을 테니까요.

새로 발견된 흥부전, 『흥보만보록』

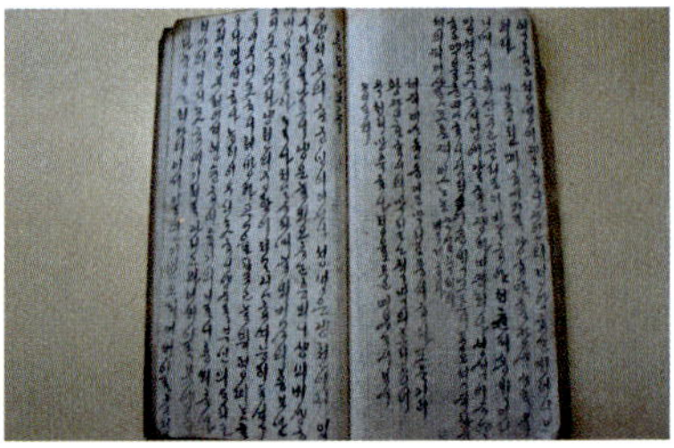

흥보만보록

우리가 아는 흥부전은 하버드대 옌칭도서관에 소장된 『흥보전』인데, 이 이야기를 옮겨 적은 하시모토 아키미는 1853년 것을 모본(母本)으로 했다고 밝혔어요. 그런데 최근에 이것보다 20년 앞선 1833년에 쓰인 것으로 보이는 필사본이 발견되었어요. 이 필사본의 제목은 『흥보만보록』인데, 이 책을 보면 몇 가지 새로운 사실을 알 수 있어요.

첫째, 흥부전의 배경이 전라도나 경상도가 아니라 평안도라는 거예요. 사람들은 판소리 때문인지 그 배경을 전라도나 경상도로 많이 알고 있어요. 둘째, 흥부의 성은 박씨나 연씨가 아니라 장씨라는 거예요. 이 새로운 흥부전의 마지막 부분에는 "흥보는 이후에 무과에 급제한 무반이 되어 (…) 덕수 장씨의 시조가 되어 자자손손이 영귀하였다"라고 적고 있어요. 셋째, 아버지 장천은 너무나 가난하여 놀부와 흥부를 부잣

집 데릴사위로 보냈어요. 그러니까 아버지가 장남인 놀부에게만 재산을 물려준 게 아니에요. 넷째, 놀부와 흥부의 차이점은 가난한 부모님에 대한 태도예요. 흥부는 아내를 데리고 부모 집으로 와 부모를 봉양했지만, 놀부는 처가에 머물며 그렇게 하지 않았어요. 굶주린 부모는 놀부를 찾아가 도움을 청하지만 문전박대당하고, 이를 보다 못한 흥부가 형의 집에서 일할 테니 품삯이라도 달라고 간청하지만, 놀부는 다음과 같이 말하며 거절해요.

> *"우리가 생계를 유지하며 아침저녁 밥이 끊어지지 않는 것은 부모님이 준 것도 동생 네가 주어서 생긴 것도 아니다. 처부모님 덕분에 두터운 은혜를 입어 재산과 논밭을 풍족하게 두고 먹는데, 부모님은 무슨 낯으로 내 것을 달라 하며 너는 무슨 염치로 나를 보채느냐?"*

놀부는 부모나 동생을 박대한 것은 맞지만, 우리에게 알려진 것만큼 악한 사람은 아니었어요. 놀부는 처부모의 은혜를 알고 이들을 잘 모신 사위로 보여요. 다섯째, 기존의 흥부전에는 제비가 흥부의 집으로 날아온 것으로 돼 있지만, 새로운 흥부전에서는 흥부가 다리를 다친 제비를 우연히 발견한 것으로 되어있어요.

다시 재산 상속 이야기로 돌아가서, 여성을 상속에서 완전히 배제한 것은 일제강점기부터예요. 조선 후기에 장자를 우선하는 재산 상속으로 변했지만, 균분상속을 명시한 『경국대전』은 조선 500년 동안 유지되었어요. 그런데 일제는 이를 무시하고, 장자 재산 상속을 조선 고유의 전통이라고 주장하고 이것을 입법화하여 여성의 재산 상속을 완전히 봉쇄한 것이지요. 해방 이후에도 가부장적 성격이 과장되고 왜곡되어 민법에 여성차별이 입법화되었다는 것은 안타까운 일이에요. 윤진숙(2013) 교수에 의하면, 이런 차별적 대우가 오늘날에는 당연히 사라졌으리라 생각하지만 “21세기에도 유교적 전통에 바탕을 둔 가부장제 사회의 성격이 우리나라 가족관계에 여전히 남아있다”라고 주장해요.

3 딸 도둑년

앞서 살펴보았듯이 유교적 가부장제가 공고해지면서 장자 중심의 재산 상속이 이루어지고 시집간 딸은 재산 상속에서 거의 배제됐어요. 하지만 고려 시대부터 이어져 온 균분상속의 전통을 일시에 바꾸기는 어려웠어요. 게다가 여자도 재물 욕심이 있을 수 있으니 시집가서도 친정 재산을 엿보는 경우가 종종 있었어요. 특히 시집이 친정보다 너무 못살 때는 더욱 그랬지요. 친정 부모는 제사도 지내지 않고 부모도 모시지 않는 딸이 재산을 탐내는 것은 도둑질이나 다름없다고 보고 농담 반 진담 반으로 ‘시집간 딸은 도둑이다’라고 했어요. 이런 일은 위신과 체면을 중시한 양반층보다는 실리에 민감한 서민층에서 더 많이 일어났어요. 딸 도둑년 이야기가 거의 다 구비설화로 전해지는 것은 바로 이 때문일 거예요.

친정 속여 부자가 된 딸

이인경(2002) 교수는 『한국구비문학대계』에 실린 구비설화 56편을 분석하여 출가외인 담론과 의미를 살펴보았는데, 그중 14편은 ‘친정을 속여서 부자가 된 딸’ 이야기이고, 30편은 ‘친정의 명당을 차지한 딸’ 이야기예요. 전자는 크게 유형 A와 유형 B로 나눌 수 있는데, 유형 A는 다음과 같은 줄거리예요.

“가난한 총각이 신분은 낮지만, 부자인 집안의 딸과 혼례를 올리게 되었다. 처가 재산을 털어먹기로 마음먹은 신랑은 혼례 첫날밤 신부에게 자신의 말을 안 들으면 소박하겠다고 하였다. 신부가 신랑

의 말대로 하겠다고 하자, 신부에게 한 발로 뛰거나 방바닥에 엎드려 춤을 추는 등 미친 척을 하게 시켰다. 신랑은 장인에게 실성한 여자를 시집보낸 것은 사기라며 손해를 배상하라며 협박하였다. 결국, 재산을 떼어준 장인은 진상을 알고 나자 딸은 도둑이라면서 허탈해하였다."

여기서 딸이 남편과 공모하는 시점이 신혼 첫날밤이라는 것에 주목할 필요가 있어요. 이 첫날밤은 여성이 친정과 결별하고 시집을 자기 집으로 여기기 시작하는 날이기 때문이지요. 이때 신부가 신랑과 공모하는 것은 신랑을 사랑해서라기보다는 사회의 구조적 압력 때문이라고 보는 게 더 타당해 보여요. 그렇지 않으면 난생처음 보는 신랑이 자기 집 재산을 빼돌리자는 데 동의할 리가 없지요. 신부는 첫날밤부터 소박맞지 않기 위해서 어쩔 수 없이 그 음흉한 계획에 동의했을 거예요. 아무튼, 이 두 사람은 공모해 친정아버지로부터 땅을 받아내는 데 성공해요. 얼마 후 딸과 사위에게 속은 것을 안 친정아버지는 "이전부터 사위가 도둑놈이라고 하더니만 딸년이 더 도둑놈이네" 하고 쓴웃음을 짓지요.

'친정을 속여서 부자가 된 딸'의 유형 B는 다음과 같은 줄거리예요.

"가난한 총각이 부잣집 딸과 혼인하여 사는데, 장인이 매우 인색하였다. 남편이 아내에게(또는 아내가 남편에게) 처가의 재산을 빼앗아 올 것을 건의하여 동의를 얻는다. 장인을 초대한 사위는 하루에 알을 백 개 낳은 닭이라고 속여서 값싼 물건을 장인의 땅과 바꾼다."

이 유형의 이야기는 평소 사위에게 매우 인색하거나 사위가 가난하다고 해서 무시하던 장인이 딸네 부부에게 속아서 닭 한 마리와 땅문서를 맞바꾸는 어리석음을 보여주는 풍자적인 이야기예요. 사위에게 속은 후에도 계속 농락당하는 장인은 희극적인 인물로 그려지지고, 처가에 대해 특별한 유대감이 없는 사위가 경제적 이득을 위해서 장인을 속이는 것은 있을 법한 일로 여겨져요. 결국, 비난의 대상은 남편과 공모하여 자신을 낳고 길러 준 아버지를 한순간에 배반하는 배은망덕한 딸이지요. 이런 이야기는 '딸은 출가외인'이라는 이데올로기를 확산하는 데 매우 유용한 수단으로 여겨졌어요.

친정의 명당을 차지한 딸

다음으로, '친정의 명당을 차지한 딸'의 주된 내용은 다음과 같아요.

> *"아버지가 죽어서 아들이 명당자리를 마련하였는데, 친정에 온 딸이 명당을 탐내어서 몰래 그 자리에 물을 붓는다. 잡아놓은 묘터가 명당이 아니라고 판단한 아들은 다른 자리에 아버지를 묻는다. 딸은 오라비에게 그 물이 나는 묘터를 달라고 하여 죽은 남편(혹은 시아버지)을 장사지낸다. 나중에 시가는 번창하고 친정은 쇠락해졌다."*

이런 설화들의 공통점은 친정은 잘 살고 기반이 탄탄한 가문이고 시집은 가난하고 몰락한 가문으로 설정하고 있다는 거예요. 그리고 많은 경우에 여자는 남편을 잃고 아들 하나만 의지하고 살아가요. 이런 여자는 가세가 등등하고 잘사는 친정은 꼭 명당자리를 쓰지 않아도 되지만 이미 기울대로 기운 시집은 친정의 명당이라도 훔쳐서라도 일으켜야 한다고 생각해요. 그래서 딸은 친정의 명당자리를 뺏는 데 별로 주저하지 않지요.

이처럼 '친정을 속여서 부자가 된 딸'과 '친정의 명당을 차지한 딸' 이야기는 모두 '나쁜 딸 만들기 프로젝트'예요. 박영희(2006) 교수에 따르면 이 프로젝트에는 두 가지의 노림수가 있다고 해요. 첫 번째 노림수는 딸에게 재산을 상속하지 않기 위해서예요. '친정의 명당을 차지한 딸'은 친정 부모의 명당을 빼앗을 정도로 효심이 없는 딸에게 제사를 맡길 수 없고 제사를 지내지 않은 자녀에게 재산을 나누어 줄 수 없다는 논리에 당위성을 부여해요. 두 번째 노림수는 결혼해서는 남편을 따르고 남편이 죽으면 아들을 따르라는 삼종지도를 내면화하기 위해서예요. '친정을 속여서 부자가 된 딸'은 남편의 말에 순종하여 친정의 재산을 빼돌리고, '친정의 명당을 차지한 딸'은 죽은 남편이나 시아버지를 명당에 모심으로써 아들이 잘되기를 바라지요.

그렇다면 요즈음은 어떨까요? 요즈음은 '딸은 예쁜 도둑, 며느리는 좀도둑, 아들은 큰 도둑'이라고 말하는 사람이 많아요. 실제로 아들을 둔 부모는 자식에게 들어가는 돈이 너무 많아 은퇴도 못하고 계속 일한다는 연구 결과가 있어요. 나중에도 그 돈을 돌려받지 못하는 경우가 많으니 '큰 도둑'이란 표현이 과히 틀린 표현은 아니지요. 이것은 영문 학술지 「The Journal of the Economics of Ageing 20호」(2021년)에 게재된 「한국의 가족 내 재산 양도, 남아 선호, 은퇴 시기」라는 논문에 나오는 내용이에요. 이 논문은 1935-1950년에 출생한 부모를 대상으로 자녀 성별 및 숫자가 부모의 은퇴와 근로시간에 미치는 영향을 분석한 바 있는데, 이 연구에 의하면 아들이 한 명 늘어날 때마다 아버지의 주당 근로시간은 16.8% 증가하고 은퇴 확률은 5.5-6%포인트 줄어들었다고 해요. 아들을 키우느라 허리가 휘는 주된 이유는 주거비용 때문이지요. 한국에선 결혼할 때 '남자는 집, 여자는 살림'이라는 인식이 아직도 강해 아들에게 집을 사 주느라 은퇴할 자유도 누리지 못한다는 것이지요.

제5장

제사의 언어

제5장

제사의 언어

1 제사와 차례

요즈음 사람 중에는 제사와 차례가 동의어인 줄 아는 사람이 의외로 많아요. 하지만 이 둘은 그 기원과 성격 등에서 전혀 달라요. 「네이버사전」은 제사를 "신령이나 죽은 사람의 넋에게 음식을 바치어 정성을 나타냄, 또는 그런 의식"이라고 정의하고, 차례는 "음력 매달 초하룻날과 보름날, 명절날, 조상 생일 등의 낮에 지내는 제사"라고 정의해요. 크게 보면, 차례는 제사의 한 종류일 뿐이에요. 그래서 '설 차례'를 '설 제사'라고 해도 되지만, '아버지 제사'를 '아버지 차례'라고 해서는 안 되는 거지요.

제사의 역사는 인류의 역사라 해도 과언이 아니에요. 바로 위에서 본 것처럼 "신령이나 죽은 사람의 넋에게 음식을 바치어 정성을 나타냄"은 인간이 수천 년 전부터 하던 행위였으니까요. 원시 시대 사람들은 폭우나 가뭄과 같은 자연재해, 사람이나 맹수로부터의 공격, 전염병 같은 각종 질병 등으로부터 보호받기 위해, 높은 산, 깊은 물, 큰 나무 등 자연물에 제사를 지냈지요. 가뭄 때 비를 내려달라고 지내는 기우제는 그 대표적인 예지요. 이렇게 자연계 모든 사물에는 영적 능력이 있다고 믿는 것을 '애니미즘'이라고 해요. 시간이 지나면서 이 애니미

즘은 자기가 특정 동물이나 식물에서 유래했다고 믿는 '토테미즘'으로 발전했어요. 단군신화의 곰 이야기는 전형적인 토테미즘이지요. 다시 시간이 지나면서 사람들은 이런 능력을 인간과 연결하기 시작했어요. 산신을 모시는 산신각, 마을 신을 모시는 서낭당, 용왕을 모시는 용왕각 등을 짓고 거기서 제사를 지냈어요. 그리고 마침내 그 대상이 자기 조상에게까지 내려온 것이에요.

1913년 해체된 환구단

조상 제사는 3천 년 전 중국 주나라에서 시작되었어요(박정희, 2014). 주나라는 조상 제사를 왕권 강화에 활용하려고 했어요. 제사 의식을 통해, 황제는 하늘에 제사하고 제후는 사직에 제사하고 신하는 조상에 제사한다는 일종의 위계질서를 세운 것이지요. 참고로, 이 질서는 조선 왕들도 준수했어요. 태조 이성계는 자신을 제후라 여기고 종묘와 사직단을 만들었어요. 종묘는 역대 제왕의 위패를 모신 국가 사당이고, 사직단은 땅과 오곡 신을 위한 국가 제단이에요. 사직(社稷)은 토지의 신 '사(社)'와 곡식의 신 '직(稷)'을 붙여 만든 말이고요. 경복궁을 중심으로 동쪽에는 종묘를, 서쪽에는 사직단을 만들어 왕실의 권위를 과시한 것이지요. 조선의 왕들은 이 두 공간을 매우 중시했고, 그래서 입만 열면 '종묘사직 종묘사직' 했어요.

이 질서에서 벗어난 왕은 고종이에요. 그는 1897년 대한제국을 선포하고 스스로 황제 자리에 올랐어요. 이를 대내외에 알리기 위해 환구단을 짓고 거기에서 하늘에 제사를 지냈어요. 이것은 당시로는 파격적인 일이었어요. 왜냐면 그 이전까지는 하늘에 제사를 지낼 수 있었던 사람은 중국 황제밖에 없었으니까요. 고종이 이렇게 할 수 있었던 것은 중국이 서양과 일본의 침탈로 '종이호랑이'로 전락하여 중국의 눈치를 더는 보지 않아도 되었기 때문이지요.

다시 중국으로 돌아가서, 주나라의 제사에 큰 의미를 부여한 사람은 공자예요. 그는 어려서부터 제사 놀이를 즐겨 했어요. 기원전 90년경 『사기』「공자세가」에는 "공자는 어려서 아이들과 함께 어울려 놀 때 항상 제기를 늘어놓고 제례를 흉내 내며 놀았다"라고 기록되어 있어요. 그런데 공자가 이렇게 한 것은 죽은 조상을 위해서가 아니었어요. 왜냐면 공자는 사후 세계를 인정하지 않는 무신론자였기 때문이지요. 실제로 공자는 제자 계로가 귀신을 섬기는 것에 관해 묻자 "사람을 잘 섬기지도 못하면서 어찌 귀신을 섬길 수 있겠는가? 삶도 아직 다 알지 못하는데, 어찌 죽음을 알 수 있겠는가?"(『논어』, 「선진」)라고 대답했어요. 그런데 『논어』「팔일」에는 이와는 어긋나 보이는 이야기가 나와요. 여기에서 공자는 "제사를 지낼 때는 [선조가] 살아계신 것처럼 하고, 신에게 제사를 지낼 때는 신이 와 있는 것처럼 하였다. 내가 제사에 참여하지 않으면 제사를 지내지 않는 것과 같다"라고 말해요. 그런데 많은 유학자는 여기에서의 공자의 방점은 제사를 받는 죽은 '신'이 아니라 제사를 지내는 살아 있는 '나'에 찍혀 있다고 주장해요(이국봉, 2010). 공자가 궁극적으로 가르치고자 한 것은 죽은 조상에 대한 제사보다도 지금의 '나'를 있게 해준 조상을 공경하는 마음과 태도라는 것이지요. 실제로 사마천의 『사기』에는, 제자 재여가 공자에게 조상에게 제사를 지내는 이유를 묻자 "부모가 나를 인간으로 태어나게 해준 근본을 잊지 않고 보답하기 위해서"라고 대답하는 내용이 나와요.

한편, 『논어』「학이」에는 "신종추원 민덕귀후의"라는 문장이 나와요. 공자의 제자인 증자가 했다는 이 말은 장례를 정중히 치르고(愼終) 조상 제사를 잘 모시면(追遠) 백성의 덕이 후하게 될 것(民德歸厚矣)이라는 말이에요. 이는 지배층이 장례와 제례를 잘 치르면 피지배층인 백성들이 감화되어 인심이 후해지고 그 결과 지배층을 잘 따를 것이라는 의미지요. 앞서 언급한 이성계가 종묘와 사직단을 만들고 제사를 지낸 것도 바로 이런 의미에서였을 거예요. 그런데 후대 사람들은 이 말을 '조상 제사를 잘 모시면 후손이 잘된다'라는 식으로 곡해하여 제사에 온갖 정성을 기울이게 되었고, 제사는 본래의 의미에서 벗어나 오늘날에는 허례허식의 대명사로 여겨지게 된 거지요.

제사와 차례의 전범, 주자가례

한국의 제사 문화에 결정적인 영향을 끼친 책은 12세기에 주희가 쓴 『가례』에요. 『주자가례』로도 불리는 이 책은 중국 사대부의 예법과 의례를 자세히 설명하고 있어요.

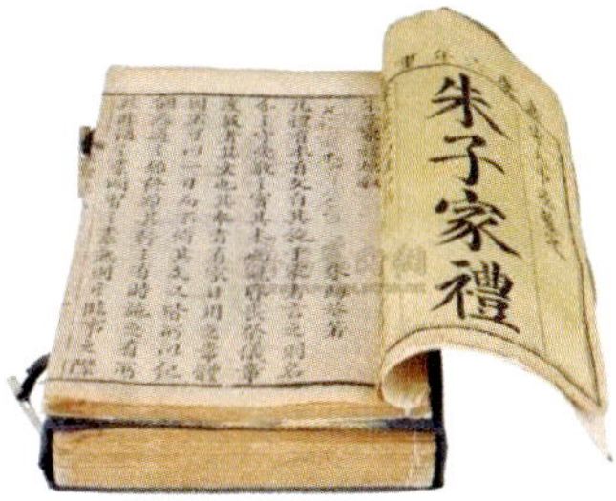

주자가례

이 책은 「통례」, 「관례」, 「혼례」, 「상례」, 「제례」로 이루어져 있는데, 우리가 흔히 쓰는 '관혼상제'라는 말은 마지막 네 개의 첫 글자를 따서 만든 거예요. 「제례」에는 사시제, 초조제, 선조제, 녜제, 기일제, 묘제라는 여섯 종류가 있어요. 먼저, 사시제(四時祭)는 사당에 모신 고조부모 이하의 조상에게 지내는 제사이고, 초조제(初祖祭)는 가문의 시조에게 지내는 제사예요. 선조제(先祖祭)는 사당에 모시지 않는 시조 이하 고조 이상에게 지내는 제사를 말하고, 녜제(禰祭)는 죽은 부모에게 지내는 제사예요. 기일제(忌日祭)는 조상이 돌아가신 날에 지내는 제사예요. 이 제사는 송대 이후에 생긴 것으로 보이는데, 특히 조선에서는 유교의 효 사상과 연결되면서 매우 중시하는 제사가 되었어요. 묘제(墓祭)는 1년에 한 번 조상의 묘소에서 지내는 제사예요. 『주자가례』에는 묘제를 음력 3월 상순에 지낸다고 되어있으나 조선에서는 주로 음력 10월에 5대조 이상의 조상에게 지냈어요. 1746년 이재가 완성한 『사례편람』은 제사 종류를 사시제, 녜제, 기제, 묘제 네 가지로 간소화했고, 이 중에서 오늘날까지 이어지고 있는 것은 기제와 묘제예요.

이 『주자가례』는 고려 말에 들어와 신진 사대부 사이에 보급되었어요. 1390년 정몽주는 "주자가례를 본떠 사당을 세워 조상들의 위패를 모시니 예속이 부응했다"(『포은집』「포은선생연보고이」)라고 적고 있어요. 하지만 "나라에서 가묘를 설치하라고 명령했으나 실행하는 사람이 한 사람도 없다"(『고려사』「열전」)라고 한 것을 보면, 주자가례의 보급은 그리 쉽지 않았던 것 같아요. 숭유억불을 내세운 조선 시대에도 마찬가지여서 태종 4년에는 사대부부터 서인에 이르기까지 모두 사당을 만들고 제사를 지내라고 했고 이를 위반한 자는 불효 죄로 다스릴 것이라고 경고했어요. 이승연(1992) 교수는 "『주자가례』의 수용은 조선에 있어서 사회 윤리적인 측면에서뿐만 아니라 정치적인 측면에서도 일종의 혁명이었다. 『주자가례』야말로 고려와 조선을 구분 짓는 분기점이며, 조선을 조선으로 규정하여 간 원동력이었다"라고 평가해요. 하지만 주자가례가 널리 보급된 시기는 15세기 후반에서 16세기 초반 사이이고, 16세기 후반 향약이 많이 만들어지고 17세기 예학이 발달하면서 사회 전반에 뿌리를 단단히 내리게 되었어요(장동우, 2010). 특히 17세기 후반 예학에 관한 관심이 높아지면서 『주자가례』에 대한 많은 주석서가 나왔어요. 예학자들은 중국의 풍습을 토대로 한 주자가례와 우리의 전통 풍습이 어긋날 때는 주자가례를 예(禮)로 여기고 우리 풍습은 비례(非禮)로 여길 정도로 이 책에 충실했어요. 또 『주자가례』에 나오지 않은 것이 있으면 '후한 쪽을 택한다'는 원칙에 따라 생일제 같은 우리 전통 풍습까지 제사에 포함했어요. 이러다 보니 『주자가례』가 정한 제사보다 더 많은 제사를 지내게 된 것이지요.

조선 시대 초기에는 신분에 따라 봉사 수를 제한했어요. 1485년 『경국대전』은 "문무관 6품 이상은 부모, 조부모, 증조부모의 3대를 제사하고 7품 이하는 2대를 제사하며 서인은 단지 부모만 제사한다"라고 규정했어요. 17세기 유학자들은 봉사 대수를 4대로 늘리려고 했으나 경제적 부담 등의 이유로 성공하지 못했어요. 그러나 성리학이 심화, 확대된 18세기에는 4대 봉사가 점차 자리를 잡게 되었어요. 오늘날 우리가 '4대 봉사'라고 하는 것은 바로 이 때문이지요. 나중에 살펴보겠지만, 이 시기에는 제사상에 올리는 제물의 종류와 가짓수도 많아졌어요.

차례(茶禮)는 글자 그대로 차(茶)를 올리며 표하는 예(禮)를 말해요. 이런 차례의 역사는 매우 깊어요. 493년 중국 남제 무황제는 "내 영혼에도 짐승을 죽여 제사하지 말고 떡, 차, 밥, 술, 포를 올리면 된다"라는 유언을 남겼어요. 무황제는 2년 전인 491년 종묘 제사 때도 차를 올렸는데, 이는 "차를 제수품으로 사용한 가장 이른 기록"(문동석, 2024)이라고 해요. 이후 제사에 차를 올리는 것은 중국의 전통으로 자리를 잡았어요. 12세기 주희는 이런 관습들을 모아 『주자가례』를 편찬했던 거지요. 앞에서 이야기한 것처럼 이 책은 「통례」, 「관례」, 「혼례」, 「상례」, 「제례」로 구성돼 있는데, 차례는 「제례」가 아니라 「통례」에 들어있어요. 주희도 처음에는 차례를 「제례」에 넣는 것이 맞다고 생각했던 것 같아요. 이는 「통례」 맨 첫째 줄에 "이 장은 본래 「제례」에 있어야 맞다"라고 한 것을 보면 충분히 짐작할 수 있어요. 이런데도 차례를 「통례」에 넣은 것은, 차례를 특정일에 지내는 제례와는 달리 "집에서 날마다 행하는 일상적인 의례"로 보

서설당 사당 내부 감실

았기 때문이에요. 이런 의례를 일상적으로 행하려면 특정 공간이 필요했는데, 그것이 바로 사당이지요. 그래서 주희는 「통례」의 상당 부분을 사당을 설명하는 데 할애했어요. 그에 따르면, 사당은 정침[18]의 동쪽에 세우고, 네 개의 감실을 만들어야 해요. 이는 고조, 증조, 조부, 부라는 4대를 모시기 위해서지요.

『주자가례』는 차례의 과정을 다음과 같이 설명해요.

> *"정조, 동지, 초하루, 보름에는 하루 전에 청소와 재계를 하고 잔다. 이튿날 날이 밝으면 일찍 일어나 문을 열고 발을 걷어 올린다. 감실마다 햇과일과 큰 소반 하나를 탁자 위에 진설한다. 신위마다 찻잔과 받침, 술잔과 받침을 각각 하나씩 신주독 앞에 진설한다."*

이때 올리는 것은 햇과일, 술, 차 등이에요. 그런데 술은 남자가 올리고, 차는 여자가 올려요. 이는 다음 글에서도 확인할 수 있어요.

> *"주인이 올라가 홀을 꽂고 주전자를 들어 술을 따르되 먼저 정위에 올리고 다음에 부위에 올린다. 다음에 장자에게 명하여 여러 부위의 항렬이 낮은 분들에게 술을 따라 올리도록 한다. 주부가 올라가서 다선[19]을 잡고 집사가 탕병을 들고 따라가서 차를 넣은 것은 앞과 같이한다. 장부나 장녀에게 명하여 역시 그대로 한다."*

이상에서 우리는 다음 세 가지 사실을 알 수 있어요. 첫째, 사당에서의 차례는 1년 동안 주기적으로 이루어졌어요. 차례를 올리는 횟수는 최대 31차례나 돼요. 31차례는 설날, 동지, 초하루, 보름에다 민속 명절(청명, 한식, 단오, 백중, 중양) 등을 포함한 것이에요. 둘째, 차례에 올리는 제물은 햇과일, 차, 술 정도로 매우 간소했어요. 명절에는 떡, 채

---

18 제사를 지내거나 일을 보는 몸채의 방을 말함.

19 차의 냉온을 조절하는 도구를 말함.

소 등 시절 음식을 추가할 수 있지만 간소하기는 마찬가지였어요. 셋째, 차례에는 여자도 참여했어요. 여기에는 맏며느리와 맏딸도 포함되었어요.

조선 초기에는 차례에 차를 올렸어요. 『세종실록』(1447년)은 "세자가 영릉에서 주차례를 거행하였다"라고 기록하고 있는데, 주차례(晝茶禮)는 국상 기간에 왕실에서만 행하던 의식 중 하나예요. 이 주차례에는 왕뿐만 아니라 왕비, 세자, 신하들도 참가했어요. 제사에 차를 올리는 이런 관행은 신하들 사이에 퍼졌고, 이 관행은 조선 중기까지 이어졌어요. 이는 1498년 무오사화 때 참형을 당한 이목의 홀기에서도 확인할 수 있어요. 홀기(笏記)는 제사의 순서를 적어둔 글인데, 여기에 '철갱봉차(撤羹奉茶)', 즉 '국(羹)을 내리고(撤) 차(茶)를 올린다(奉)'라는 표현이 나와요.

차 대신 술을 올린 제사상

그런데 이런 관행은 임진왜란과 병자호란을 거치면서 서서히 사라져요. 인터넷 여러 사이트를 보면, 이것이 임진왜란 때 도공들이 일본으로 많이 끌려간 데다, 영조가 "귀하고 비싼 차 대신 술이나 뜨거운 물, 즉 숭늉을 쓸 것"을 명했기 때문이라고 나와요. 임진왜란 때 도공들이 일본으로 잡혀간 것은 맞지만, 영조가 했다는 말은 그 출처가 없어요. 제가 개인적으로 알아본 바에 의하면, 이 표현은 『영조실록』에 나오지도 않는 말이에요. 다만 『영조실록』(1767년)에는 다음과 같은 글이 나와요.

> *"을해년(1755년)의 금주령은 이에 조선을 위한 고심에서 나온 것인데, 내가 덕이 없어 아래에 행하지 못하고 막중한 태실(太室)에 예주(醴酒)를 쓰니 내 뜻은 실로 종국을 위한 것이었으나 마음이 죄송스러웠다. 더군다나 작년 봄·여름 이후에는 송절다(松節茶)를 복용하여 지금까지 걸어 다닐 수가 있으니 참으로 선조의 영혼께서 내*

려주신 바이다. 이런데도 태실에 예주를 써서 고례를 회복하지 않는다면 불효이다. (…) 태상시에 명하여 미리 준비해 내달 초 길일에는 종묘사직에 옛것을 회복하는 것을 고유(告由)[20]하는 일로 예조에 분부하라."

이 말을 제대로 이해하려면 약간의 설명이 필요해 보여요. 영조는 1755년에 술이 가정 파탄, 범죄 증가와 같은 문제를 일으키고 농업의 생산성을 떨어트린다고 보고 강력한 금주령을 내렸어요. 이 금주령에 따라 종묘사직의 차례에도 술 대신 예주, 즉 단술을 썼어요. 그러던 차 1766년에 영조가 다리가 몹시 아파 송절차를 마시게 되었어요. 송절차는 이름만 '차'지 사실은 우슬, 오가피, 송절 등으로 만든 술이었어요. 송절차는 『승정원일기』를 통틀어 영조 때만 나타나는 독특한 처방으로, "송절차라는 명칭을 지니고 있지만, 사실은 송절주(松節酒)라고 부르는 것이 더 합당한 처방"(박해모 · 정지훈, 2021)이었어요. 이렇게 되면서 상황이 묘해졌어요. 영조는 금주령을 내리고 이를 어긴 신하를 가혹하게 처벌하면서도, 정작 자신은, 비록 다리 병을 고치기 위해서라지만, 술을 즐겨 마셨으니까요.[21] 눈치 빠른 신하와 의관들은 이렇게 만든 술을 영조에게 올릴 때는 '송절차'라 불렀어요. 영조는 자신의 다리 병이 많이 좋아진 것은 조상의 음덕이라고 여겼고, 이런 상황에서 종묘사직에 술 대신 감주를 쓰는 것은 조상의 음덕에 반하는 것으로 판단했어요. 그래서 1767년 종묘사직에 차례를 지낼 때는 술을 사용하도록 허락한 것이지요. 그런데 이것 때문에 우리의 차례에 차 대신 술을 쓴 것이 영조 때부터라고 말하는데 이것은 잘못된 거예요. 이렇게 보기보다는,

20 사삿집이나 나라에서 큰일이 있을 때 사당이나 신명에게 고함.

21 "『승정원일기』 사이트에서 '송절(松節)'로 검색하면 언급이 나오는 왕은 4명에 불과하며, 모두 150건의 기사가 검색된다. 숙종 4건, 영조 140건, 정조 3건, 순조 3건 등으로 영조 대가 140건으로 가장 많다. 이 중에서 영조 대의 138건이 송절차의 의미이다"(박해모 · 정지훈, 2021).

조선 초기에는 차를 올리며 차례를 지냈고 차, 감주, 술을 혼용하다가 점차 차와 감주는 사라지고 술만 사용하게 되었다고 보는 게 맞아요(권태원, 2001).

이상의 내용을 종합해 보면, 조선의 제사 문화는 500년이라는 긴 역사 속에서 이래저래 변질했어요. 이소정(2021) 교수는 이것을 여섯 가지로 요약해요. 첫째, 원래 제사는 남녀를 차별하지 않았어요. 『주자가례』를 보면 남편은 술을 올리고 아내는 차를 올렸어요. 그리고 초헌은 남편이, 아헌은 아내가 올렸어요. 그러다 남자만 참여하고 여자는 부엌에서 일만 하며 제사상 근처에는 얼씬거리면 안 되는 존재로 전락했어요. 둘째, 제사상 차림은 현주(玄酒, 정안수), 제철 음식, 조리하지 않은 날음식이 기본이었어요. 그러나 가문의 위세를 과시하거나 예법을 오해하여 제사 음식의 수와 양이 늘어났어요. 이렇게 되면서 여자의 부담은 점점 커졌어요. 셋째, 명절 차례는 차와 간단한 음식 정도만 간단히 올리는 제사였어요. 하지만 점차 기제사처럼 음식을 쌓아 올리는 허례허식으로 변했어요. 각 제사의 의미를 잘 모르니 그냥 모든 제사에 음식을 쌓고 본 것이지요. 넷째, 음식 준비 과정에는 남자와 여자 모두 역할이 있었어요. 하지만 조선 후기에 남존여비를 제사에 적용하면서 제사 준비는 여자의 몫으로 돌리게 되었어요. 다섯째, 제사의 원래 목적은 돌아가신 분을 추모하며 자손들이 서로 화합하게 하는 데 있었어요. 하지만 후대에는 제사 때 귀신이 와서 음식을 먹고 간다고 믿어 음식을 과하게 쌓아놓고 복을 기원하는 미신적인 기복 행위로 변질했어요. 여섯째, 예는 때와 장소에 맞게 변형하는 게 핵심이었어요. 즉, 목적 달성을 위하여 그때그때의 형편에 따라 일을 잘 처리하는 권도(權道)가 중시되었어요. 하지만 홍동백서 등 과거에 정해진 방식만 고수해서 시대에 맞지 않는다는 부정적인 인상을 주게 되었어요.

2 윤회봉사

요즈음 사람들은 제사는 으레 장남이 지내는 것으로 생각해요. 그래서 차남이나 삼남이 제사를 지낸다고 하면 장남에게 무슨 일이 있나 하고 의아해하지요. 이렇게 생각하는 사람들에게 딸이 친정 부모 제사를 지낸다고 하면 깜짝 놀랄 거예요. 하지만 과거에는 이런 일이 의아해하거나 놀랄 일이 아니었어요. 당시에는 장남봉사와 함께 다양한 형태의 윤회봉사도 행해졌으니까요.

고려 시대 민수(1067-1122)의 묘지명

윤회봉사는 조상 제사를 돌아가면서 지내는 것을 말해요. 고려 시대에는 이 봉사가 보편적이었어요. 이렇게 된 데는 불교의 영향이 컸지요. 당시 사람들은 불교 교리에 따라 시신을 화장하고 몇 달간 절에 모시고 제사를 지낸 후 땅에 묻었어요. 이런 사실은 고려 시대 묘지명(墓誌銘)에 잘 나와요. 참고로, 묘지명은 두 개의 작은 사각형 돌에 죽은 사람의 경력이나 그 일생을 요약하는 말을 새긴 것인데, 이 둘을 포개어 땅에 묻었어요.

1077년에 사망한 이정의 묘지명을 보면, 그의 시신을 화장하고 유해를 절에 안치하고 제사를 지낸 후 매장했다고 나와요. 또 1137년에 죽은 진중명의 묘지명에는 아들이 너무 어려 화장을 바로 하지 못하고 시신을 일단 땅에 묻었다가 아들이 성장한 1150년에 시신을 꺼내 화장하고 유해를 절에 안치했다가 다시 매장했다고 나와요. 후손들은 유해를 절에 안치한 동안 사십구재, 백일재, 수륙재 등 다양한 제사를 지냈어요. 이런 제사는 승려가 주관했고 제사 비용은 자식들이 돌아가면서 냈어요. 이런 윤회봉사는 조선 시대에도 계속되었어요. 조선 초기에 성리학을 국가 이념으로 채택하고 종법 제도를 강화했지만, 윤회봉사까지 바꾸지는 못했어요. 그래서 17세기 중엽까지는 장남봉사와 윤회봉사가 병존했지요. 윤회봉사는 다양한 형태로 이루어졌는데, 조상별로 나눌 수도 있고, 제사별로 나눌 수도 있고, 해마다 돌아가며 지낼 수도 있었어요. 하지만 제사를 지내는 장소는 대개 조상이 생전에 살던 집, 즉 장남의 집이었어요(이창기, 2010).

『병자일기』로 본 윤회봉사

17세기 중엽까지도 윤회봉사를 했다는 사실은 『병자일기』에서도 확인할 수 있어요. 이 일기는 인조 때 좌의정을 지낸 남이웅의 처 조애중이 1636년 12월부터 1640년 8월까지 3년 10개월 동안 적은 거예요. 집필 당시 그녀의 나이는 60대 중반으로 당시로는 상노인에 속했어요. 다음은 윤회봉사와 분할봉사와 관련해 이 일기에서 눈여겨볼 몇몇 대목이에요. 먼저, 1639년에 쓴 일기에는 다음과 같이 적고 있어요.

"사직골 대기에 제물을 차려서 보냈다. 닷젓골댁의 차례지마는 우리가 했다."

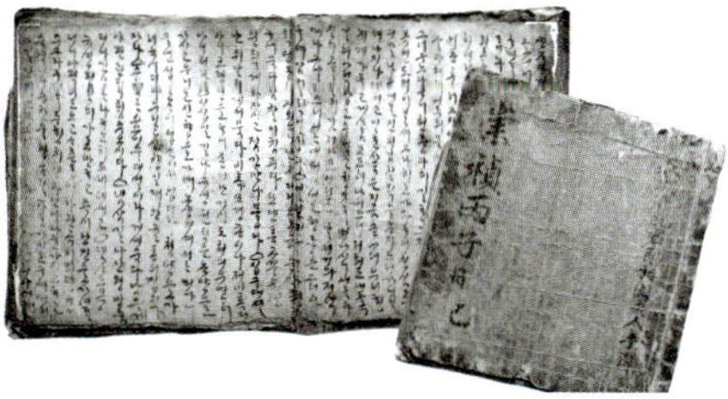

병자일기 표지와 내용

여기서 '사직골 대기(大忌)'는 시아버지 넘위의 제사를 말해요. 이번 제사의 제물은 '닷젓골댁'으로 불리는 차남 남이준의 집에서 준비하기로 했는데, 무슨 사정이 있었는지 삼남 남이웅의 집에서 대신 준비해 보냈다는 내용이에요. 여기서 제사는 장남 집에서 지냈다는 것과 제물은 형제가 돌아가며 준비했다는 것을 확인할 수 있어요. 이렇게 하는 것을 '반(半)윤회봉사'라고 해요.

1637년『병자일기』에는 반윤회봉사의 또 다른 예를 찾아볼 수 있어요.

> *"외조모님 기제일이다. 정랑댁 차례라고 해서 두하가 와서 지냈다."*

여기서 외조모님은 남편 남이웅의 외할머니를 말해요. 이번 제물은 '정랑댁'으로 불리는 사남 남이걸의 집에서 준비했고 그의 아들 두하가 와서 제사를 지냈다는 거예요. 두하로 보아서는 외증조모 제사지요. 바로 앞의 경우처럼, 이 제사를 남이걸이 아니라 남이웅의 집에서 지낸 것은 아마 그의 벼슬이 높아 소위 잘나가는 집이어서 그런 것 같아요. 아무튼, 이 문장은 제사를 꼭 장남 집에서 지낸 것이 아니라 형제가 돌아가면서 지냈음을 보여줘요. 여기에서 한 가지 더 주목할 것은 남이웅의 집에서 외할머니 제사도 지냈다는 사실이에요. 이것은 전형적인 외손봉사예요. 1638년 일기에는, 다음과 같이 딸이 친정어머니 제사를 지낸 내용이 나와요.

> *"문밖 어머니 기제사였는데 조별좌가 오려고 하였으나 비 때문에 못 오나 보다. 천남이를 데리고 띠(帶)를 띠우고 관(冠)을 씌워서 제사를 지내니 슬프고 서러운 정이 그지없다. 외손자라도 있었으면 하고 생각하니 가슴이 아프기 그지없다. 조카들도 하나도 못 오니 그런 섭섭함이 없다."*

여기서 '문밖 어머니'는 조씨의 친정어머니예요. 그러니까 조씨는 자기 집에서 친정어머니 제사를 지낸 것이지요. 남편 남이웅이 있었으면 당연히 그가 제사를 주관했겠지만, 당시 그는 중국 심양에서 소현세자를 보필하고 있어서 그럴 수가 없었어요. 남편이 없으면 아들이 제사를 지내야 하는데 그 또한 불가능했어요. 왜냐면 조씨가 낳은 아들 세명은 모두 일찍 세상을 떠났기 때문이지요. 그중 차남은 장가도 들고 벼슬도 했으나 25살에 요절했고, 며느리도 얼마 후 죽는 바람에 대가 완전히 끊겼어요. 윗글에 나오는 '외손자'는 이 아들들을 말해요. 당시에는 외손봉사도 가능했으니 이럴 때 아들 중 하나만 있어도 당연히 그렇게 했겠지요. 조 별좌[22]는 친정 오빠의 아들이니까 친정어머니에게는 손자가 돼요. 그러면 자기 집에서 조모 제사를 지내면 될 텐데 왜 이렇게 고모 집까지 와서 제사를 지냈을까요? 조 별좌의 집에 무슨 일이 있는 게 아닌가 생각할 수 있지만 그런 것 같지는 않아요. 왜냐면 친정아버지 제사는 오빠네 집에서 지내는 것으로 나오기 때문이지요. 이렇게 아버지 제사는 아들이, 어머니 제사는 딸이 지내는 것을 '분할봉사'라고 해요. 아무튼, 이날은 친정 조카마저 비 때문에 오지 못해 하는 수 없이 자기 서자인 천남에게 의관을 갖추고 제사를 지내도록 한 것이에요. 윗글에 나오는 '조카들'은 시집 조카들을 말하는데 그들도 오지 않았으니 이번 친정어머니의 제사가 조씨에게는 서글프기 그지없었던 것이지요.

한편, 17세기 중반 유교적 가부장제가 강화되면서 이런 윤회봉사, 분할봉사, 외손봉사는 서서히 장자봉사로 바뀌게 돼요. 『우반김씨고문서』는 이 세 가지 봉사의 폐단을 조목조목 지적해요. 다음은 이 문서의 「분재기」에 나오는, 1669년에 쓴 김명열의 글이에요.

> *"우리나라는 종가의 법이 무너진 지 오래되었다. 사대부 집안에서조차 여러 아들에게 (제사를) 윤행시키는 것이 하나의 관행처럼 되어버렸다. (…) 내가 일찍이 살펴보니, 다른 집안의 사위와 외손들이 (제사를) 서로 미루다가 빼먹는 경우가 많았다. 또 비록 제사를 지낸다고 해도 제물을 정결하게 마련하지 못하고 예를 정성과 경외의 마음 없이 행하니 (그렇게 제사를 받들 바에야) 차라리 지내지 않는 것이 더 나을 정도였다. (…) 그래서 우리 집에서는 일찍이 이*

22 정5품 또는 종5품의 무록관(無祿官) 관직명을 말함.

일을 아버지께 아뢰어 정하고 또 우리 형제들이 충분히 논의하여 결정하였으니 (이제부터는) 제사를 결단코 사위나 외손의 집에 윤행시키지 마라. 그리고 이를 정식으로 삼아 대대로 준행토록 하라."

이렇게 말한 김명열은 두 아들에게 노비와 땅을 모두 나누어 주고 세 딸에게는 아무 것도 주지 않았어요. 이렇게 아들에게만 재산을 물려줌으로써 제사는 한 집에서만 계속 지내게 된 것이지요. 제사권과 상속권이 장남에게 독점 및 집중된 현상은 유교 문화가 여성계에 뿌려 놓은 대표적인 악습이라 할 수 있어요(박성준, 1999).

3 외손봉사

외손봉사의 역사는 고려 시대까지 거슬러 올라가요. 이 시대 사람들은 제사를 꼭 남자 자손이 모셔야 한다고 생각하지 않았어요. 그들에게 중요한 것은 제사가 끊이지 않는 것이었어요. 이는 『고려사절요』에 나오는, 1046년 정종의 말에서도 확인할 수 있어요.

"모든 백성은 법률에 따라 적자를 후사로 세우고 적자에게 사고가 생기면 적손을 세울 것이며, 적손이 없으면 동모제(同母弟)를 세우고 동모제가 없으면 서손(庶孫)을 세우도록 하라. 손자가 없는 자는 여손(女孫)을 세우는 것도 허락한다."

여기서 "여손을 세우는 것도 허락한다"라는 말은 외손봉사도 허락한다는 말이에요. 고려 시대에는 처가살이가 보편적이었고, 처가에서 태어난 자녀들은 외가에 오래 머물렀기 때문에 외조부와 외조모와 친하게 지냈고 이들에게 제사를 맡기는 것은 전혀 어색하지 않았어요. 다음 해인 1047년에는 이와 관련된 구체적인 사례까지 찾아볼 수 있어요. 문하시랑평장사 황보영이 문종에게 "저는 후사가 없으니 외손 김록숭을 후사로 삼게 해주시길 간청드립니다"(『고려사』「세가」)라고 하자 왕은 이를 허락하고 김록숭에게 9품 관직을 내렸어요. 하지만 조선 시대 들어서는 국가 이념에 따라 친손 봉사를 원칙으로 하고 외손봉사는 인정하지 않았어요. 예를 들어, 『경국대전』(1485년) 「예전」 봉사조는 다음과 같이 규정하고 있어요.

> *"적장자가 무후하면 중자(衆子)가, 중자가 무후하면 첩자(妾子)가 봉제사한다. 적장자가 다만 첩자만 두고 있는 경우에 아우의 자로써 후계자를 삼기 원하는 자에게는 그렇게 하도록 청허하고 또 스스로 첩자를 더불어 한 지파를 만들고자 하면 또한 그대로 하게 한다. 양첩의 자가 무후하면 천첩의 자가 승중한다."*

이 글은 제사 승계 순서를 상세히 밝히고 있는데 모두 친손들이에요. 여종이나 기생이 낳은 아들이라도 처가 낳은 딸보다 낫다고 본 것이지요. 조선의 지독한 남성중심주의의 서막이 올려진 거예요. 그러나 사람들은 외손봉사를 조선 중기까지도 행했어요. 국가의 법령과 세간의 실행이 이렇게 어긋나자 많은 논란이 벌어졌어요. 예를 들어, 『세종실록』(1442년)을 보면, 동지중추원사로 추증된 김덕생이 후사 없이 죽자 우의정 신개가 그의 조카를 후사로 삼자고 제안했는데 좌찬성 하연 등은 "만약 딸의 자손이 있으면 다른 사람의 아들을 빌어서 후사로 삼는 사람은 한 사람도 없습니다"라고 말하며 반대했어요. 세종은 양측의 이야기를 모두 들은 후, 신개의 건의에 따라 조카를 후사로 삼도록 했어요. 또 『명종실록』(1556년)에는 좌승지를 지낸 이억손의 후사 문제로 논쟁을 벌이는 내용이 나와요. 예조 판서 홍섬은 이억손에게는 비첩의 아들이 있으나 양민이 되지 못했고 이를 이유로 이억손의 아내가 딸의 둘째 아들을 후사로 삼게 해달라고 요청해서 허락한 것은 부당한 처사라고 주장했어요. 홍섬 등은 『경국대전』「계후조」를 상기시키면서 외손봉사를 반대한 것이지요. 심연원 등도 "세속에서 적실과 첩실에 모두 자식이 없을 때 외손을 양자로 하여 한 집안의 사정(私政)을 삼는 자가 간혹 있기는 합니다. 그러나 그 역시 예법에는 맞지 않습니다"라고 말하면서 거들었어요. 이에 명종은 "한 집안의 사정은 스스로 조치하는 것이 좋다"라면서 신하들의 의견을 따랐어요.

오죽헌은 외손봉사의 산 증인

이처럼 세속에서는 처와 첩에게 아들이 없으면 외손을 양자로 삼는 경우가 적지 않았어요. 이런 외손봉사는 이이의 외가에서도 찾을 수 있어요. 사람들은 이이의 외가라고 하면 신사임당과 오죽헌을 많이 떠올릴 거예요. 그런데 오죽헌은 원래 신사임당의 외증조부 소유였어요. 이 외증조부는 이것을 둘째 사위 이사온에게 물려주었어요. 이사온에게도 아들이 없자 이것을 자신의 외동딸과 혼인한 신명화에게 물려주었어요. 신명화 역시 아들이 없자 외손봉사를 택했어요. 둘째 딸인 신사임당의 아들인 이이에게는 서울의 집 한 채와 전답을 물려주면서 조상 제사를 부탁했고, 넷째 딸의 아들인 권처균에게는 오죽헌을 주면서 조상 묘소를 돌봐달라고 부탁한 것이지요. 권처균은 이 집 주위에 검은 대나무가 많은 것을 보고 자신의 호를 오죽헌(烏竹軒)이라 지었어요. 이처럼 오죽헌은 이씨, 신씨, 권씨로 이어져 온 외손봉사의 흔적이에요. 오죽헌은 권처균 이후에는 안동 권씨 문중에서 계속 관리해 왔어요. 1974~1975년에 박정희 대통령 지시로 오죽헌 정화사업을 시행하여 현재의 모습을 갖추게 되었고, 이때부터는 강릉시가 관리하고 있어요.

강릉 오죽헌

흥미로운 것은 오늘날에도 권처균의 강릉 후손들이 이사온과 신명화의 묘소를 돌보며 제사를 지낸다는 거예요. 요컨대 "오죽헌은 조선 전기부터 후기로 이행되는 상속과 봉사관행의 전개와 변화 양상을 조망해 볼 수 있는 문화유산"(이상균, 2015)이라 할 수 있어요.

안동과 예천의 외손봉사

외손봉사의 사례는 조선 시대 대표적인 양반의 고장인 안동과 그 인근에서도 찾아볼 수 있어요. 먼저, 김성일의 경우를 살펴보지요. 김성일의 아버지 김진은 여흥 민씨와 결혼하여 5남 3녀를 두었는데, 1546년 아내가 일찍 세상을 떠나자 그는 자녀들을 직접 키웠어요. 이렇게 키운 다섯 명의 아들은 모두 과거에 급제했어요. 이는 그 당시에도 대단한 일이라 명종은 김진과 다섯 형제를 불러 치하했고 김진에게는 비록 명예직이었지만 이조판서라는 높은 벼슬까지 내렸어요. 이런 김진은 삼남 김명일과 사남 김성일을 아들이 없는 집에 장가보냈어요. 김성일은 18세에 안동 권씨와 혼인했고 분가하여 임동면 갈전리에 살다가 1582년 45세 때 서후면 금계리에 있는 처가로 이사하여 홀로 남은 장모를 모셨어요. 이는 1592년 12월 김성일이 남긴 유일한 한글 편지에서 확인할 수 있는데, 그는 부인에게 "장모 모시고 설 잘 보내시오"라고 썼어요. 그는 먼저 죽은 장인의 제사도 지냈는데, 이게 유학에 어긋나는 것은 아닌지 늘 궁금했던 것 같아요. 그래서 그는 스승인 이황에게 편지를 써서 "맏아들은 본시 장인의 제사를 받들 수 없겠습니다만, 맏아들이 아닌 경우에는 사위로서 사당을 지어 장인, 장모의 제사를 받들 수 있는지요?"(『학봉선생문집속집』 권5)라고 물었어요. 그러자 이황은 다음과 같이 답했어요.

"맏아들일 경우에는 사당을 지어서 제사해도 안 되고, 지금 사람들처럼 조상의 사당에 모셔 합사해서도 안 되며, 처족 가운데 촌수가 가까운 사람을 택하여 처가 재산을 나누어 주고 제사를 주관케 하는 것이 옳다."

이 글에서 보다시피 이황은 맏아들인 경우만 언급하고 그렇지 않은 경우는 언급하지 않았어요. 이것은 사랑하는 제자의 고민을 이해하고 그의 마음을 편하게 해주려는 배려였던 것 같아요. 이 편지 덕분에 김성일은 장인의 제사와 장모의 봉양에 전념할 수 있었어요. 그래서 오늘도 금계리의 의성 김씨 문중에서는 매년 10월 10일 권덕봉 내외의 묘사를 지내고 있어요.

안동 하회마을 풍산 류씨 가문도 외손봉사를 했어요. 이 가문의 외손봉사의 역사는 조선 전기 이조정랑을 지낸 배소까지 올라가요. 15세기 초 배소의 아버지인 배상공은 친구인 류종혜와 함께 하회에 정착했어요. 두 사람의 우정은, 류종혜가 자기 땅 절반을 배상공에게 나누어 줄 정도로, 매우 깊었어요. 이 두 사람이 모두 짚신을 신고 지팡이를 짚으며 왕래하니 사람들은 이들을 '하회의 두 전서(典書)[23]'라고 불렀어요. 그런데 배소는 안동 권씨와 혼인해 딸만 둘 두었어요. 큰 딸은 권옹과 결혼했고, 작은 딸은 안종생과 결혼했어요. 배소는 맏사위 권옹에게 제사를 맡겼어요. 권옹은 2남2녀를 두었으나 두 아들이 요절했는지 제사는 둘째 사위인 류소에게 맡겼어요. 류소는 류종혜의 손자였으니 이로써 류종혜와 배상공의 가문이 하나가 된 것이지요. 권옹은 외손이 제사를 받들라는 유언을 남겼기에 오늘날에도 해마다 풍산 류씨 문중은 시제를 올리며 외손봉사를 하고 있어요. 그리고 권옹의 장인인 배소의 제사도 풍산 류씨 문중이 지내고 있는데, 이것이 바로 '외외손봉사'이지요. 풍산 류씨의 대표적 인물인 류성룡 역시 처가의 제사를 이어받았고, 지금까지도 그의 후손들은 해마다 시제를 지내고 있어요.

안동의 인근 예천군 용궁면의 '작은 맛질'에서도 외손봉사의 예를 찾아볼 수 있어요. 이곳은 원래 문경 송씨가 살던 곳이었는데, 이 집안에 후손이 없자 사위인 밀양 손씨에게 터전을 물려주었어요. 그런데 밀

23 조선 초기의 관직으로 판서에 해당하는 높은 벼슬임.

양 손씨마저도 후손이 없자 손씨 집안은 사위인 권의에게 모든 것을 물려주고 외손봉사를 부탁했어요. 이후 이곳은 안동 권씨의 집성촌이 되었으며, 권의는 작은 맛질의 입향조로 여겨지고 있어요. 그리고 권의의 후손은 지금까지도 밀양 손씨의 제사를 지내고 있어요.

권의를 위해 지은 야옹정

이상에서 살펴본 외손봉사는 친족 구성에서 친손과 외손의 구별이 엄격하지 않았던 시대의 풍속이에요. 그런데 이런 풍속은 17세기 이후 유교적 가부장제가 확산하면서 서서히 사라지게 돼요. 이때부터는 동성동본 구성원 중에 항렬이 맞는 남자를 양자로 삼으면서 제사를 물려준 것이지요.

한편, 오늘날 윤회봉사나 외손봉사는 새롭게 조명되고 있어요. 1991년부터 시행된 친족법은 아들과 딸, 그리고 혼인 여부에 상관없이 모든 자녀에게 재산을 균등하게 상속하도록 하고, 호주(장남)에게 자동으로 승계되던 조상 제사 역시 자녀들이 협의하여 계승할 수 있게 했기 때문이지요. 이에 따라 윤회봉사나 외손봉사라는 우리 고유한 전통을 되살리자고 주장하는 사람들이 늘어나고 있어요. 한국국학진흥원 김미영(2011) 교수는 "핵가족화 이후 외동딸 혹은 무남다녀의 가정이 점차 증가하는 추세인데 이 같은 가정에서부터 '외손봉사'라는 우리 고유의 습속을 되살려 나가는 방안이 대안이 될 수 있다"[24]라고 말해요. 또 정긍식(2021) 교수도 21세기의 삶에 적합한 제례의 전형을 조선 초기 제사 승계에서 찾으면서 "그때는 부모에 대한 정을 고려하여 아들, 딸,

24 https://www.ksilbo.co.kr/news/articleView.html?idxno=344146

친손, 외손 구별 없이 돌아가며 모셨다. 이는 가족의 민주화이며 개성의 발현이다"라고 말하면서 이를 지지하고 있어요.

4 홍동백서 조율시이

우리의 제사 문화에 가장 큰 영향을 끼친 책은 주희의 『주자가례』예요. 이 책 「제례」는 제사를 사시제, 초조제, 선조제, 녜제, 기일제, 묘제 이 여섯 가지로 나누고, 이 중에서 사시제, 녜제, 기일제, 묘제에는 동일한 제물을 차리라고 했어요. 『주자가례』는 제사상에 올릴 제물도 열거했는데, 그 수는 총 21가지예요. 맨 앞줄에는 과일 여섯 가지를 놓고, 다음 줄에는 육포, 나물, 된장, 젓갈, 김치를 놓고, 그다음 줄에는 국수, 고기, 구이, 생선, 떡을 놓고, 맨 뒷줄에는 밥, 술잔과 받침, 숟가락과 젓가락, 식초, 국을 놓아요. 여기에서 음식이 아닌 술잔과 받침, 숟가락과 젓가락을 제외하면 그 수는 19가지예요. 그런데 이 음식 중에는 두 가지나 세 가지를 준비하는 게 있어서 총 26가지예요.

조선 시대 사람들이 이 음식을 준비할 때는 두 가지의 어려움이 있었어요. 한 가지는 『주자가례』에서 정한 음식이 한국 음식과 일치하지 않는다는 것이고, 다른 한 가지는 과일, 나물, 육포 등이 어떤 것인지 분명치 않다는 거예요. 먼저, 첫 번째 어려움을 살펴보면, 『주자가례』의 제사 음식은 주희가 살던 시대의 잔칫상에 흔히 올라오던 음식이었어요(P. Ebrey, 2010). 그런데 이 음식은 중국 사람들에게는 '친근한' 음식이었지만 조선 사람들에게는 그렇지 않았어요. 예를 들어, 만두나 국수는 중국에서는 흔했을지 몰라도, 밀이 매우 귀했던 조선에서는 그렇지 못했어요. 만두나 국수는 조선 전기 예조에서 '사치품'으로 규정하고 왕, 부처, 승려를 대접하는 때 외에는 금지할 정도였으니까요(『세종실록』, 1422년). 두 번째 어려움은 『주자가례』가 과일, 나물, 육포의 종류를 구체적으로 명시하지 않았다는 거예요. 『주자가례』의 제사상 그림에는 그냥 '과(果)'라고만 나와요. 이 책의 주석서에는 '시과(時果)', 즉 그 계절에 나는 과일이라고 밝혔지만 애매하기는 마찬가지였어요.

주자가례 상례비요의 진설법

조선 후기 사람들은 이 여섯 가지가 너무 많다고 생각했던지 이것을 네 가지로 줄였어요. 이는 이재가 쓴 『사례편람』(1746년, 1884년 간행)에도 나와요. 이 네 가지는 '계절에 나는 과일'이라는 원칙에 따라 대추, 밤, 감, 배로 정한 것 같아요. 실제로 유형원의 『반계수록』(1769년)은 묘목을 심을 때 뽕나무와 함께 대추, 밤, 감, 배를 심으라고 권장했어요. 그다음 문제는 이 과일들의 배열 순서 문제였어요. 이 문제는 바로 앞 문제보다 더 많은 논란을 불러일으켰어요. 이황을 따르는 남인들은 '조율시이'순이라고 주장하고, 송시열을 따르는 노론파는 '홍동백서'라고 주장했으니까요(주영하, 2011). 일설에 의하면, '조율시이'는 군신의 위계질서에 따른 것이라고 해요. 즉, "대추는 씨가 하나이므로 임금, 밤은 한 송이에 세 개가 열리므로 삼정승, 감은 씨가 여섯 개이므로 육판서, 배는 씨가 여덟 개이므로 팔도 관찰사를 상징"(『한국민속대백과사전』)한다는 거지요. '홍동백서'는 "붉은색은 동쪽을 상징하고 흰색은 서쪽을 상징한다"라는 오행설에 따른 것이에요. 노론 측에서는 이 오행설에 따라 붉은 과일은 오른쪽인 동쪽에 놓고 흰색은 왼쪽인 서쪽에 놓아야 한다고 주장했어요. 제사상에 올리는 과일 순서를 두고도 이렇게 격렬한 논쟁을 벌인 것을 보면 우리 조상들의 당파 의식은 정말 대단했던 것 같아요. 조선 시대의 대표적인 유학자들이 이렇게 논쟁을 벌이니 나머지 양반들은 우왕좌왕할 수밖에 없었어요. 그래서 생겨난 것이 '집마다 예법이 다르다'라는 의미의 '가가례'라는 한자 표현과 '남의 제사에 감 놔라 배 놔라 하지 마라'라는 속담이에요. 이 속담은 오늘날에도 남의 참견이나 간섭을 뿌리칠 때면 늘상 하는 말이 된 거지요.

조율시이는 유학과 무관한 말

이처럼 조율시이니 홍동백서니 하는 말은 유교 경전이나 고전에 나오는 말이 아니라 우리 조상들이 지어낸 말이에요. 그리고 사실 조상들도 잘 쓰던 말도 아니에요. 이는 한국고전종합DB에서 이 두 사자성어를 검색해 보아도 바로 알 수 있어요. 제가 검색해 보니, 조율시이는 6번 나오고 홍동백서는 한 번도 나오지 않아요. 조율시이와 관련된 내용을 시간순으로 제시하면 다음과 같아요.

- *눌은집 이광정(1674~1756): "물론 산과 들의 산나물 맛보다는 낫지만, 대추, 밤, 배, 감, 복숭아, 살구, 귤, 유자의 열매…"*
- *회병집 신체인(1731~1812): "계곡에는 대추나무, 밤나무, 감나무, 뽕나무 등이 자랍니다."*
- *여유당전서 정약용(1762~1836): "대추, 밤, 배, 감은 재배하는 시기를 잃어서 좋은 과일이 날로 결핍되며…"*
- *여유당전서 정약용(1762~1836): "소나무, 대나무, 대추나무, 밤나무, 배나무, 감나무를 심은 것도 비록 묵었다 하더라도 봐주지 말라."*
- *여유당전서 정약용(1762~1836): "어물, 젓갈, 대추, 밤, 배, 감 등을 거래하는 가게, 옹기·사기 등을 거래하는 가게"*
- *화시집 이힝로(1792~1866): "그러나 벼, 대마, 통, 밀, 대추, 밤, 배, 감은…"*

이 예들에서 보듯이 조율시이는 농사와 관련해 나무나 과일의 이름을 열거한 것이지 제사와 관련해 언급한 것이 아니에요. 김시덕(2016) 교수에 따르면, 조율시이라는 명칭이 나오는 가장 오래된 기록은 19세기 중엽 송래희가 쓴 『금곡선생문집』이고, 이 과일들의 순서를 명시한 가장 오래된 기록은 1919년 정기연이 쓴 『습례국도설』이에요.

정기연과 습례국도설

이 주장은 "조율시이나 홍동백서 등의 근거는 명확하지 않다. 아마도 근대 이후에 민간에서 생겨난 것으로 보인다"라는 김미영 교수의 주장과 일치해요. 이런데도 우리 조상은 물론이고 오늘날 사람들조차 조율시이, 홍동백서가 마치 유학과 관련 있는 사자성어로 여기고 이를 어기면 절대 안 된다고 생각하고 있는 것이지요. 마치 1920-1930년대를 배경으로 한 염상섭의 『삼대』에 나오는 조부 조의관처럼 말이지요.

"영감님은 모든 분별을 하느라고 안방에 들어가 앉았고 사랑 큰 방에는 윗항렬 노인들과 제삿밥을 기다리는 노인 측이 점령하고 떠든다. 덕기는 아까 여덟 시가 넘어서 들어와서 제삿날 나다닌다고 조부에게 한바탕 꾸중을 듣고 안에서 제물 올리는 시중을 들고 있다. 일할 사람이 없어서 그러는 것이 아니라 어동육서니 조율이시니 하는 절차부터 가르치기 위하여 꼭 손주를 시키는 것이다."

한편, 조선 후기에 유교적 가부장제가 정착하면서 제사가 차지하는 비중은 점점 커졌고 이에 따라 제사 음식도 점점 많아졌어요. 조선 전기만 해도 제사는 양반 남성들만 지냈고 여성은 여기서 배제되었어요. 제사를 원래 후손이 조상에 예를 표하는 의식이라 여겨 후손이 아닌 며느리는 여기에 참여해서는 안 된다고 보았던 것이지요. 그래서 제사 음식도 집안 후손들과 노비들이 준비했고, 제사 음식도 가정 형편에 따라 검소하게 차렸어요. 얼마나 검소했는지 제사상에 평소 먹던 음식을 그대로 올려도 전혀 문제가 되지 않았어요. 그런데 임진왜란 이후 유교적 가부장제가 확산하면서 상황은 달라지기 시작했어요. 제사는 가족이 아니라 가문의 일이 되었고 제사상에 올라가는 음식도 가문의 위신이라 여겨 점점 늘어났어요. 이 문제는 임진왜란과 병자호란 이후 궁핍해진 재정을 메우기 위해 전쟁에서 공을 세우거나 나라에 많은 재물을 바치면 발급해 공명첩과도 관련 있어 보여요. 공명첩(空名帖)은 글자 그대로 성명만 비워 둔 명예 관직 임명장이었어요. 일부 부자 농민들은 이 공명첩을 사서 양반이 되었고, 이렇게 새롭게 양반이 된 사람들은 자기와 가문의 미천함을 보완하기 위해 제사 음식을 과분하게 차렸어요. 조선 말 신분제가 폐지되자 평민들도 제사를 지냈고 이 과정에서 제사 음식의 가짓수와 양은 더욱 늘어나게 되었어요. 이렇게 되면서 제사에 30가지 이상의 음식을 올리는 가정도 생기게 되었고 이것은 오롯이 여성의 부담이 되었지요.

명절증후군이 만든 「차례상 표준안」

이런 폐단을 막기 위해 2022년 5월 성균관 의례정립위원회는 「차례상 표준안」까지 발표했어요. 이 안은 차례상 음식을 9가지로 정했어요. 기본 음식은 송편, 나물, 구이, 김치, 과일, 술이고, 여기에 육류, 생선, 떡을 추가할 수 있게 했지요. 또 기름에 튀기거나 지진 음식은 차례상에 올리지 않아도 된다고 덧붙였어요. 유학의 산실인 성균관이 이렇게 제안하는 것을 보니 갑자기 '결자해지'라는 사자성어가 떠오르네요. 유학으로 과열된 제사 열기를 유학이 자제시키는 상황이 되었으니 말이에요. 이 위원회가 이렇게 한 데는 '명절증후군'도 한몫했어요. 이 증후군은 설, 추석 같은 명절에 겪는 신체적 · 심리적 고통을 의미하는데, 이 증후군을 호소하는 사람 중에는 여성이 압도적으로 많아요. 특히 제사를 지내는 집 여성들은 더욱 그래요. 과일이나 고기를 신선한 것으로 준비해야 한다는 정신적 스트레스에서부터 여러 가지 종류의 전을 부치느라 허리 한 번 제대로 펴지 못하는 신체적 고통에 이르기까지 힘든 게 한둘이 아니에요. 이렇게 힘들게 제사상을 차려도 당연히 할 일을 한 것으로 여기고 진심으로 칭찬하거나 격려해 주는 사람은 별로 없어요. 격려해도 모자랄 판에 이런저런 것을 트집 잡아 잔소리하거나 면박을 주면 엄청난 스트레스가 되지요. 이런 상황에 남편이 소파에 앉아 텔레비전 채널만 돌려대고 있으면 그 스트레스는 폭발 직전에 이르러요. 여기에다 시부모가 시누이나 동서가 건네는 용돈을 받고 이들을 편애하는 모습을 보이면 그 스트레스는 절정에 달하지요. 이 스트레스는 가정불화의 원인이 되고 심하면 이혼으로 이어져요. 이렇게 되면 제사가 가족을 화합하게 하는 게 아니라 오히려 그것을 파괴하는 결과가 되지요. 이런 폐단을 없애거나 줄이기 위해서는 제사 음식의 수를 줄이고 일상적으로 먹는 음식으로 대체할 필요가 있어요. 2018년 한국국학진흥원도 "제사 음식의 간소화는 시대적 변화에 따른 결과가 아니라 제례 문화의 원래 전통"이었음 강조했어요. 그리고 "오늘날의 제사 음식에서 거품을 걷어내고 원래의 모습을 되찾는다면 제사 음식을 둘러싼 갈등이 자연히 해소될 것으로 분석"했어요.

제6장

성차별의 언어

제6장

성차별의 언어

1 이중적인 잣대

성(性)에 대한 인간의 태도는 이중적이에요. 누구나 성을 추구하면서도 성을 심하게 비하할 때가 많으니까요. 뭔가를 추구하면 비하하지 말고, 비하할 거라면 추구하지 말아야 하는데, 성에 대해서는 이렇지 못해요.

인간이 성을 추구한다는 것은 영어 단어 'sex'의 어원으로도 알 수 있어요. 성서에 의하면, 하나님은 자신의 형상을 닮은 아담을 흙으로 만들었어요. 아담은 히브리어로 '인간 전체'를 의미해요. 얼마 후 하나님은 아담이 너무 외로워하는 것을 보고 아담의 갈비뼈 하나를 '잘라' 이브를 만들었어요. 섹스라는 말은 바로 이 '잘라'라는 말과 관련 있어요. 섹스의 어원은 '자르다'라는 의미의 라틴어 세카레(secare)인데, 이 동사에서 '남성이나 여성인 상태'를 뜻하는 섹수스(sexus)가 나왔고, 여기서 14세기 영어 sex가 나왔어요. 이 단어는 16세기까지는 '남성이나 여성의 자질'을 가리키는 말이었고, 오늘날처럼 남녀의 성교를 가리킨 것은 19세기부터라고 해요. 아무튼, 섹스는 남성과 여성으로 '나누어진' 인간이 다시 합쳐서 하나가 되고자 하는 존재론적 욕구로 해석할 수 있어요. 남녀가 구분되지 않은 원초적 상태로 돌아가고자 하는 일종의 회귀 본능처럼 말이지요. 한편, 원시 시대의 남녀는 마음에 드는 상대를 만나면 누구와도 섹스할 수 있었어요. 하지만 이렇게 하는 것은 농경과 목축이 발달하고 사유재산 개념이 생겨나면서 하나의 문제로 여겨지기 시작했어요. 남성들은 자기가 찾아낸 여성을 자기만의 소유물로 여기고 자기가 축적한 재산을 자기만의 자식에게 물려주길 원했기 때문이지요. 이 문제를 해결하기 위해 사람들은 결혼이라는 사회적 계약을 생각해 냈고, 고대 국가들은 이를 제도화하기에 이르렀지요. 예를 들어, 간통에 대한 기록은 고조선과 부여에서 이미 나타났고, 부여에서는 간통한 자들을 모두 죽였다고 해요(권순형, 1999). 물론 이런 법으로도 인간의 본성을 완전히 차단할 수는 없었어요.

성에 대한 인간의 이중성, 즉 성을 추구하면서도 성을 비하하는 현상은 이런 인간의 본성과 사회적 제도 사이의 괴리에서 시작되었다고 볼 수도 있어요. 한 보고서에 의하면, 전 세계에서 가장 보편적인 욕은 성이나 성기와 관련된 것이고, 거의 모든 언어의 욕에는 성과 관련된 욕이 절반 이상을 차지한다고 해요. 우리가 익숙한 fuck you, son of bitch, '십팔 년', '좆같다' 등은 그 대표적 예들이지요. 이 중에서 '좆같다'는 '좆'과 '~같다'를 합친 욕으로, 『표준국어대사전』에는 "사물이 몹시 마음에 안 들거나 보기에 싫은 것 또는 아주 나쁜 상황을 나타내는 비속한 표현"이라고 나와요. 이처럼 인간은 매우 강한 성적 욕구를 가지고 있고, 이 욕구가 충족되지 않으면 성을 그만큼 강하게 비하 또는 저주하는 이중성을 보여요. '사랑이 깊으면 미움도 깊다'는 말도 같은 맥락에서 이해할 수 있지요.

성에 대한 동양과 서양의 인식도 이중적이에요. 일반적으로 서양은 성에 대해 개방적이고 동양은 폐쇄적이라 말해요. 서양이 성에 대해 개방적이라는 것은 그들의 조각이나 그림에서 쉽게 확인할 수 있어요. 기원전 2세기경에 만든 비너스 상은 가슴을 당당하게 내보이고 허리까지 그대로 노출하고 있어요. 그녀의 흘러내리는 듯한 옷은 그 아래에 대한 성적 호기심을 불러일으키기에 충분하지요. 이런 과도한 신체 노출은 1830년에 그린 '민중을 이끄는 자유의 여신(Liberty Leading the People)'에서도 찾아볼 수 있어요. 여기서 마리안느는 가슴을 그대로 노출하고 있어요. 전쟁이라는 참혹한 상황과 여성의 노출된 가슴은 동양인에게는 이해하기 어려운 조합이에요. 동양에서는 여성이 남성을 이끌고 전장에 나간다는 것도 상상하기 어려운데, 그 여성이 가슴을 그대로 드러내고 그렇게 한다는 것은 더욱 상상하기 어렵지요.

그렇다면 동양인은 성에 대해서 본래부터 부정적이었을까요? 대개는 그렇게 말하지만, 중국의 성 풍속을 오래 연구한 네덜란드 작가 로베르트 반 훌릭(Robert van Gulik)의 주장은 달라요. 그에 따르면, 중국도 13세기까지는 성에 대해 그렇게 부정적이지 않았어요. 중국인은 2천 년 전에 이미 성관계를 가르치는 책까지 만들었어요. 그 대표적인 예는 전국 시대에 만든 『방중술』, 『소녀경』, 한대의 『옥방비결』이지요. 『방중술』에서 '방(房)'은 침실, '중(中)'은 안, '술(術)'은 기술이니, '침실 안의 기술', 즉 성생활에 관한 기술을 가르쳐 주는 책이었어요. 『소녀경』에서 '소녀(素女)'는 도가 전설 속에 나오는 성적 기술에 능한 여신을 말해요. 『옥방비결』에서 '옥방(玉房)'은 고대 중국에서 침실 또는 황제의 침소를 의미하는 말이에요. 하지만 13세기 이후 유교의 엄격한 금욕주의가 확산하면서 이런 유형의 책이나 관습은 서서히 사라졌어요. 이는 송대의 성리학이 동양인의 성 관념을 바꾸는 데도 큰 역할을 했음을 의미하지요.

이런 성리학이 들어오기 전까지는 고려에서도 성에 대해서 비교적 개방적이었어요. 엄격한 내외법도 없었고, 연등회, 팔관회 같은 다양한 야외 행사를 이용해 자유롭게 연애할 수 있었어요. 당시만 해도 미혼 남녀의 연애는 법에 어긋나는 것이 아니었어요. 결혼한 여자도 남편이 살아있을 때만 정조를 지키면 된다고 생각했어요. 남편이 죽으면 당연히 재혼할 수 있었지요. 하지만 고려를 무너트리고 조선을 세운 사람들의 생각은 달랐어요. 이들은 전 시대의 폐단을 바로잡음으로써 자신들의 역성혁명을 정당화하려고 했지요. 성적 문란도 이런 폐단 중 하나로 여겨졌어요. 문제는 남녀 모두가 관련된 성적 문란을 여성만 규제함으로써 해결하려고 했다는 데 있어요. 먼저, 여성의 권세가 왕래를 규제했어요. 태조 1년 대사헌 남재는 "고려 말에 풍속이 타락하여 사대부의 처가 권세가의 집을 찾아다니면서도 부끄러운 줄 몰랐으니 (…) 지금부터 문무 양반의 부녀자들은 부모, 친형제, 친자매, 친백부, 친숙부, 친외숙, 친이모를 제외하고는 서로 왕래하지 못하게 하여 풍속을 바로잡으소서"라고 건의했고, 이 건의는 수용되어 『경제육전』과 『예전』에 법제화되었어요. 또 하나 규제한 것은 여성의 사찰 출입이었어요. 정종 1년에는 승려들이 포교를 핑계로 민가에 드나들며 부녀자와 정을 통한다는 이유로 승려의 민가 출입을 금했어요. 태종 4년에는 여성의 사찰 출입도 금했어요. 이 출입이 성적 문란과 관련 있다고 보았기 때문이지요. 세종 13년 대사헌 신개는 굿, 산붕[25], 나례[26] 등 오락적 관람까지도 금하자고 제안했어요. 신개는 이런 관람이, 『공자가어』에 나오는 "부인은 낮에는 뜰에서 놀지 아니한다"라는 말에 어긋나는 것이라고 주장했어요. 이 주장도 수용되었고, 『경국대전』에 실려 영구불변의 법이 되었어요. 이런 일련의 규제는 여성의 활동 범위를 집 안으로 제한하고 남편 이외 남성과의 만남을 원천적으로 봉쇄하기 위해서였어요. "이 성적 종속을 통해, 궁극적으로는 남성과 여성의 관계를 수직적 권력 관계로 바꾸어 가부장제를 관철하려고 했던 것"(강명관, 2007)이지요. 이런 남성들에게는 때마침 좋은 소재가 나타났는데, 그것은 조선

25 놀음 따위와 같은 민속놀이를 하기 위하여 큰길가나 빈터에 마련한 임시 무대.

26 민가와 궁중에서, 음력 섣달 그믐날에 묵은해의 마귀와 사신을 쫓아내려고 베풀던 의식.

전기 최대 스캔들이었던 어우동 사건이었어요.

어우동 이야기

어우동(於于同)은 1440년 충청도 음성현 한 양반가에서 태어나 곱게 자랐어요. 어우동은 왕손인 이동과 혼인했는데 두 사람은 서로 잘 맞지 않았어요. 이동은 아내가 집에 온 은장이[27]와 바람이 났다고 모함함으로써 이혼하려 했는데, 이것이 무고로 밝혀져 다시 결합하라는 판결을 받았어요. 하지만 이동은 이를 무시하고 어우동을 집에서 내쫓았어요. 졸지에 소박맞은 어우동은 친정으로 돌아갈 수밖에 없었고 이때부터 왕족, 양반, 양인, 노비 등 10여 명의 남자와 정을 통했어요. 이 일이 조정에까지 알려졌지만, 대신들은 왕실과 양반의 체면과 관련된 문제라 그냥 덮어두려고 했어요. 하지만 좌승지 김계창이 이렇게 하면 세간에 좋지 않은 소문만 무성할 테니 엄벌해야 한다고 건의했고 성종도 이를 받아들였어요. 당시 법률인 대명률에 의하면, 처녀 · 총각의 간통은 장 80대로 다스리고 유부녀의 간통은 장 90대로 다스리도록 되어 있었어요. 대신들은 이 사건이 유부녀 간통 사건이니 장 90대를 치고 끝내자고 했으나, 성종은 간통죄가 아니라 강상죄로 다스리라고 엄명했어요. 강상죄는 가족 내에서 패륜을 범하거나 종이 주인을 겁탈하거나 살해했을 때 적용하는 죄로, 간통죄보다도 훨씬 무거운 죄였어요. 결국, 어우동은 성종의 명대로 강상죄로 몰려 1480년에 교수형에 처해졌어요. 하지만 진짜 강상죄는 아니어서 가족들은 무사할 수 있었어요. 어우동에게는 번좌라는 딸이 하나가 있었는데 그 아버지가 누구인지, 어떻게 살았는지는 알려지지 않았어요. 그런데 어우동이 죽은 뒤 어우동과 연루된 남성들은 다시 등용되었어요. 이 중 일부는 부끄러움을 느껴 스스로 관직에서 물러났지만, 어유소, 김세적 등은 오히려 출세 가도

27 금, 은, 구리 따위의 세공을 전문으로 하는 사람.

를 달렸어요. 이처럼 간통은 남녀 모두가 관련된 것인데, 여자인 어우동은 간통죄를 범하고도 강상죄로 처형된 데 반해, 연루된 남자들은 다시 등용되어 출세 가도를 달렸으니, 당시 남성 양반들이 얼마나 비열했는지는 따로 설명할 필요가 없지요.

2 내외법

내외법에 대해 알아보기 전에, '내외(內外)'라는 말부터 생각해 보지요. 이 말은 조선 시대 일상생활이나 법률 문헌에서 다양하게 사용되었어요. 단순히 공간의 안과 밖을 가리키기도 하고, '내외지간'처럼 남녀의 성을 가리키기도 하고, '내사'와 '외사'처럼 가옥 구조를 지칭하기도 했으니 말이지요. 물론 이 중에서 대표적인 것은 부부나 남녀 관계를 가리키는 것이었어요. 이런 의미의 내외는 처음에는 '남녀를 구별하다', '부부간에 예의를 지키다'라는 의미였지만, 서서히 '남녀 간 접촉을 금하다'라는 의미로 변해 갔어요. 먼저, 조선 시대 내외 개념의 기원은 중국『예기』「내칙」에서 찾을 수 있어요.

> *"예는 부부간에 서로 삼가는 데서 시작된다. 집을 지을 때 내외를 구분하여 남자는 바깥에 거처하고 여자는 안쪽에 거처한다. (…) 남자는 안에 들어가지 않으며 여자는 밖에 나오지 않는다."*
>
> *"남자는 안에서 하는 일을 말하지 아니하고 여자는 밖에서 하는 일을 말하지 아니한다. 제사 때나 초상 때가 아니면 남녀는 서로 그릇을 주고받지 않는다. 제사나 초상 때 서로 주고받을 때도 여자가 광주리에 받는다."*

첫 번째 글은 부부가 지켜야 할 예의이고, 두 번째 글은 남녀가 지켜야 할 예의예요. 이런 예의는 부부, 남녀 모두와 관련된 것이며, 각자의 자율성을 전제로 한 윤리였어요. 하지만 이런 본래 의미는 조선 시대에 와서는 많이 변질해요. 이 변질은 크게 두 가지로 요약할 수 있는데, 하나는 조선의 내외법은 자율성을 전제로 한 윤리가 아니라 그것을 위반할 때 형벌을 가하는 강제적 조치였다는 것이고, 다른 하나는 이런 규제가 남녀 모두에게 적용되는 쌍방적 윤리가 아니라 여자에게만 요구되는 일방적 규제였다는 것이에요. 다시 말해, "조선 시대의 내외법은 내외 관계에 대한 유교의 전통적인 예론이 주로 그 대상을 여자로 하는 사회법 형태로 전환된 것"(이순구, 1988), 즉 변질한 유학이라 할 수 있어요.

조선의 내외법은 태종 때 시작하여 세종 때 강화되었어요. 이렇게 한 것은 당시에 간통이나 근친상간이 유난히 많았기 때문이에요. 세종실록에 등장하는 간통 사건은 60여 건이 넘어요. 이게 뭐 그리 많은 거냐고 반문할지 모르지만, 조정에서 논의하여 실록에 실릴 정도의 사건이 60여 건이 넘는다는 것은 결코 가볍게 볼 문제가 아니에요. 그런데 조정에서 간통이나 근친상간을 논의할 때는 개인적 일탈을 규제하기보다는 남녀 간의 일반적인 불륜 또는 풍속 순화에 전념했어요. 그 대표적인 예는 부녀자의 사찰 출입 금지, 가마 사용, 행락 금지, 얼굴 가리기, 거리 행사 관람 금지 등이에요. 이 중에서 부녀자의 사찰 출입 금지는 앞에서 이미 언급했으니 여기서는 생략하기로 하고, 가마 사용부터 알아보기로 하지요. 남자들은 사면이 트인 가마인 평교자를 사용했지만, 여자들은 사면이 막힌 옥교자를 사용하게 했어요. 옥교자(屋轎子)는 다른 사람들이 가마에 탄 여자를 못 보게 하고 가마꾼과의 불필요한 신체 접촉을 막는 데 효과적이었어요. 조선 초기에는 옥교자를 탈 수 있는 사람을 종친의 처 · 딸, 당상관의 모 · 처 · 딸 등으로 제한했지만, 시간이 지나면서 당상관의 처 · 딸이 아니더라도 이 교자를 타게 했어요. 이는 내외법의 적용 범위가 그만큼 넓어졌다는 것을 의미하지요.

평교자. 성균관대학교박물관 소장.

평교자와 옥교자

또 다른 규제는 행락 금지예요. 『경국대전』은 양반 부녀자가 산이나 강에서 잔치를 벌이거나 제사를 지내는 것을 금하고 이를 어기면 장 100대를 치게 했어요. 이런 잔치나 제사에는 남자들도 참석하여 술과 음식을 나누어 먹으며 어울렸는데, 이것이 풍속을 어지럽힌다고 보았던 것이지요. 그런데 이런 잔치나 제사는 고려 시대부터 이어져 온 오랜 풍습이어서 명종 때에도 완전히 없애지 못했어요. 선조 이후에는 이런 논의가 없어진 것으로 보아 행락 금지 규정은 비교적 빨리 정착된 것 같아요. 또 다른 규제는 양반 여성들이 얼굴을 가리게 하고 거리 행사에는 나오지 못하게 한 것이에요. 그런데 이 규제는 『경국대전』에는 나오지 않아요. 조선의 위정자들은 『예기』「내칙」에 나오는 "여자는 문을 나설 때 반드시 얼굴을 가려야 한다"라는 말을 내세워 부녀자들의 얼굴 가리기, 즉 폐면을 강요했어요. 이런 논의는 태종 때 시작하여 세종 때 늘어났는데, 법전에는 나오지 않은 것으로 보아 하나의 조령으로 시행된 것 같아요. "1426년(세종 8) 김포 현령 이효지의 처 유씨가 얼굴을 가리지 않고 외출했다가 발각되어 볼기 50대를 맞게 되었으나 대신 곡식을 내고 풀려났다"(강성원, 1999)는 기록이 있어요. 중종 이후에는 이와 관련된 논의가 나오지 않는 것을 보면 이 규제 역시 비교적 빠르게 정착한 것 같아요. 한편, 거리 행사 관람 금지는 왕이나 사신 행렬 등 거리 행사가 열리면 남녀가 몰려들어 신체 접촉이 많이 일어나는 데다 여자들은 그것을 보려고 얼굴을 드러내기 일쑤여서 이것을 금지한 것이지요.

이처럼 조선의 내외법은 태종 때 시작되어 세종 때 강화되고 중종 때 정착되어 조선 말까지 계속되었어요. 중종 때는 유교적 상례나 제례가 제법 틀을 갖춘 시기였고, 이에 맞추어 내외법도 변질하기 시작했어요. 그 변질은 여성을 보다 철저히 규제함으로써 문제를 해결하려는 일종의 여성차별법이었어요. 이런 여성의 성 규제는 조선 후기로 가면서 더욱 강화되어 성 억압으로 이어졌지요. 오늘날 우리가 전통이니 관습이니 하는 것들도 거의 다 이 시기에 만들어진 거예요.

말끝마다 반복한 '남녀칠세부동석'

내외법의 흔적은 '남녀칠세부동석'이라는 표현, 안채와 사랑채라는 가옥 구조, 아내와 남편이라는 용어 등에 남아있어요. 먼저, '남녀칠세부동석'은 유교의 내외 개념을 가장 잘 표현하는 말 중 하나예요. 이 말의 유래는 『예기』「내칙」에서 나오는 "일곱 살이 되면 남녀는 잠자리를 같이하지 않고 같이 먹지 않는다(七年男女 不同席 不共食)"라는 말에서 찾을 수 있어요. 그런데 이 말을 제대로 이해하려면 이 말 앞뒤에 나오는 말을 잘 이해할 필요가 있어요. 이 말 바로 앞에는 "여섯 살이 되면 수와 방향의 이름을 가르친다"라는 말이 나오고, 바로 뒤에는 "여덟 살이 되면 문을 출입할 때나 자리에 나아갈 때나 음식을 먹을 때는 어른이 하고 난 다음에 하게 한다"라는 말이 나와요. 이렇게 보면 이것들은 여섯 살, 일곱 살, 여덟 살 아이들을 교육하는 말과 관련된 것임을 알 수 있어요. 따라서 '칠세남녀부동석'이라는 말은 남자아이와 여자아이가 일곱 살이 되면 무조건 자리를 같이해서는 안 된다는 말보다는 '석(席)'이라는 글자 그대로 같은 이불을 사용하지 않게 하고 같은 그릇으로 먹지 않게 한다는 말로 해석하는 게 더 타당해 보여요. 그런데 유학자들은 이를 근거로 남녀가 모이는 자리면 말끝마다 '남녀칠세부동석'을 반복하며 경계했던 것이지요.

그렇다면 옛사람들은 도대체 몇 살이 되어야 남녀동석이 가능하다고 생각했을까요? 당나라 이한이 지은『몽구』에는 적어도 육십 살은 되어야 가능하다고 나와요. 이 책에는 "등불을 손에 들고 지조를 지킨 안숙자" 이야기가 나오는데 그 줄거리는 다음과 같아요. 중국 노나라에 혼자 사는 남자가 있었고 그 이웃집에 혼자 사는 과부가 있었어요. 어느 날 밤 폭풍우가 심하게 몰아쳐 과부의 집이 무너지자 과부는 이웃집 그 남자 집에 피신하러 갔어요. 그런데 남자는 문을 잠그고 "내가 들으니, 남녀가 육십이 되지 않으면 둘만 있지 않는다고 했는데 지금 당신도 젊고 나도 젊어서 받아들일 수가 없소"라고 말했어요. 이를 보면, 당시 사람들은 남녀가 육십이 되면 성적 욕구가 거의 없어 이때부터는 같이 있어도 괜찮다고 생각한 것 같아요.

아무튼, 남녀칠세부동석이라는 말은 남녀 간의 신체적 접촉을 극도로 꺼리게 만들었어요. 그래서 불가피한 신체적 접촉도 마치 큰 죄를 지은 것처럼 여기게 했지요. 이수광의『지봉유설』(1614년)에서는 그런 예를 찾아볼 수 있어요. 임진왜란 때 한 양반 여성이 뒤쫓아오는 왜군을 피해서 급히 나루터로 갔어요. 그런데 거기에는 먼저 와 배를 기다리는 사람들이 많았어요. 그래서 이 여성은 혼자서는 그 많은 사람을 헤집고 배에 오를 수가 없었어요. 이를 안타깝게 여긴 사공은 이 여성의 손을 잡고 배 위로 끌어 올렸어요. 그런데 그 여성은 사공에게 감사하기는커녕 외간 남자에게 손을 잡혀 절개를 잃었다며 강물에 뛰어들어 죽고 말았어요. 급박한 위기 상황이라도 타인의 손에 잡힌 것은 절개를 잃은 것이나 다름없다고 여긴 것이지요. 이는 '남녀칠세부동석'이라는 경구가 만들어낸 비극이에요.

하지만 조선 시대에는 그 누구도 이 말을 비판하지 않았어요. 이 말을 비판하기 시작한 것은 일제강점기에 들어서였어요. 당시 사람들은 이 말을 조선의 폐풍악속의 하나로 지목하면서 비판했어요. 동아일보 1926년 4월 21일 「구여자된 설음」이라는 글에는 다음과 같은 내용이 나와요.

> *"(여자는) 안방구석에서 박갓을 말하지 아니하며, 남녀칠세에 부동석이라는 만고에 썩은 법문에 의하야 백일청천을 구경치 못하며 사람다운 생활을 못한다. 그리고 조금이라도 법문에 억이면 곳 잡것이라는 죄명을 준다. 얼마나 썩은 사회이며 죄악인가?"*

이 기사는 남녀칠세부동석을 "만고에 썩은 법문"이라고 강하게 비판하고, 이것을 어겼다고 처벌하는 사회를 "썩은 사회"라고 규정했어요. 이런 비판은 10년 뒤에도 이어졌어요. 1936년 2월 『삼천리』라는 잡지에는 다음과 같은 글이 나와요.

> *"조선에 있어서 우리 구여성이란 옛날부터 남존여비란 묵어 빠진 관념과 삼종지도나 남녀칠세부동석이란 냄새 나는 사상에 지배를 굳게 받었음으로 해서 정말로 음울하고 적막한 뒤ㅅ방구석에서 (…) 억울하고 원통한 세월도 보냈지요."*

이 말은 한 좌담회에 참석한 어느 여성이 한 말인데, 이 여성은 남존여비를 "묵어 빠진 관념"으로, 삼종지도와 남녀칠세부동석을 "냄새 나는 사상"으로 비난하며 그동안의 울분을 토해냈어요. 마치 '남존여비', '삼종지도', '남녀칠세부동석'이라는 유학적 윤리로 고통받은 조선의 모든 여성을 대변하는 것처럼 말이지요. 이처럼 1920-1930년대 언론들은 남녀칠세부동석이라는 말을 여성을 배제하고 남녀 불평등을 조장하는 말로 규정한 후 이와는 반대되는 새로운 사회를 만들자고 역설했어요. 이 새로운 사회는 여성을 배제하지 않는 사회, 그래서 남녀 불평등이 없는 사회를 말하지요. 물론 이 주상이 완전히 순수한 주장이라고 보기는 어려워요. 당시는 일제강점기라 언론도 일본의 식민 정책에 어느 정도 동조했을 가능성이 크기 때문이지요. 일본은 자신의 식민 통치를 정당화하기 위해 조선의 폐단을 의도적으로 들추어내고 여성의 노동력 확보를 위해 남녀평등을 강조했을 거예요.

커지는 사랑채, 밀려난 안채

내외법의 흔적은 안채와 사랑채라는 가옥 구조에서도 찾아볼 수 있어요. 주지하다시피 안채는 여성의 공간이고 사랑채는 남성의 공간이에요. 그런데 이런 공간 구분은 고려 시대까지만 해도 그리 명확하지 않았어요. 이때는 "여름이면 시냇물에 들어가서 남녀구별 없이 옷을 벗고 목욕하였다"(『고려도경』)라고 할 정도였으니까요. 하지만 조선 시대로 들어서면서 남녀 구분이 명확해지기 시작해요. 그중 하나가 남자들만의 공간을 만든 것이지요. 사대부 양반들은 외부 손님을 맞이하기 위해서 대문 안쪽에 사랑과 누마루를 만들기 시작했어요. 이때 사랑(斜廊)은 다른 건물에 비해 매우 작고 보잘 것 없는 공간이었어요. 정약용은 『아언각비』에서 "사랑은 집 곁에 가로로 지은 문간방을 말한다"라고 소개했어요. 그런데 15세기 이후 향촌 사림의 영향력이 커지면서 이 협소한 공간은 점점 커지기 시작했어요. 여기에는 크게 세 가지 이유가 있어요. 먼저, 가옥 전면에 배치된 이 사랑을 크고 화려하게 만들어 자신의 위세를 과시하려고 했기 때문이에요. 다음으로, 사랑의 기능이 손님맞이를 넘어서 향촌 사람들의 이야기를 듣는 곳, 조상 제사를 지내는 곳 등으로 확대되었기 때문이에요. 마지막으로, 조선 중기에 유교적 가부장제가 점점 강화되었기 때문이에요.

이렇게 사랑의 규모가 커지고 기능이 다양해지면서 이 공간을 지칭하는 한자도 斜廊(사랑)에서 舍廊(사랑)으로 바뀌게 돼요. '비낄 사', 즉 비스듬한 공간이 '집 사', 즉 하나의 온전한 공간으로 바뀐 것이지요.

한국고전종합DB 사이트『조선왕조실록』을 검색해 보면, 斜廊은 5번 나오고, 舍廊은 7번 나와요. 斜廊은 1449년(세종 31년)부터 1730년(영조 6년)까지 사용되었고, 舍廊은 1618년(광해군 10년)부터 1789년(정조 13년)까지 사용되었어요. 이를 통해 斜廊이 舍廊으로 바뀐 시점을 17세기라고 추정할 수 있어요. 한편, 사랑이 확대되면서 안채는 상대적으로 축소되었어요. 사실 조선 전기에는 남녀구별이 그리 명확하지 않았기 때문에 안채와 사랑의 구별도 그리 명확하지 않았어요. 당시에는 사랑이 손님을 맞이하는 문간방 정도였으니 안채가 생활의 중심지였던 것이지요. 이는 1819년에 정약용이 쓴『아언각비』만 보아도 알 수 있어요.

> *"사랑(斜廊)은 건물 옆에 나 있는 회랑이다. 그런데 우리나라 사람들이 이를 잘못 번역해 오늘날 바깥채의 업무를 보는 집을 '사랑'이라고 한다. 옛 풍속에 안채는 넓고 크지만, 바깥채는 낮고 작아 복도나 회랑이나 다름이 없다. 오늘날 풍속에 사랑채는 넓고 크니 '사랑'이라는 이름과 더욱이 부합하지 않는다."*

여기에 보면, "옛 풍속에 안채는 넓고 크지만, 바깥채는 낮고 작아 복도나 회랑이나 다름없다"로 나와 있어요. 안채의 규모가 사랑채보다 컸음을 알 수 있는 대목이지요. 안채를 15세기나 16세기에는 한자로 '내(內)'나 '내사(內舍)'라고 했어요. 안채는 '안'과 '채'를 붙여 만든 고유어인데, '안'이라고 한 것은 집에서 가장 안쪽에 있기 때문이고, '채'는 집을 세는 단위예요. 요즈음도 '난 아파트 두 채 있어' 등으로 말하면서 이 '채'라는 용어를 사용하지요.

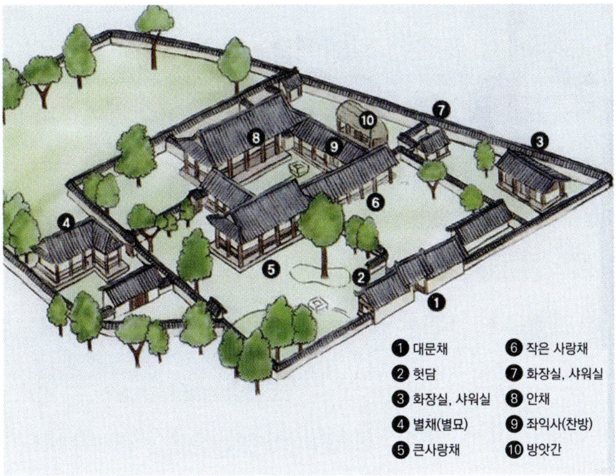

청송 한 한옥의 구조

이렇게 여성의 공간이 집의 가장 안쪽이 되면서 여성의 활동 범위는 제한되었고, 밖으로 나갈 때는 남성의 공간인 사랑을 거쳐야 했으므로 남성의 통제하에 들어가게 되었어요. 이는 "조선 시대에 들어와 엄격한 남녀구별의 의식에 근거를 두고 내외법이 강화되면서 조선 시대 주택은 안채와 사랑채라는 독특한 구조를 낳았[고]", "유교적 윤리관의 보급은 가정 내에서조차 여성들의 사교성을 저해하고 무기력하게 만들었으며 자주성을 상실케 했다"(조이옥, 1999년)라는 말에서도 확인할 수 있어요. 이런 의미에서 오늘날 아파트의 주거문화가 여성들의 주거공간을 중심으로 설계되고 있다는 것은 크게 반길 일이에요.

아내, 계집, 마누라

내외법의 또 다른 흔적은 아내와 남편이라는 용어에서도 찾아볼 수 있어요. 먼저, 아내의 어원은 '안해'예요. 안해는 '안(內)'과 '해(人)'의 합성어지요. 1587년 『소학언해』에는 "六淑(육숙)의 안해ᄂᆞᆫ"이라는 표현이 나와요. '해'는 'ᄋᆞ해(兒)', '사ᄂᆡ희(男)', '갓ᄂᆞᄒᆡ(女)' 등에서 보듯이 모두

'사람'을 의미해요. 요즈음 우리가 쓰는 어린이, 젊은이, 늙은이 등에서의 '이'도 이 '해'에서 유래한 말이에요. 결국, 아내는 '안에 있는 사람'인 셈이지요. 아내 대신에 사용되는 '집사람', '내자(內子)', 남의 집 부녀자를 가리키는 '아낙네'도 모두 같은 논리로 설명할 수 있는 말들이에요. 이 중에서 '아낙네'는 '안', '악', '네'로 이루어진 합성어인데, '안'은 집안을 의미하고, '악'은 접미사이고, '네'는 '우리네', '당신네' 등에서 보듯이 사람을 나타내는 말이에요(안옥규, 1989). 여자를 낮잡아 이르는 말인 '계집'도 집과 관련 있는 말이에요. '계집'은 '겨집'에서 생겨난 말인데, '겨집'은 '집에 계시는 사람'이라는 의미로, 안해를 높여서 부르던 고유어예요. 한자어로 하면 '부인' 정도에 해당하는 말이지요(안옥규, 1989). 이는 1459년 『월인석보』에 나오는 "婦人(부인)은 겨지비라"라는 표현에서 확인할 수 있어요. 1481년 『두시언해』에도 "늘근 겨지븐"이라는 구절이 나와요. 이 말을 현대어로 바꾸면 "연로한 부인은" 정도가 되겠지요. 이 '겨집'이 '계집'이 된 것은 16세기라고 해요(『나무위키』). 존칭이었던 이 말이 비칭으로 변한 시기는 분명치 않아요. 국어학자들은 '계집'이 비칭이 된 이유를 다음 두 가지로 설명해요. 하나는 한자어를 고유어보다 높이 평가하는 경향 때문이라는 거예요. '여자'라는 한자어는 격식어로 보고 '계집'이라는 고유어는 비격식어로 보았다는 것이지요. 이런 현상은 집-댁, 나이-연세, 이름-존함 등의 짝에서 쉽게 찾아볼 수 있어요. 다른 하나는 남자를 높이고 여자를 낮추는 사회 구조 때문이라는 거예요. 여성을 낮게 보면서 여자나 아내의 통칭인 '계집'도 비칭으로 변했다는 것이지요. 한편, 남편은 '남자(男) 쪽(便)'이라는 말이에요. 그런데 여기에는 안이나 밖이라는 공간 개념은 없어요. 물론 남편 대신에 사용하는 '바깥양반'에는 공간 개념이 들어가지요. 하지만 여기에는 '양반'이라는 개념이 덧붙여져요. 만약 자기와 결혼한 남자를 '남편'이라고 부른다면, 자기와 결혼한 여자는 '여편'이라고 불러야 할 텐데 그렇게 하지 않았어요. '여편'이 들어가는 표현으로는 '여편네'가 있는데, 이 표현은 자기 아내를 낮잡아 부르는 표현이에요. 정말이지 지독한 남존여비가 아닐 수 없어요.

아내 대신에 쓰는 말 중에 '마누라'도 있어요. 이 단어는 '마노라'에서 유래한 말이에요. 안옥규(1989)에 따르면, '마노라'는 '만'과 '오라'의 합성어예요. 여기서 '만'은 '첫째'나 '우두머리'를 뜻하는 고유어 '몯'에서 왔어요. 『훈몽자회』에는 "兄 몬 형", "姉 몬누이 자"라는 설명이 나와요. 오늘날도 맏형이라는 말을 쓰는데, 그 사전적 의미는 "둘 이상의 형 가운데 맏이인 형을 이르는 말"(「네이버 사전」)이에요. '오라'는 '오래[門]'에서 나온 말인데, '집'이나 '가문'이라는 뜻으로 쓰였어요. 지금은 '문 문'이라고 하지만, 『훈몽자회』에서는 '오래 문'이라고 했어요. 이러고 보면 '마노라'는 집이나 가문에서 '우두머리', 즉 '가장'이라는 뜻이었음을 알 수 있어요. 실제로, 조선 시대에 '마누라'는 '대비 마노라', '대전 마노라', '선왕 마노라'에서처럼 '마마'에 버금가는 극존칭이었어요. 또 '선왕 마노라'라는 표현에서 보듯이, 마노라는 남성에게도 쓴 말이었어요. 궁궐 밖 사람들은 이 단어를 지체 높은 벼슬아치나 그 부인을 부르거나 가리킬 때 사용했지요. '운현마노라', '선혜당상마노라'는 다 그런 예들이지요. 무속인들은 '산신마노라', '터주마노라'라고 하여 이 단어를 신(神)과 연결해 사용했어요. 이처럼 마누라는 옛날에는 남녀 모두에게 쓰는 극존칭이었어요. 그러다가 이 단어는 19세기 말에 큰 변화를 겪어요. 형태도 '마누라'로 변하고, 의미도 지금과 같이 중년 이상이 된 아내, 보통의 나이든 부인으로 변했어요(조항범, 2004). 그리고 자기 부인을 마누라라고 부른 것은 불과 100년 정도밖에 안 돼요.

3 재가 금지

재가(再嫁)는 남편과 헤어지고 '다시[再]' 다른 남자에게 시집가는 것을 말해요. 이 말은 개가(改嫁)와는 다른데, 개가는 남편이 죽은 뒤 다른 남자에게 '고쳐[改]' 시집가는 것을 말하지요. 조선 초기에는 이 둘을 엄격하게 구분해 사용했어요. 시간이 흐르면서, 살아있는 남편과 헤어지는 게 거의 불가능했기 때문에 이 둘의 구분은 별 의미가 없어졌고 재가가 보편적으로 사용되었어요.

공자 시대에는 여성의 재가를 금하지 않았어요. 공자의 며느리도 공자의 아들인 백어와 이혼한 후 서씨 집안 후처로 들어갔어요. 또 공자의 손자인 자사는 이 재가한 어머니가 죽자 상복을 입고 곡을 했어요. 비록 어머니가 재가했어도 어머니는 어머니라고 본 것이지요. 하지만 공자 이후에 나온 『예기』「혼례」는 "한 번 더불어 혼례를 치르면 몸이 다 하도록 고치지 않나니, 그러므로 남편이 죽어도 개가하지 않는다"라고 하면서 재가를 금했어요. 또 『소학』도 "충신은 두 임금을 섬기지 않고 열녀는 두 남편을 섬기지 않는다"라고 했어요. 이후 사람들은 이 '불경이부(不更二夫)'를 재가 금지의 근거로 내세우게 되지요. 송대 유학자 정이는 재가를 절개를 잃는 것과 동일시하고, 몹시 가난하고 의지할 데가 없어도 절대 재가해서는 안 된다고 강조했어요. 이렇게 완고해진 논리가 성리학과 함께 고려로 들어왔던 것이지요. 하지만 고려 사람들은 이 논리를 철저하게 따르지는 않았어요. 고려 말과 조선 초에도 재가를 한 것을 보면 말이지요. 고려 시대에는 남편이 죽으면 쉽게 재가할 수 있었어요. 상대는 주위에서 찾아주기도 하고 심지어 스스로 찾기도 했어요. 그리고 재가하는 여성을 그리 나쁘게 보지도 않았어요. 사회 분위기가 이러니 재가하는 여성들도 당당할 수 있었지요. 그래서 재가하면서 전남편 자식들을 데리고 가기도 했어요. 몇몇 여성은 재가

한 후 왕비가 되기도 했고요. 고려 성종 문덕왕후 유씨나 충렬왕 숙창원비 김씨는 그 대표적인 인물이지요. 이들이 데리고 간 자식들은 왕자나 공주로 깍듯한 예우까지 받았어요. 하지만 이런 사회적 분위기는 조선 시대로 넘어오면서 바뀌기 시작해요. 유학을 국가 이념으로 삼은 신료들이 양반 여성의 재가를 문제로 삼았기 때문이지요. 1406년 『태종실록』을 보면, 신료들은 왕에게 다음과 같이 건의해요.

> *"부부는 인륜의 근본입니다. 그러므로 부인은 삼종의 의미는 있지만, 다시 시집가는 이치는 없는 것입니다. 그런데 지금 사대부의 정식 부인 가운데 남편이 죽었거나 버림을 받았을 때, 혹 부모의 뜻에 따라, 또는 자신이 매파를 두어 그 남편이 둘 또는 셋에 이르니, 이는 절개를 잃고도 부끄러워할 줄 모르는 것으로 풍속에 누가 됩니다. 바라옵건대 양반의 부인 가운데 세 번 시집간 자는 법에 따라 자녀안[28]에 기록하여 부인의 도를 바로 세우십시오."*

그런데 이 건의는 "세 번 시집간 자", 즉 삼가녀(三嫁女)를 문제 삼은 것이지 재가녀(再嫁女)를 문제 삼은 것이 아니에요. 이는 조선 초기에는 시집을 세 번 간 여성이 적지 않았음을 말해주는 것이지요. 70여 년 후 성종 8년(1477년)에는 46명의 신료가 여성의 재가 문제를 두고 다시 논쟁을 벌였는데 이 논쟁은 그야말로 팽팽했어요. 정창손, 한명회 등 20명은 재가 금지에 반대했고, 윤흠, 윤필상 등 22명은 조건부로 찬성했고, 유자광, 임원준 등 4명은 찬성했어요. 먼저, 재가 금지에 반대한 사람들의 주장을 들어 보지요.

28 자녀안(恣女案)은 조선 시대에 양반집 여자로서 품행이 바르지 못하거나 세 번 이상 개가한 사람의 소행을 적어둔 문서를 말한다. 이 대장에 이름이 올라가면 개인적으로나 가문 차원에서 큰 수치였다. 하지만 이로 인해 해당 여성이 직접 피해를 보지는 않았다.

> "양반 여자로서 일찍 과부가 된 데다가 부모마저 돌아가셔서 살아갈 방도가 막연하고 돌아갈 곳조차 없어 부득이 재가한 사람이나, 부모의 명령으로 수절할 수 없게 된 사람은 어쩔 수 없습니다. 그러나 이미 자식도 있고 또 집도 가난하지 않은데, 스스로 재가한 여자들은 세 번 시집간 예로 논하는 것이 어떻겠습니까?"

이들에 따르면, 삼가녀는 법으로 다스려야 하지만 재가녀는 사정에 따라 선처할 수 있다는 것이었어요. 반면에, 재가 금지에 찬성한 사람들은 법을 제정해 재가녀를 처벌하고 그 자손의 벼슬길도 막아야 한다고 주장했어요. 조건부로 찬성한 사람들은 젊어서 과부가 된 자로, 자식이 없고, 생계가 곤란하고, 부모 · 집안 · 어른의 중매로 재가한 사람은 제외하자고 주장했지만, 이 조건들을 모두 충족하기란 현실적으로 거의 불가능했으므로 사실상 찬성한 것이나 다름이 없어요.

자식을 인질삼아 금지한 재가

이처럼 재가 금지에 무게가 실리면서 성종 16년(1485년) 『경국대전』에는 '재가녀자손금고법'이 실렸어요. 그 핵심 내용은 "재가하거나 실절한 부녀의 아들 및 손자는 문과와 무과, 생원진사 시험에 응시할 수 없다"라는 것이었어요. 이 법은 여성의 재가 자체를 금하는 대신에 그 자손들의 벼슬길을 막은 것으로, 재가 금지 반대론자와 찬성론자의 입장을 교묘하게 섞은 절충안이지요. 이 법을 만든 사람들은 자식의 앞길까지 막아가면서 재가할 여자는 없을 것으로 판단했을 거예요. 실제로 자기의 일로 인해 아들의 벼슬길을 막는 여성은 거의 없었어요. 따라서 이 법은 남성들이 여성의 모성을 이용해 만든 아주 간교한 구상이라고 할 수 있지요.

17세기 이후부터는 재가 금지의 윤리가 평민에까지 확산했어요. 이때부터 사람들은 재가는 꿈도 꾸지 못하고 수절하는 것이 당연하다고 여기게 되었지요. 이렇게 양반 여성들의 재혼을 적극적으로 억제한 것은 부계적 가족질서를 확고히 하기 위해서였어요. 여성의 정조 강조와 재가 금지는 법적 · 사회적 제재를 넘어서 심리적 제재까지 가하는 일종의 거대한 족쇄였어요. 이 족쇄는 1894년 갑오경장 때 "과부가 재가하는 것은 귀천을 막론하고 자신의 의사대로 하게 한다"라고 공포하면서 비로소 풀리게 되었지요. 하지만 이때도 여자는 이혼 후 6개월 이내에는 재가할 수 없게 했는데, 이는 여성이 임신했을 경우 뱃속에 있는 아이의 아버지를 판별할 시간을 벌기 위해서였어요. 여성이 이 기간을 어기면 재혼 무효 등 강력한 처벌을 받을 수 있었어요. 다행히도 이 규정은 여성 차별적이라 하여 2005년에 폐지되었어요. 한편, 양반 남성의 재가에 대해서는 무척 관대했어요. 이들에게는 "양반으로서 부인을 잃은 사람은 3년 뒤라야 재혼할 수 있다"라는 정도의 약한 제약만 있었을 뿐이에요. 하지만 이마저도 부모가 재혼을 원하거나 나이가 마흔 살이 넘도록 아들이 없으면 언제든 이를 무시하고 재혼할 수 있었어요.

4 열녀 만들기

「네이버 사전」은 '열녀'를 "고난이나 죽음을 무릅쓰고 절개를 지키어 남의 모범이 될 만한 여자"라고 정의해요. 여기서도 나오듯이 열녀는 '절개'와 깊은 관련이 있는데 과연 이 '절개'는 누구를 위한 것이었을까요?

중국의 열녀전

열녀 이야기는 2,000년 넘는 오래된 이야기예요. 열녀전을 처음 쓴 사람은 중국 전한 시대 유향(B.C. 77년–B.C. 6년)이에요. 그가 『열녀전(列女傳)』을 쓴 이유는 당시 외척과 후궁에 휘둘려 제구실을 못하는 어리석은 황제에게 바람직한 여성상을 알려주기 위해서였어요. 7권으로 이루어진 이 책은 106명의 여성을 선정하고 그들의 행적을 기술했어요. 「모의」는 모범이 될 만한 어머니를, 「현명」은 지혜롭고 현명한 여성을, 「인지」는 어질고 사려 깊은 여성을, 「정순」은 정숙하고 순종적인 여성을, 「절의」는 신의와 의리를 지킨 여성을, 「변통」은 언변과 식견이 탁월한 여성을, 「얼폐」는 음란하고 사치스러운 여성을 소개했어요. 「모의」에는 맹자의 어머니도 들어가 있는데, 여기에는 우리에게 널리 알려진 '맹모삼천지교', '맹모단기지교'라는 말도 나와요. 맹모삼천지교는 생활 환경이 자식 교육에 큰 영향을 미치는 것을 알고 세 번이나 이사하는 이야기이고, 맹모단기지교는 공부 중에 돌아온 아들을 못마땅하게 여겨 베틀의 날실을 칼로 끊어 보임으로써 학문에 매진할 것을 당부하는 이야기이지요.

『열녀전』을 쓰는 유향

우리가 특히 주목하는 부분은 「정순」인데, 여기에는 남편을 잃었으나 개가하지 않고 정절을 지킨 여성들의 이야기가 나와요. 이 「정순」 때문에 '대표적인 여성들을 열거한다'라는 의미의 '열녀전(列女傳)'이 '남편이 죽어도 개가하지 않는다'는 의미의 '열녀전(烈女傳)'으로 바뀌게 돼요. 즉, 이 「정순」 때문에 유향의 『열녀전』이 애초 보여주고자 한 대표적인 여성의 다양성은 모두 사라지고 여성을 억압하는 도덕적 기준만 남게 된 것이지요. 홍인숙(2019) 교수는 "'열'이 여성 억압적인 이데올로기로 변질되어, 그 뜻이 '남편을 따라 죽는 여성'으로만 극단화되어 명나라와 조선 후기 열녀의 기원"이 되었다고 평가해요. 한나라 때 남성 중심의 가부장적 윤리관이 생겼고, 유향의 『열녀전』은 이 윤리관에 어울리는 유교적 여성의 이미지를 강조하는 데 활용되었어요. 이렇게 변질한 『열녀전』이 고려 말에 성리학과 함께 이 땅에 들어온 것이지요.

신라 시대와 고려 시대 사람들은 여자의 정절에 대해서 비교적 관대했어요. 신라 시대 사람들은 정절은 남편이 죽기 전까지만 지키면 되고 남편이 죽은 후에는 지킬 필요가 없다고 생각했어요. 그래서 과부가 되면 재가하는 것을 아주 자연스럽게 여겼지요. 물론 이 시기에도 과부가 수절하면 큰 상을 내리고 그 덕행을 칭송했지만, 이것을 강요하지는 않았어요. 이런 생각은 고려 시대에도 크게 바뀌지 않았지요. 그래서 남편의 상을 마친 아내는 대개 재가할 생각을 했어요. 이와는 달리, 유학을 국본으로 삼은 조선은 충, 효와 함께 열을 강조했어요. 충(忠)이 임금에 대한 신하의 도리이고 효(孝)가 부모에 대한 자식의 도리라면 열(烈)은 남편에 대한 아내의 도리라고 생각한 것이지요. 지배층은 이런 도리를 강조하기 위해 많은 책을 펴냈어요. 예를 들어, 1434년에 간행된 『삼강행실도』는 중국과 조선의 문헌에서 모범이 되는 충신, 효자, 열녀의 행실을 모아 그림과 함께 소개했고, 1475년 간행된 『내훈』은 중국의 『열녀전』, 『소학』, 『여교』, 『명감』에서 여성 교육에 필요한 부분만 추려서 소개했어요. 이 책은 여성이 갖추어야 할 네 가지 덕목을 나열해요. 첫 번째 덕목은 재능이 뛰어날 필요는 없고 조용하고 차분하고 정숙하고 예의범절이 있어야 한다는 것이고, 두 번째 덕목은 말을 잘할 필요는 없고 상스러운 말이나 공격적인 말을 쓰지 말아야 한다는 거예요. 세 번째 덕목은 아름다울 필요는 없고 옷과 몸을 청결히 해야 한다는 것이고, 네 번째 덕목은 똑똑할 필요는 없고 베를 잘 짜고 손님을 정성껏 대접해야 한다는 거예요. 이 네 가지 덕목은 오늘날 여성에게는 하나도 와닿지 않는 것들이에요. 오늘날 여성은 모두 뛰어난 재능, 빼어난 언변, 눈에 띄는 아름다움, 남다른 똑똑함을 갖추고 싶어 하니까요.

송시열의 열녀 만들기

열녀와 관련해 빼놓을 수 없는 사람은 송시열이에요. 송시열은 조선을 유교 국가로 만드는 데 크게 이바지한 사람으로 송자(宋子)라고 불리기도 하지요. 그는 『조선왕조실록』에 무려 3천 번이나 나오고, 학자로서 최고 영예인 문묘에 배향되었고, 신하로서의 최고 영예인 종묘에도 종사 되었어요. 이렇게 대단한 그가 특별히 주목한 사람이 있었으니, 그는 바로 8대 조모 류씨였어요. 류씨는 송시열의 8대 조부 송극기와 혼인했는데, 송극기는 네 살 된 아들 송유를 남기고 일찍 세상을 떠났어요. 그때 류씨는 22살이었어요. 류씨 부인은 당시 풍습에 따라 친정에 살고 있었는데, 친정 부모는 과부가 된 딸을 재가시키려고 했어요. 그런데 류씨는 이를 거부하고 어린 아들을 데리고 개성에서 회덕(지금의 대덕)까지 5백 리나 되는 먼 길을 걸어서 시댁으로 갔어요. 이들이 찾아오자 시부모는 처음에는 반기지 않았지만, 류씨의 지극한 효성에 감동해 이들을 받아들였고, 이후 류씨는 아들과 나가 살다가 82세에 세상을 떠났어요(김경미, 2004). 그런데 지금까지의 이야기는 17세기에 만들어진 이야기이고, 류씨에 대해서 알려진 것은 그의 묘비에 나오는 "나이 22살에 남편을 여의고 82세에 사망하였으니 성품이 대장부의 뜻과 같아서 종신토록 수절하였다"라는 딱 한 줄의 글밖에 없어요. 사실 류씨는 무덤이 어디 있는지조차 모를 정도로 송씨 가문에서 완전히 잊힌 존재였어요.

그렇다면 송시열은 왜 죽은 지 200년이 넘는 류씨 부인을 찾아내고 그녀의 수절을 이토록 칭송했을까요? 그것은 류씨를 열녀의 반열에 올림으로써 자기 가문의 명예를 높이기 위해서였어요. 사실 송시열 집안에는 7대조 송유 이후로 특별히 내세울 만한 인물이 없었어요. 그러다가 송시열의 종증조부 송인수가 대사헌을 오른 것을 계기로 자기 집안을 부흥시키려 했지요. 당시 대학자로 추앙을 받던 그에게는 이런 집안

내력이 뭔가 부족하다고 생각했나 봐요. 그래서 선대 행적을 찾고 찾던 중에 찾아낸 것이 8대 조모의 수절 이야기에요. 그런데 묘비에 적힌 한 줄의 글귀를 가지고는 열녀로 인정받기 어려웠어요. 그래서 이 글귀를 가지고 일종의 스토리텔링을 한 것이지요. 이렇게 만든 스토리로 열녀 인정을 위한 정해진 절차를 밟았어요. 이 과정에 직접 나선 사람은 7대손 송희명이고, 송시열이 조정에 있는 자신의 인맥을 활용해 이를 적극적으로 지원했어요. 1653년 마침내 류씨는 열녀로 인정받았고, 그녀가 살던 동네에는 열녀문이 세워졌어요. 이로써 송씨 집안은 당당한 문벌 집안으로 거듭난 것이지요. 김경미(2004) 교수는 "개가를 거부하고 수절했던 여성을 통해 가문의 영광을 꾀했던 송씨 가문의 기획은 17세기 열녀 이데올로기의 강화를 구체적으로 확인시켜" 주는 대표적인 사례라고 평가했어요.

계속되는 열녀 이데올로기

조선 후기에 수절은 과부면 누구나 하는 것이라 이것만으로는 열녀 반열에 끼기가 어려워졌어요. 이 시기에 열녀로 인정받으려면 남편 대신 죽거나 죽은 남편을 따라 죽어야 했어요. 그리고 이것을 평민 여성에게도 강요했어요. 실학자 박지원은 1793년에 『열녀함양박씨전』을 써서 이런 풍조를 에둘러 비판했어요. 함양 박씨는 대대로 현리를 지낸 하찮은 집안의 딸로 태어나 부모를 일찍 여의었어요. 그래서 어릴 때부터 조부모의 밑에서 자랐어요. 박씨는 이 조부모를 극진히 모시며 효도를 다하다가 19세 때 아전 임술증과 혼인했어요. 임술증은 폐병으로 몸이 매우 약했어요. 주위 사람들은 이 사실을 박씨에게 알렸지만, 박씨는 "지난번에 바느질한 옷은 누구의 몸에 맞게 한 것이며 또 누구의 옷이라고 불렀지요? 저는 처음 바느질한 옷을 지키고 싶어요"라고 말하며 예정대로 혼례를 치렀어요. 하지만 남편은 반년 만에 세상을 떠났어요. 박씨는 성의를 다해 남편의 초상을 치르고 시부모도 잘 모셨어요. 그리고 남편의 대상이 끝나는 날 약을 먹고 세상을 떠났어요. 공교롭게도 박씨의 나이는 앞서 살펴본 류씨와 마찬가지로 22살이었어요.

이 이야기는 얼핏 보면 여성의 수절을 칭송한 것 같지만 저자 박지원의 의도는 그렇지 않았어요. 그의 의도는 『열녀함양박씨전』 맨 앞부분에 잘 나타나 있어요. 그는 『경국대전』에서 "다시 시집간 여자의 자손에게는 벼슬을 주지 말라"라고 한 것은 양반 여성을 두고 한 말인데, 이것이 300년 동안 강조되다 보니 자손이 벼슬길에 나갈 일이 없는 "밭 집의 젊은 아낙네나 뒷골목의 청상과부들"도 "불, 물에 몸을 던지거나 독주를 마시며 끈으로 목을 매면서도 마치 극락이라도 밟는 것처럼" 여기니 "그들이 열렬하기는 열렬하지만, 어찌 너무 지나치다고 하지 않겠는가?"라고 말하며 개탄했어요. 또 다른 실학자 정약용도 『목민심서』(1818년)에서 "열녀 표창은 남편을 따라 죽기보다는 살아서 나머지 가족들을 잘 봉양하는 여성에게 해야 한다"라고 주장했어요. 이런 주장에도 불구하고 열녀 이데올로기는 계속되었어요. 조선 말기에는 열녀문을 남발했어요. 돈만 주면 열녀 증명서를 발급해 주었어요. 마치 임진왜란 후 돈만 주면 내주던 공명첩처럼 말이지요. 고종 때는 남편의 전처와 후처가 동시에 열녀문을 받는 일까지 벌어졌어요. 이렇게 열녀에 목을 맨 것은 집안에 열녀가 나오면 세금도 줄여주고 후손에게 벼슬도 내리는 등 각종 혜택을 주었기 때문이에요. 요컨대, 남성들은 가문의 번성과 유지를 위해 여성의 죽음과 희생을 최대한 이용했어요. 수백 년간 희생당한 여자들만 불쌍하지요. 할 수만 있다면, 성균관이나 유학자 단체에서 이렇게 희생당한 여자들을 위해 합동위령제를 지내주고 조선 후기 유학자들을 대신해서 사과라도 했으면 좋겠어요.

과부와 미망인: 말 속에 남아 있는 열녀의 흔적들

열녀의 흔적은 '과부'나 '미망인'이라는 말 속에도 남아있어요. '과부'는 '적을 과(寡)'와 '아내 부(婦)'를 붙여 만든 말이에요. 직역하면 '뭔가가 부족한 아내'라 할 수 있지요. 이 말은 남편과 사별하면 뭔가가 부족하다는 인식 때문에 만들어진 것 같아요. 과부의 상대어는 '광부(曠夫)'와 '환부(鰥夫)'인데, 대부분 사람은 이런 한자어가 있는지조차 모를 거예요. 사람들의 관심은 아내와 사별한 남자보다는 남편과 사별한 여성에게 쏠려 있었기 때문이지요. 한편, 사람들은 과부라는 말 대신에 미망인이라는 말도 많이 써요. 흔히 이 말을 과부의 높임말이라고 생각하지만, 사실은 더 잔인한 말이에요. 미망인이란 단어는 중국의 역사주해서 『춘추좌씨전』에 나와요(김미형, 2023). 이 책에서 한 여인이 자신을 낮추어 '미망인'이라고 표현했고, 이 단어가 일반화되어 남편과 사별한 부인을 가리키게 되었어요. 미망인은 '아닐 미(未)', '죽을 망(亡)', '사람 인(人)'으로 구성된 말로, 글자 그대로 해석하면 '아직 죽지 않은 사람'이란 뜻이에요. 이 말 속에는 남편이 죽으면 따라 죽어야 하는데 아직도 죽지 않고 살아있다는 비난이 내포되어 있어요. 실제로 옛날 봉건 시대에는 남편이 죽으면 아내도 따라 죽었어요. 이런 순장 풍습은 청나라 초기까지 존재했어요. 다행히 이 제도는 없어졌지만 '미망인'이라는 단어는 지금까지도 남아있어요. 오늘날 사람들은 이 말을 공식 석상에서도 자주 써요. 예를 들어, 국가보훈부는 '전쟁미망인'이라는 표현을 사용하는데, 이 말은 전쟁에서 남편을 잃은 부인들을 가리키는 말이지만 열녀의 흔적을 가진 말이에요. 참고로, 과부를 영어로는 widow라고 하는데, 이 말의 어원은 '떨어지다', '분리하다'예요. 과부는 결혼한 사람과 '떨어진' 사람이지 '따라 죽어야 하는' 사람은 아니에요. 이런 의미에서 '미망인' 대신에 '사별인(死別人)'으로 부르는 건 어떨까요?

황혜선(2005) 교수는 조선 시대 열녀와 오늘날 '착한 며느리 콤플렉스'를 연결해 설명했어요. 그녀에 따르면, 한국 여성들에게 결혼이란 남편과 시집을 위한 희생이나 다름이 없다는 거예요. 예를 들어, 5월 가정의 달에 효부상을 받는 사람들의 사연을 들어 보면 '하늘과 땅에 저런 며느리가 또 있을까?' 싶을 정도로 일방적인 희생일 때가 많아요. 이런 효부상은 변질한 유학에 기초한 또 하나의 '며느리 죽이기'일 수 있어요. 황 교수는 효부상이 존재하면 '인고상(仁姑賞)', 즉 인자한 시어머니 상도 존재해야 한다고 주장해요. 우리 사회가 병든 시부모를 모시고 무능한 남편 대신 집안을 꾸리고 헌신적인 삶을 살아야 효부로 인정하는 고도의 윤리 사회라면, 그 반대로 병들고 볼품없는 며느리를 인자하고 너그럽게 대하고 사랑으로 감싸준 시어머니에게 주는 인고상도 하나쯤은 있어야 한다는 것이지요. 한편, 요즈음은 이 효부상을 국제결혼을 한 외국 며느리와도 연결하는 경우가 많아요. 2022년 한 지자체는 일본 여성에게 효부상을 수여했는데, 관련 기사를 보면 "2003년 일본에서 시집와 어려운 가정 형편에도 다문화가정센터에 취업도 하고 97세의 시아버님과 93세의 시어머니를 정성껏 모신 다문화가정 ○○○씨 등 마음을 뭉클하게 하는 사연들이 많았다"[29]라고 나와요. 일본 며느리가 한국 시부모를 정성껏 모신 것은 고맙고 칭송할 일이지만 변질한 유학이 외국인에게까지 적용되는 것은 아닌지 한 번쯤 생각해 보았으면 해요.

---

29 https://www.kchannel.kr/news/articleView.html?idxno=89795

제7장

미래의 언어

제7장

미래의 언어

1 유학의 진정한 가치

공자와 맹자의 원시 유학은 중국에서 1차 변질하고 조선에서 2차 변질했고, 조선 후기에는 이렇게 변질한 유학을 기초로 남성 중심의 가부장제 사회를 만들었고, 이 가부장제가 만든 남녀불평등이 오늘날에도 이어져 인구 감소의 문화적 요인이 되었어요. 지금의 합계출산율이 지속하면 한국의 인구는 급격히 줄어들 뿐만 아니라 인구 질도 매우 나빠져요. 자칫하면 콜먼 교수의 예상대로 한국이 지구상에서 가장 먼저 없어지는 나라가 될 수도 있어요. 이런 일을 막으려면 지금부터라도 체계적이고 일관적인 인구 대책을 세우고 실행해야 해요. '있을 때 잘해'라는 유행가 제목처럼 말이지요.

가장 먼저 떠올릴 수 있는 인구 대책은 결혼한 젊은 부부에게 경제적 지원을 제공하는 거예요. 주택마련 혜택, 출산장려금, 양육수당 등은 그 대표적인 예들이지요. 이런 지원은 경제적 기반이 취약한 젊은 세대에게 매우 좋은 유인책이 될 수 있어요. 그 효과는 2024년 합계출산율이 0.72에서 0.75로 반등한 것에서 확인할 수 있어요. 그런데 이런 경제적 지원에는 한계가 있어요. 그중 하나는 경제적 지원을 언제까지나 하기 어렵다는 것이지요. 따라서 합계출산율을 낮추는 또 하나의 요인인 문화적 요인에 대해서도 깊이 생각해 봐야 해요. 경제적 지원을 단기 대책이라고 한다면 문화적 개선은 장기 대책이라 할 수 있어요.

콜먼 교수가 제안하는 문화적 개선은 가부장제로 인한 성 불평등 개선, 결혼이 주는 지나친 부담감 완화, 비혼 출산에 대한 부정적 인식 개선으로 요약할 수 있어요. 그런데 이것들은 모두 변질한 유학과 직접 또는 간접적으로 관련된 것들이에요. 그래서 저는 앞 장들에서, 관련된 사자성어들의 기원과 변화를 중심으로 이 변질한 유학을 많이 비판했지요. 그런데 이렇게 비판하는 과정에서 한 가지 마음에 걸리는 것이 있어요. 그것은 독자들이 저의 이런 비판 때문에 유학 자체를 너무 부정적으로 보지나 않을까 하는 것이에요. 다시 한번 분명히 말하지만, 제가 문제로 삼는 것은 '변질한 유학'이지 유학 자체가 아니에요. 유학은 우리 동양의 고유한 삶의 철학이자 지혜의 보고예요. 이 유학은 서양의 고대 그리스 · 로마 철학에 버금가는 것이지요. 우리는 오랫동안 이 지혜에 따라 살아왔기에 유학은 우리의 엄연한 문화적 전통이에요. 이것이 시대에 맞지 않는다고 비판할 수는 있지만 그 자체를 부정해서는 안 돼요. 이런 의미에서 독일 철학자 람 아드하르 말(Ram Adhar Mall, 주광순 외 역, 2010)의 다음 말은 다시 한번 음미해 볼 가치가 있어요.

> *"우리는 전통을 전체로 부정할 수 없다. 왜냐하면 우리는 지금 전통 바깥에서 살고 있지 않으며, 또한 살 수도 없기 때문이다. 따라서 우리는 우리의 전통을 언제나 다시 수정해야 하고, 제한해야 하며, 변화시켜야 한다. 그리고 최상의 길은 해석의 길이다. 자신의 전통을 비판하는 것은 목욕물과 함께 아이를 버리는 것과는 다르다."*

여기서 '목욕물'은 전통에서 버려야 할 것을 의미하고, '아이'는 전통 그 자체를 의미해요. 목욕물이 아무리 더럽다고 해서 아이를 함께 버려서는 안 된다는 것이지요. 유학이라는 문화적 · 정신적 전통도 마찬가지예요. 유학에서 변질한 부분은 버리고 나머지는 오늘날에 맞추어 새롭게 해석하고 전수할 필요가 있어요.

공자의 초상화를 걸어 둔 볼테르

유학의 가치를 인정하고 찬양한 서양인은 의외로 많아요. 프랑스 계몽주의 철학자 볼테르(Voltaire, 1694-1778)도 그중 한 사람이지요. 그는 18세기 유럽 문학계와 계몽사상을 대표하는 인물로, 종교적 관용을 뜻하는 톨레랑스(tolérance)를 프랑스의 정신으로 만든 장본인이에요. 이런 그가 유학을 찬양하고 공자를 존경했다는 것은 보통 사람들에게는 뜻밖일 거예요.

쿠플레의 저서

공자와 『논어』를 유럽에 처음 알린 사람은 스페인 주교이자 탐험가였던 후안 곤살레스 데 멘도사(Juan González de Mendoza)예요. 그는 1585년 『중국의 문물과 의례와 견습에 관한 역사』를 써서 중국을 유럽에 알렸어요. 30년 뒤 이탈리아 선교사 마테오 리치(Matteo Ricci)는 『중국견문록』(1615)을 썼고 공자를 "중국의 가장 위대한 철학자"라고 소개했어요. 그다음은 포르투갈 선교사 이냐시오 다 코스타(Ignacio da Costa)예요. 그는 『논어』와 『대학』 일부를 라틴어로 번역하여 새로 들어온 선교사들에게 가르쳤어요. 이 선교사들 중 한 사람인 이탈리아 프로스페로 인토르케타(Prospero Intorcetta)는 강의 내용을 정리하여 1662년 『중국의 지혜』라는 책으로 출간했어요. 1687년 네덜란드 선교사 필립 쿠플레(Philippe Couplet)는 라틴어로 쓴 『중국의 철학자 공자』를 파리에서 출간했어요. 이 책의 서문은 공자를 다음과 같이 높이 평가했어요(송태현, 2017).

> *"사람들은 이 철학자의 도덕적 체계가 한없이 숭고하다고 말할 수 있을 것이다. 하지만 공자의 도덕은 동시에 단순하고, 지각이 있으며, 자연 이성의 가장 순수한 원천에서 도출되어 나온 것이다. (…) 신적 계시가 결여되어 있는 이성이 이토록 잘 발전하거나 엄청난 힘을 가지고 나타난 적은 단 한 번도 없었다."*

여기서 주목할 부분은 "신적 계시가 결여되어 있는 이성"이라는 부분이에요. 알다시피 중세 유럽은 "신적 계시"를 믿고 따르던 사회였어요. 예를 들어, 잔 다르크(Jeanne d'Arc)는 1429년 프랑스를 구하라는 천사의 계시를 받았다며 샤를 7세를 찾아가 신뢰를 얻고 백년 전쟁에 참가해서 프랑스를 구했지요. 그런데 유럽의 계몽주의자들은 이런 신의 계시가 아니라 인간의 이성으로 움직이는 사회를 만들고 싶었어요. 이들은 이신론(deism)을 지지하고 있었는데, 이 이론은 신이 세상을 창조한 것은 맞지만 세상을 창조한 뒤에는 세상의 일에 더는 관여하지 않는다고 보는 이론이지요. 따라서 인간은 신의 계시나 기적이 아니라 이성을 통해서 신의 존재나 우주의 법칙을 알 수가 있다고 여겼어요. 공자는 이들에게 큰 영감을 주었고, 사람들은 공자를 "18세기 계몽주의의 수호성인(patron saint of eighteenth-century Enlightenment)"(Adolf Reichwein, 1925)이라고까지 여겼어요.

볼테르는 1756년 「각 민족의 풍속과 정신에 관한 논고」에서 "중국인인 공자는 새로운 견해도 새로운 전례도 상상해 내지 않았다. 그는 영감을 받은 자나 예언자인 양 행동하지 않았다. (…) 그가 권고한 것은 오직 도덕이었고 그 어떤 신비도 설교하지 않았다"라고 높이 칭송해요. 그리고 "공자의 제자들은 서로 친밀했는데 이는 마치 손과 발 같았다. 세계 역사상 가장 존경할 만한 시대가 있었다면 그것은 바로 공자의 율법을 받든 시대였을 것이다"라고까지 말해요. 또 그는 1764년 『철학사전』 「중국에 관하여」에서, 자기가 아는 한 철학자가 있는데 그는 그의 서재에 공자의 초상화를 걸어두고 초상화 아랫부분에는 다음과 같은 4행시를 적었다고 말해요.

"유용한 이성만으로 해석했고,
세상을 현혹하지 않고 계몽했고,
예언자가 아니라 현자로만 말했고,
그런데도 자국에서조차 신뢰받았네."

볼테르가 말한 이 철학자는 바로 볼테르 자신이었어요. 이처럼 17세기와 18세기 계몽주의 철학자들은 공자가 이성으로 움직이는 인간 사회를 만들려고 노력했다는 사실을 높이 평가했어요. 이 계몽주의의 영향으로 1789년 프랑스 대혁명이 일어났는데, 그해 발표된 「인간과 시민의 권리 선언」 제1조는 "인간은 권리에 있어서 자유롭고 평등하게 태어나고 살아간다. 사회적 차별은 오직 공동의 이익을 위해서만 가능하다"라고 천명했어요. 이와 관련해 한 가지 생각해 볼 것은 프랑스와 조선이 비슷한 시기에 공자를 내세우면서도 정반대 세상을 만들어갔다는 사실이에요. 18세기 프랑스는 공자를 내세워 인간을 자유롭고 평등한 존재로 만들고 사회적 차별은 오직 공동의 이익을 위해서만으로 제한했는데, 같은 시기 조선은 공자를 내세워 남성 중심의 가부장적 사회를 만들고 온갖 사회적 차별을 정당화하려 했으니 말이지요.

한편, 공자는 볼테르 이후 200년이 지나도 서양에서 여전히 추앙의 대상이 되고 있어요. 1988년 1월 18일, 75명의 노벨상 수상자들이 파리에서 모여 '21세기에 직면하여(Facing the 21st Century)'라는 주제로 나흘 동안 심도 있는 토론을 벌였어요. 이들은 평화와 군축, 인권, 제3세계, 과학과 기술, 문화와 사회라는 5개 주제로 나누고 21세기를 어떻게 준비해야 하는지 논의했어요. 이 논의에서 '방법' 부분을 맡은 18명의 노벨상 수상자는 고대의 히포크라테스, 부처와 마하비라(Mahavira),

공자의 혜안을 소개했어요. 여기서 말하는 '혜안'이란, 히포크라테스가 의사의 사회적 책임을 강조하고 그것을 '선서'하게 했다는 것, 부처와 마하비라가 인간과 동물의 학대 및 살생을 금했다는 것, 공자가 단어를 그 의미에 맞게 사용해야 한다고 주장한 것을 말해요. 공자의 혜안, 즉 정명론이 주목받은 것은 오늘날 세계가 핵무기를 개발하고도 그것을 '평화의 수호자'라고 호도하는 것을 비판하기 위해서였어요. 그들은 만약 공자가 살아있었다면 오늘날의 '국방부'를 '민간학살부'라고 불렀을 것이라고 말했어요. 아무튼, 18명의 노벨상 수상자들은 "우리를 구원할 수 있는 유일한 방법은 2,500년 전으로 돌아가 그리스, 인도, 중국이라는 이 세 개의 위대한 문화의 지혜를 받아들여야 한다"라고 강조했어요.

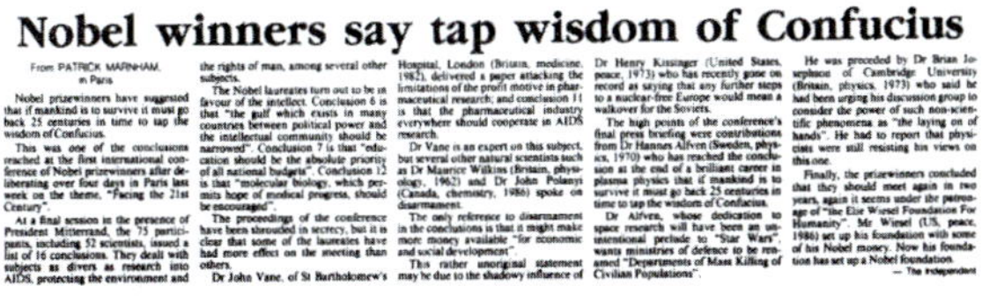
Nobel winners say tap wisdom of Confucius

From PATRICK MARNHAM, in Paris

Nobel prizewinners have suggested that if mankind is to survive it must go back 25 centuries in time to tap the wisdom of Confucius.

This was one of the conclusions reached at the first international conference of Nobel prizewinners after deliberating over four days in Paris last week on the theme, "Facing the 21st Century".

At a final session in the presence of President Mitterrand, the 75 participants, including 52 scientists, issued a list of 16 conclusions. They dealt with subjects as divers as research into AIDS, protecting the environment and the rights of man, among several other subjects.

The Nobel laureates turn out to be in favour of the intellect. Conclusion 6 is that "the gulf which exists in many countries between political power and the intellectual community should be narrowed". Conclusion 7 is that "education should be the absolute priority of all national budgets". Conclusion 12 is that "molecular biology, which permits hope of medical progress, should be encouraged".

The proceedings of the conference have been shrouded in secrecy, but it is clear that some of the laureates have had more effect on the meeting than others.

Dr John Vane, of St Bartholomew's Hospital, London (Britain, medicine, 1982), delivered a paper attacking the limitations of the profit motive in pharmaceutical research; and conclusion 11 is that the pharmaceutical industry everywhere should cooperate in AIDS research.

Dr Vane is an expert on this subject, but several other natural scientists such as Dr Maurice Wilkins (Britain, physiology, 1962) and Dr John Polanyi (Canada, chemistry, 1986) spoke on disarmament.

The only reference to disarmament in the conclusions is that it might make more money available "for economic and social development".

This rather unoriginal statement may be due to the shadowy influence of Dr Henry Kissinger (United States, peace, 1973) who has recently gone on record as saying that any further steps to a nuclear-free Europe would mean a walkover for the Soviets.

The high points of the conference's final press briefing were contributions from Dr Hannes Alfven (Sweden, physics, 1970) who has reached the conclusion at the end of a brilliant career in plasma physics that if mankind is to survive it must go back 25 centuries in time to tap the wisdom of Confucius.

Dr Alfven, whose dedication to space research will have been an unintentional prelude to "Star Wars", wants ministries of defence to be renamed "Departments of Mass Killing of Civilian Populations".

He was preceded by Dr Brian Josephson of Cambridge University (Britain, physics, 1973) who said he had been urging his discussion group to consider the power of such non-scientific phenomena as "the laying on of hands". He had to report that physicists were still resisting his views on this one.

Finally, the prizewinners concluded that they should meet again in two years, again it seems under the patronage of "the Elie Wiesel Foundation For Humanity". Mr Wiesel (US, peace, 1986) set up his foundation with some of his Nobel money. Now his foundation has set up a Nobel foundation.

— The Independent

1988년 파리 학술대회 책과 관련 기사

그런데 이 마지막 문장은 한국에서 크게 와전되어 전해지고 있어요. 한 지방 신문은 2008년에 "1998년 1월 프랑스 파리에서 세계 노벨상 수상자 협회가 개최되었는데 이 자리에 참석한 노벨상 수상자들은 인류 역사상 누가 가장 위대한 인물인가를 가리기 위하여 여러 날 동안 토론을 거듭한 결과 그들이 선정한 가장 위대한 인물은 공자였다"[30]라고 적었고, 한 인터넷 사이트가 2013년에 이것을 그대로 인용했어요.

30 https://www.idjnews.kr

이 인용문은 세 가지 차원에서 와전되었어요. 첫째, 학술대회는 1998년이 아니라 1988년에 개최되었어요. 둘째, 이 자리는 인류 역사상 누가 가장 위대한 인물인가를 가리기 위해 마련된 자리가 아니었어요. 셋째, 노벨상 수상자들은 공자를 가장 위대한 인물로 선정한 적이 없어요. 공자는 히포크라테스, 부처와 마하비라와 함께 소개되었고, 그 내용으로 보면 이 세 사람 중 비중이 가장 낮았다고 할 수 있어요. 노벨상 수상자들이 높이 평가한 것은 공자의 유학이 아니라, 단어와 의미의 일치를 강조한 정명론이었기 때문이지요. 사람들이 이렇게 와전된 이야기로 더 이상 공자를 칭송하는 일은 없었으면 해요.

배려로 완성되는 공자의 '인'

서양인들이 공자를 높이 평가한 것은 공자가 신이 아니라 인간의 힘으로 세상의 질서를 만들려고 했다는 거예요. 이런 질서를 만들기 위해 공자가 가장 강조한 덕목은 인(仁)이었어요. 이 인은 『논어』에 109번이나 나와요(장한업, 2021). 그런데 이 인은 정의하기가 그리 쉽지 않아요. 왜냐면 공자가 인을 말할 때는 상대에 따라 조금씩 다르게 말한 데다, 인의 일부분을 말하거나 인을 실천하는 방법에 대해서 말했기 때문이지요. 그래도 가장 분명하게 말한 것을 찾자면 그것은 "남을 사랑하는 것"(愛人, 「안연」)이라 할 수 있어요. 정약용은 인이란 글자 자체가 두 사람(人+二)의 관계를 나타내므로 "인이란 두 사람이 서로 관계하는 데서 이루어지는 것이다. (…) 대체로 두 사람 사이에서 그 도를 극진히 하는 것은 모두가 인인 것이다"(정일균, 1999)라고 말해요.

한편, 공자가 말하는 인의 실행 방법은 세 가지로 요약할 수 있어요(장한업, 2021). 첫째, 인의 실행은 자기로부터 출발해요. 공자는 "인을 행하는 것이 자기로부터 말미암지 남으로부터 말미암겠는가"(「안연」) 라고 말해요. 이를 좀 더 구체적으로 말하면 "자기를 이기고 예를 행한다"(克己復禮, 「안연」)는 것이에요. 여기서 자기를 이긴다는 것은 사사로운 욕망을 버리는 것이라 할 수 있어요. 개인의 이런 실행은 일상생활 속에서 계속 이루어져야 해요. "군자는 밥을 먹을 때도 인을 어겨서는 안 된다. 다급할 때도 반드시 그렇게 하고, 넘어질 때도 반드시 그렇게 해야 한다"(「이인」)라는 공자의 말처럼 말이지요. 둘째, 인의 실행은 남에 대한 배려로 완성돼요. 이 배려는 '서(恕)'라는 소극적인 배려와 '충(忠)'이라는 적극적인 배려로 나눌 수 있어요. 소극적인 배려는 "자기가 원하지 않는 일은 남에게 행하지 않는다"(「안연」)라는 거예요. 이것은 자기가 남을 도와주지는 못해도 적어도 힘들게는 하지 않는다는 의미로 해석할 수 있어요. 적극적인 배려는 "자기가 서고 싶으면 남이 서게 하고 자기가 도달하고 싶으면 남이 도달하게 한다"(「옹야」)라는 거예요. 또 "어려운 일을 먼저하고 얻는 것은 뒤로 한다"(「옹야」)라는 말도 같은 맥락에서 이해할 수 있어요. 셋째, 인은 '예(禮)'와 '악(樂)'을 통해서 실현할 수 있어요. 예는 자기의 도리를 다하는 것을 말해요. 「안연」에는 "임금은 임금다워야 하고, 신하는 신하다워야 하고, 아버지는 아버지다워야 하고, 자식은 자식다워야 한다(君君臣臣父父子子)"라는 말이 나오는데, 여기서 '~답다'라는 말은 '도리를 다하다'라는 의미로 해석할 수 있어요. 이렇게 사람에게 저마다 할 도리가 있다는 것은 사람과 사람을 구분하는 것이고 사람들 사이의 차이를 인정하는 것이에요. 하지만 사람들을 이렇게 구분만 해서는 온전한 질서를 만들기 어려워요. 따라서 이와 함께 사람들을 이어주는 것이 필요한데 이것이 바로 '악'이에요. '예'가 사람과 사람을 구분하는 것이라면, '악'은 사람과 사람을 화합시키는 것이지요. 공자는 "사람이 인하지 않으면 예가 무슨 소용이겠는가? 사람이 인하지 않으면 악이 무슨 소용이겠는가?"(「팔일」)라고 말하며 예와 악을 인과 연결했어요. 결국, 인은 사람을 구분하는 동시에 화합시키는 덕목이라고 할 수 있어요.

저는 인이라는 덕목이 오늘날 남녀나 부부 사이에도 적용 가능하다고 봐요. 인이 남을 사랑하는 거라면 남녀나 부부도 서로를 많이 사랑하라는 거예요. 인이 자기를 이기고 예를 갖추는 거라면 남편도 쓸데없는 권위를 내세워 아내를 무시하지 말고 일정한 예를 갖추라는 거예요. 인이 자기가 하기 싫은 일은 남에게 시키지 않는 거라면 자기가 하기 싫은 것은 아내도 하기 싫어한다고 생각하라는 거예요. 예를 들어, 음식물 쓰레기를 버리는 것이 더럽고 거북한 일로 여겨진다면 아내에게도 그럴 것으로 생각하라는 거예요. 설이나 추석에 소파에 앉아 밤 치는 게 힘들면 부엌에 쭈그리고 앉아 전을 부치는 아내는 더 힘들 것이라 생각하라는 거예요. 옛날에는 남자가 부엌에 드나드는 게 아니라고 했지만, 지금은 남자 요리사가 텔레비전이나 유튜브에 나와 당당히 요리하는 세상이에요. 세상이 이렇게 바뀌었으면 생각도 바뀌고 행동도 달라져야 해요. 모르긴 몰라도 공자가 이 시대에 살아있다면 그 역시 십중팔구 그렇게 하라고 말했을 거예요.

2 비혼 출산

'비혼 출산'은 결혼하지 않은 상태에서 아이를 낳는 것을 말해요. 그런데 이런 출산은 우리 사회에서는 매우 부정적으로 여겨지고 있어요. 그래서 한국의 비혼 출산율은 매우 낮지요. 경제협력개발기구의 2020년 자료에 따르면, 한국의 전체 출산 중 비혼 출산은 3%에 불과해요. 이 수치는 다른 회원국에 비해 너무 낮아요.

한국의 비혼 출산율이 매우 낮은 데는 크게 세 가지 요인이 있어요. 그것은 사회의 부정적 인식, 경제적 부담, 법적 · 제도적 장벽이에요. 첫째, 한국 사회는 비혼 출산을 하나의 '일탈'이라고 여기고 부정적으로 바라봐요. 둘째, 아이를 혼자서 양육하면 경제적 부담이 크고 사회적 안전망에서 배제되는 경우도 많아요. 셋째, 비혼 부모는 양육비 지원, 세제 혜택, 육아 휴직 제도 활용 등에 있어서 기혼 부모에 비해 불리해요.

인구 감소의 문화적 요인을 다루는 이 책에서는 첫 번째 이유인 사회의 부정적 인식을 중심으로 생각해 보기로 하지요. 알다시피 이 인식은 하루아침에 생긴 게 아니에요. 조선 시대에 생긴 결혼에 대한 강박관념, 첩과 서얼에 대한 제도적 차별, '아비 없는 놈'에 대한 사회적 멸시 등이 중첩되어 형성된 것으로 보여요. 이 세 가지가 모두 변질한 유학과 관련이 있다는 것은 말할 필요도 없지요.

조선 시대의 '결혼 강박관념'

조선 시대는 남녀가 어느 정도 성장하면 반드시 결혼해야 한다고 생각하던 시대였어요. 이런 생각은 당연히 유학과 관련 있지요. 유학은 인간관계를 중시했고, 부부관계를 군신관계, 부자관계와 함께, '선험적인 절대개념'으로 여겼으니까요. 유학이 부부관계를 이렇게 설정했기 때문에 사람들은 이 관계를 꼭 형성해야 한다고 생각했어요. 유학자들에게 "혼인이라는 것은 기본적으로 위로는 종묘에 제사 지내고 아래로는 후손을 이어주기 위해 행해지는 개인적 행사가 아닌 하나의 사회적 행사"(박정순, 1974)였어요. 이런 맥락에서 보면 결혼은 개인의 선택이 아니라 일종의 의무였어요. 따라서 일정한 나이가 되었는데도 혼인하지 않으면 이런 의무를 다하지 않는 것으로 여기고 이를 부정적으로 본 것이지요.

결혼은 부자간의 최고 덕목인 효(孝)와도 관련 있었어요. 『맹자(孟子)』「양혜왕하」에는 혼기가 찼는데도 장가가지 못한 총각을 '광부(曠夫)'라 하고, 시집가지 못한 처녀를 '원녀(怨女)'라 했어요. '광부'에서 '광(曠)'은 '비다', '공허하다'라는 뜻이니, 집에 가 봐야 아무도 없어 허전한 남자를 말하고, '원녀'에서 '원(怨)'은 '슬퍼하다', '한탄하다'라는 뜻이니, 여자가 시집을 못 가면 한을 품는다는 말이지요. 이런 여자가 죽으면 하얀 치마저고리를 입고 입에는 피를 흘리며 날카롭게 노려보는 처녀 귀신으로 나타나요. 부모는 자식이 적기에 결혼하여 과부나 원녀가 되지 않길 바랐고, 자식은 그런 부모의 소원을 들어주는 것을 효라 여겼지요. 게다가 1485년 『경국대전』에는 가난하지 않은데도 딸이 30살 넘도록 혼인하지 않으면 그 아버지를 엄히 문책하겠다고까지 했으니 비혼은 큰 불효로 여겨졌어요.

결혼 문제는 군신 간의 덕목인 충(忠)과도 어느 정도 관련 있어요. 조선 시대는 천재지변이 일어나면 그것이 노총각과 노처녀 때문일 수 있다고 생각하던 시대였어요. 성리학은 천지와 음양의 조화를 유독 강조했는데, 노총각과 노처녀가 많아지면 음양의 화기(火氣)가 상하여 천재지변 등 국가적 재난을 일으킨다고 보았어요. 그래서 이런 조짐이 보이면 조정에서는 노총각과 노처녀를 서둘러 결혼시키려 했지요. 일례로 1535년 『중종실록』을 보면 영의정 김근사는 왕에게, 겨울 천둥이 여러 차례 치니 가난해서 혼인하지 못하는 사람들에게 필요한 물품을 내어주고 혼례를 올리게 하면 천재지변을 막을 수 있다고 진언해요.

사실 조선 조정은 이전부터도 노총각과 노처녀를 줄이기 위해서 많은 노력을 기울였어요. 1472년 성종은 전국 노총각 · 노처녀 수를 파악하고 혼수품을 주어 혼인시키라고 명했어요. 이 명에 따라 가난한 사족(士族)에게는 쌀 · 콩 10석씩을, 사족이 아닌 경우에는 5석씩을 혼수로 지급했어요. 당시는 곡물이 화폐의 역할을 했으니, 지금으로 치면 혼수비용으로 현금을 지원한 것이나 마찬가지지요. 1485년 완성된 『경국대전』 「예전」에는 "사족 자녀가 30세가 가까워도 가난하여 시집을 못 가면 예조에서 임금에게 아뢰고 헤아리고 자재를 지급한다"라는 내용이 나와요. 이는 나이가 들어 혼인하지 않는 것을 개인의 문제를 넘어서 국가의 문제로 인식했음을 의미해요. 이로부터 300여 년이 지난 1781년 2월, 정조는 가정 형편이 어려워 혼기를 놓친 사람들에게 돈 5백 냥과 포목 2필씩을 지원한 후 그 결과를 매달 보고하게 했어요. 당시 한성부에는 이에 해당하는 사람이 281명 있었는데, 같은 해 5월까지 남자 1명과 여자 1명 외에는 다 혼인했어요. 한성판윤 구익과 임금의 명을 받은 이승훈은 이 두 명 때문에 난감해졌어요. 왕명으로 실행한 계획에 흠결이 생겼기 때문이지요. 문제가 된 두 사람은 김희집과 신씨라는 여성이었는데 각각 28세, 21세였어요. 그런데 알고 보니 이들에게도 나름대로 그럴 만한 사정이 있었어요. 김희집은 다른 여성과 약혼했지만 신붓집에서 김희집이 가난한 서얼 출신이라는 이유로 파혼했고, 신씨 여성도 다른 남성과 약혼했으나 신랑 측이 가난을 이유로 파혼했어요. 그러니 두 사람은 다 파혼의 아픔 속에서 자의 반 타의 반으로 혼인하지 못하고 있었던 것이지요. 이때 이승훈은 기발한 제안을 했는데, 그것은 두 사람이 나이 차가 적당하고 처지도 비슷하니 이참에 혼인하면 어떻겠냐는 것이었어요. 양측은 이 제안을 받아들였고 이로써 왕명을 완수할 수 있었어요. 이 사실을 전해 들은 정조는 경제적 지원에 그쳤던 그간의 정책을 바꾸고 호조판서와 선혜청 당상이 각각 양가의 부모가 되어 혼인을 직접 주관하라고 명했어요.

이처럼 조선 시대에는 음양의 조화를 중시한 성리학에 따라 남녀가 일정한 나이에 이르면 혼인하는 것을 당연시했어요. 요즈음은 '취업은 필수, 결혼은 선택'이라고 하지만, 당시에는 결혼이 선택이 아니라 의무에 가까웠어요. 따라서 비혼 자체가 부모에게 불효하고 왕에게 불충한 것으로 여겨져 매우 부정시 되었던 거지요. 조선의 이런 통념은 오늘날에도 일부 이어지고 있어요. 그래서 명절 때 할아버지와 할머니를 찾아뵈면 미혼인 손자나 손녀에게 "결혼은 언제 하냐?", "올해는 결혼해야지" 등으로 말하며 심리적 압박을 가하지요. 손자와 손녀는 이런 압박에 스트레스를 받고 명절 자체를 거북해하는 경우가 많아요.

첩과 서얼의 부정적인 이미지

비혼과 비혼 출산에 대한 부정적인 이미지는 조선 시대 첩과 서얼에 대한 부정적인 이미지 때문일 수 있어요. 알다시피 조선 시대 첩은 천시와 무시의 대상이었어요. 조선이 개국한 지 얼마 안 된 1413년에 태종은 이미 "예에는 처가 둘일 수 없다(禮無二嫡)"라는 유교적 혼인관에 따라 한 명의 처 이외에는 모두 첩으로 보았어요. 따라서 첩은 호(戶)의 구성원이었으나 온전한 가족으로 인정받지 못했고 그 자식과 함께 천시의 대상이 되었던 것이지요. 실제로 조선 시대에는 처와 첩을 엄격히 구분했어요. 첫째, 신분상 차이로, 처는 같은 계층에서 택했지만, 첩은 자기보다 낮은 계층에서 택했어요. 양반이 평민을 첩으로 삼으면 '양첩(良妾)'이라 했고 기생이나 여종을 첩으로 삼으면 천첩(賤妾)이라 했어요. 둘째, 권한상 차이로, 처의 권한은 매우 컸지만, 첩은 그렇지 못했어요. 첩의 위치는 처와 여종 사이였으니 가족으로 여겨진다 해도 최말단이었지요. 셋째, 자식의 위상상 차이로, 처의 아들은 적자가 되지만 첩의 아들은 서얼이 되었어요. 서얼은 서자(庶子)와 얼자(孼子)로 나뉘는데, 어머니가 서얼이나 평민이면 서자가 되고, 천민이면 얼자가 되었어요. 서얼은 벼슬길에 오르기 어려웠고, 『홍길동전』에 나오는 대사처럼 "아버지를 아버지라 못하고 형을 형이라 부르지 못하는" 천추의 한을 안고 평생을 보내야 했지요. 넷째, 법률상 차이로, 첩이 처가 되는 법은 절대 없었어요. 아내가 죽으면 남편은 재혼하거나 첩만 데리고 살 수 있었는데, 후자라도 첩이 처가 되는 법은 없었어요. 다섯째, 사후 대우 차이로, 처는 죽으면 사당에 들어가 후손의 제사를 받았지만, 첩은 그렇지 못했어요. 첩과 남편의 관계는 살아있는 동안만 유지되는 관계로 보았기 때문이지요. 이처럼 첩은 처와 비교할 때 모든 면에서 불리했지만 같은 계층의 남자와 결혼하는 것보다는 나았기에 첩살이를 많이 택했어요.

조선의 첩은 오늘날로 치자면 사실혼 배우자예요. '사실혼'을 사전에서 찾아보면, "사실상 부부의 관계에 있으나, 혼인신고를 하지 아니하였기 때문에 법률상의 부부로 인정할 수 없는 상태"(「네이버 사전」)라고 나와요. 이를 조선 시대 첩에 적용하면 "사실상 부부의 관계에 있으나, 정식 혼례를 치르지 아니하였기 때문에 법률상의 부부로 인정할 수 없는 상태"라고 할 수 있지요. 그리고 첩이 낳은 자식은 사생아와 비슷해요. 사생아의 사전상 의미는 "법률적으로 부부가 아닌 남녀 사이에서 태어난 아이"를 말하니까요.

물론 조선의 첩과 오늘날의 미혼모를 일대일로 대응시키기는 어려워요. 이 둘 사이에는 엄연한 차이가 있으니까요. 첫째, 조선의 첩은 대개 배우자보다 낮은 신분이었지만, 오늘날 미혼모는 그렇지 않아요. 둘째, 조선의 첩은 배우자와 비교적 오래 살았지만, 오늘날 미혼모는 배우자와 일시적인 관계를 맺은 경우가 많아요. 이 일시적인 관계 때문에 사회적으로 더 지탄받는지도 모르지요. 셋째, 조선의 첩은 자기의 선택인 경우가 많았지만, 오늘날 미혼모는 그렇지 않은 경우도 적지 않아요. 이런 차이에도 불구하고, 오늘날 나이가 좀 든 사람 중에는 미혼모에게 조선의 첩의 이미지를 덮어씌우는 사람들이 생각보다 많아요.

오래된 비혼 출산 역사

비혼 출산을 너무 부정적으로 보는 사람들은 옛날에는 비혼 출산이 생각보다 많았다는 사실을 알았으면 해요. 실제로 과거에는, 그것이 신화든 역사든 간에, 비혼 출산이 상당히 많았어요. 먼저, 한민족의 시조로 여겨지는 단군부터 살펴보지요. 『삼국유사』「기이」에는 다음과 같은 내용이 나와요. 환인은 그의 아들 환웅이 인간 세상에 관심이 많음을 알고 천부인(天符印) 세 개를 내어주며 인간 세상을 다스리게 했어요. 환웅은 무리 3천을 이끌고 묘향산 신단수 밑에 내려와 360여 가지의 인간사를 주관하고 세상을 다스렸어요. 이때 같은 굴에 살던 곰과 호랑이가 인간이 되게 해달라고 환웅에게 간청했어요. 환웅은 이들에게 쑥 한 줌과 마늘 20개를 주고, 이것을 먹고 100일 동안 햇빛을 보지 않으면 인간이 될 거라고 말해줬어요. 곰은 21일 만에 여자가 되는 데 성공했고 호랑이는 금기를 어겨 실패했어요. 여자가 된 웅녀는 신단수 아래서 잉태를 간절히 빌었지만 혼인할 사람이 없어서 불가능했어요. 이를 가련히 여긴 환웅은 잠시 인간으로 변해 웅녀와 관계를 맺었고 마침내 단군왕검이 태어났어요. 이 이야기를 살펴보면, 환웅과 웅녀를 정식 부부로 보기는 어려워요. 환웅은 그냥 "잠시 인간으로 변해" 웅녀가 잉태하게 했을 뿐이고 이후에는 별다른 역할을 하지 않았기 때문이지요. 이렇게 본다면 웅녀는 미혼모이고 단군왕검은 혼외자라 할 수 있어요.

이번에는 2,500년 전에 살았던 공자의 경우를 살펴보지요. 공자는 기원전 551년에, 노나라 하급 무관인 70세 아버지 공흘과 16세 어머니 안징재 사이에서 태어났어요. 어머니는 후처도 첩도 아니었어요. 그냥 야외에서 나이 많은 남자와 만나 성관계를 맺은 나이 어린 여자일 뿐이었어요. 그래서 한나라 사마천은 이것을 비정상적 결합이라 비난하며 '야합(野合)'이라고 불렀지요. 이렇게 태어난 공자는 아버지의 집에서 멀리 떨어진 곡부 니구산 기슭에서 자랐어요. 공자가 세 살 때 아버지가 세상을 떠났지만 어머니는 이 사실을 공자에게 알려주지 않았어요. 공자는 아버지의 묘가 어디 있는지도 모르는 '애비 없는 자식'이었어요. 그래서 어머니의 영향이 상대적으로 클 수밖에 없었어요. 어머니는 어려운 살림살이에도 제사를 통해 공경과 예의를 보여주었고, 어린 공자는 이런 어머니의 모습을 보면서 자랐어요. 어머니 안징재는 전형적인 미혼모였고 공자는 혼외자였어요. 흥미로운 것은 후대 사람들이 아버지와 어머니의 관계를 야합이라고 비난했지만, 공자의 출생 자체는 문제 삼지 않았다는 거예요. 이것은 공자가 뛰어난 학자였기 때문일 수도 있지만 당시 분위기가 이런 것을 별로 문제 삼지 않았기 때문이기도 해요.

다음으로, 고구려 시조인 주몽에 대해서 알아보지요. 그가 어떻게 태어났는지는 『동국이상국집』에 나와 있어요. 주몽은 하늘의 신 해모수와 강물의 신 하백의 딸 유화 사이에서 알로 태어나요. 부여의 금와왕은 이 알을 버리게 했지만, 짐승과 새들이 그것을 보호했어요. 그러자 왕은 알을 가져오게 하고 직접 깨려고 했지만 깨지지 않았어요. 하는 수 없었던 왕은 이 알을 유화에게 돌려주었어요. 유화가 그것을 잘 싸서 따뜻한 곳에 두었더니 그 속에서 아기가 태어났어요. 그 아기는 영특했고 특히 활을 잘 쏘았으므로 사람들은 그를 '활 잘 쏘는 사람'이라는 의미로 '주몽'이라 불렀어요. 이 이야기의 서술 구조는 단군신화와 비슷한데, 가장 큰 차이점은 단군신화의 경우에는 환웅이 잠시 인간의 모습으로 변해 웅녀와 인연을 맺은 데 반해, 이 신화의 경우에는 하늘의 신이 인간의 모습으로 변하지 않은 상태에서 잉태하게 했다는 것이지요.

'주몽 신화'의 서술 구조는 『성경』 속 예수 이야기와 비슷해요. 『성경』 마태복음(1:21)은 "아들을 낳으리니 이름을 예수라 하라. 이는 그가 자기 백성을 그들의 죄에서 구원할 자이심이라 하니라"라고 하고, 누가복음(1:30)은 "천사가 이르되 마리아여 무서워하지 말라. 네가 하나님께 은혜를 입었느니라. 보라 네가 잉태하여 아들을 낳으리니 그 이름을 예수라 하라. 그가 큰 자가 되고 지극히 높으신 이의 아들이라 일컬어질 것"이라고 해요. 요셉은 마리아와 결혼하기 전에 마리아가 잉태한 사실을 알고 조용히 파혼하려 했지만 "네 아내 데려오기를 무서워 말라. 저에게 잉태된 자는 성령으로 된 것이다"라는 천사의 말을 믿고 그녀와 결혼해요. 이렇게 하여 예수는 동정녀 마리아를 통해 탄생하게 돼요. 당시 유대 사회의 관습에 따르면 처녀가 아이를 낳으면 가문의 수치로 여겨 돌로 때려죽였어요. 일종의 명예살인이었던 것이지요.

그런데 동네 사람들은 그 누구도 예수를 '하느님의 아들'로 보지 않았고, 처녀의 몸에서 태어난 '동정녀의 아들'로 보지도 않았어요. 이들은 성령으로 여자가 잉태할 수 있다는 사실 자체를 믿지 않았기에 예수를 그저 요셉과 마리아 사이에서 태어난 아들로 알았어요. 훗날 성인이 된 예수가 고향인 나사렛을 찾아가 설교할 때도 사람들은 "이 사람이 요셉의 아들이 아니냐"(누가복음, 4:22)라고 말할 정도였어요. 이런 성경의 이야기를 종합해 보면, 마리아는 요셉과 결혼하기 전에 예수를 잉태했다는 점에서는 미혼모이고 마리아가 미혼모라면 그 아들인 예수는 혼외자라 할 수 있어요. 이 해석은 어디까지나 저의 논리적 해석이니 기독교인들은 오해하지 않기를 바라요.

7세기 삼국통일에 큰 공을 세운 김유신도 혼외자였어요. 『삼국사기』「김유신열전」을 보면, 김유신의 아버지 "김서현은 길에서 어머니 만명을 보고 마음이 기뻐서 눈짓으로 꾀어, 중매를 기다리지 않고 야합"했다는 기록이 나와요. 594년 김서현은 지금의 충북 진천군인 만노군에 태수로 갈 때 만명을 데리고 가려 했는데, 만명의 아버지 김숙흘종은 두 사람이 야합한 사실을 알고 크게 화를 내며 딸을 다른 집에 가두고 사람을 시켜 지키게 했어요. 그런데 난데없는 벼락이 그집 대문에 내려쳐 지키던 사람들은 혼비백산했고, 만명은 이 틈을 타 구멍으로 도망쳐 김서현과 함께 만노군으로 갔어요. 김유신은 595년에 이 만노군에서 태어났어요. 김서현은 경진일 밤에 두 개의 별이 자기에게 내려오는 꿈을 꾸었고 얼마 후 김유신이 태어나자, 경진일 밤에 꿈으로 낳은 아기니 이름을 '경진'으로 지으려 했으나, 아이 이름은 날짜로 짓지 않는다는 예법에 따라, 경(庚)과 비슷한 유(庾) 자와 진(辰)과 발음이 비슷한 신(信)을 붙여 '유신'이라 지었다고 해요.

7세기 중엽에 태어난 신라의 유학자 설총도 혼외자였어요. 설총의 아버지는 원효대사였고 어머니는 무열왕 김춘추의 딸 요석공주였어요.

원효대사

요석공주

설총

『삼국유사』「의해」에 의하면, 원효대사는 스스로 '소성거사'라 칭하고 거지처럼 돌아다니며 여러 사람과 격 없이 어울렸어요. 그러고는 "그 누가 자루 없는 도끼를 내게 빌리겠는가, 나는 하늘을 떠받칠 기둥을 찍으리"라고 떠들고 다녔어요. 여기서 '자루'는 남자의 성기를 뜻하고 '자루 없는 도끼'는 과부를 뜻해요. 그리고 '하늘을 떠받칠 기둥'은 국가의 기둥이 될 큰 인재를 의미하지요(이민수, 1994). 그런데 무열왕 외에는 아무도 이 말을 이해하지 못했어요. 무열왕은 "이 스님이 필경 귀부인을 얻어서 귀한 아들을 낳고자 하는구나"라고 생각하고 궁리를 보내 원효대사를 모셔오게 했어요. 마침 남산에서 내려와 문천교를 지나던 원효대사는 자기를 찾아온 궁리를 보고는 일부러 물에 빠져 옷을 다 적셨어요. 궁리는 원효를 요석궁으로 데려가 옷을 말리게 한 뒤 며칠 더 머물게 했어요. 이때 원효대사는 당시 과부였던 요석공주와 관계를 맺었고 얼마 후 설총이 태어났어요. 설총은 지혜롭고 총명했지만, '중의 자식'이라는 자신의 출생을 떳떳하게 여기지는 않았던 것 같아요. 고승의 아들인 그가 불교가 아니라 유교와 중국 학문에 심취한 것도 그 때문일 수 있어요.

이상에서 보듯이, 역사를 살펴보면 비혼 출산이 생각보다 많았어요. 물론 당시에도 이런 출산을 그렇게 좋게 보지는 않았어요. 사마천은 공자가 야합으로 태어났다고 비난했고, 김숙흘종은 딸의 혼전 관계에 크게 화를 냈고, 설총도 자신의 출생을 떳떳하게 여기지 않았으니까요. 하지만 당시 사람들은 조선 시대나 오늘날 우리처럼 이런 것을 크게 문제 삼지 않았어요. 만약 그랬다면 앞에서 살펴본 여섯 인물은 역사를 빛낸 위인이 될 수 없었을 거예요. 공자가 조선 시대에 태어났다면 서얼 신분이라 '유학'의 '유'자도 꺼내지 못했을 거예요. 김유신이 조선 시대에 태어났으면 무과에 응시하기 어려웠고 위대한 장군이 되기는 더 어려웠겠지요. 설총이 조선 시대에 태어났으면, 비록 공주에게서 태어난 왕손이라고 하나, 유학자들에게 엄청나게 시달렸을 거예요. 평생 수절해야 할 과부가 다른 남자, 그것도 승려와 정을 통해 낳은 자식이었으니 말이에요. 이처럼 비혼 출산이 조선 시대에 들어 격한 사회적 비난의 대상이 된 것은 무엇보다도 변질한 유학 때문이에요. 조선 후기에 완성된 유교적 가부장제는 집안에서 아버지의 위상을 매우 강조했고, 아버지가 아내로 인정하지 않는 첩이나 자식으로 인정하지 않는 서얼은 가정과 사회에서 무시의 대상이 될 수밖에 없었어요. 첩은 남편을 '부(夫)'가 아니라 '군(君)'이라 지칭해야 했고, 서얼은 "아버지를 아버지라 부르지 못하고 형을 형이라 부르지" 못했으니까요. 이런 서얼은 '애비 없는 자식'이나 다름이 없었지요.

호래자식과 화냥년

'애비 없는 자식' 하면 흔히 '호래자식'을 많이 떠올려요. 「네이버 국어사전」은 '호래자식'을 "배운 데 없이 막되게 자라 교양이나 버릇이 없는 사람을 낮잡아 이르는 말"이라고 정의해요. 동의어로는 '후레자식', '호로자식' 등이 있어요. 이 말들은 모두 상대방을 비하하는 말로, 이렇게 불리는 상대방에게는 매우 모욕적이지요.

그런데 '호래자식'에 대한 어원은 분명치 않아요. 어떤 학자는 '호래'가 오랑캐를 뜻하는 호노(胡奴)나 호로(胡虜)에서 유래했다고 주장해요. 이 주장이 그럴듯해 보여서인지 요즈음도 이렇게 생각하는 사람들이 상당히 많아요. 하지만 많은 학자들은 여기에 동의하지 않아요. 이들은 그 어원을 고유어 '홀에'에서 찾아요. 조항범(2004) 교수에 따르면, '홀'은 15세기 'ᄒᆞ올'에서 나온 말로, '짝이 없는 하나'를 의미해요. 15세기 'ᄒᆞ올어미', 'ᄒᆞ올아비'는 각각 남편이 없는 아내, 아내 없는 남편을 가리켰어요. 이것은 오늘날 '홀어미', '홀아비'로 남아있지요. 조 교수는 이 '홀' 다음에 붙이는 '의'나 '에'를 관계를 나타내는 속격 조사로 봐요. 이 '홀의'가 '호로'로 변해 '호로자식', '호로새끼'가 되고, '홀에'가 '호레'나 '후레'로 변해 '후레자식', '후레새끼'가 되었다는 것이지요. 참고로, '호로'나 '후레' 뒤에 붙는 '새끼'라는 말은 '남편의 아우', 즉 시아우에서 유래한 말이에요. 안옥규(1989)에 따르면, 시아우의 사투리 '시아기'가 '새기'가 되고 다시 '새끼'가 되었어요. 시아우는 남편보다 나이가 어리기 때문에 이 말은 점차 '아들과 딸', '어린 아이', '놈'을 낮잡아 이르는 말로 변했어요.

그렇다면 홀로 된 아버지나 어머니, 특히 홀로 된 어머니가 키운 자식은 왜 "배운 데 없이 막되게 자라 교양이나 버릇이 없는 사람"으로 여겨졌을까요? 이것은 조선 시대에는 여자에게 한문을 가르치지 않았고, 이런 어머니는 자식에게 한문을 가르칠 수 없었고, 한문을 모르면 사서삼경을 읽을 수 없었고, 이런 책을 읽지 않으면 사람 구실을 하기 어렵다고 생각했기 때문인 것 같아요. 결국, 호로자식, 후레자식은 여성 비하가 자식 비하로 이어진 사례라 할 수 있어요.

한편, '호로자식', '후레자식'이 주로 남자들에게 사용하는 용어라면 여자에게만 사용하는 용어로는 '화냥년'이 있어요. 많은 사람은 이 단어가 병자호란으로 잡혀갔다 '고향으로 돌아온 여자'를 가리키는 환향녀(還鄕女)에서 유래한 것으로 알고 있어요. 실제로 1636년 12월 28일부터 1637년 2월 24일까지 석 달간 치러진 이 전쟁에서 승리한 청나라는 50만여 명의 포로를 데려 갔는데, 이 중 20만 명 정도가 여성이었어요. 이 여성들 중 일부는 몰래 도망쳐 오기도 했고 사신을 따라서 돌아오기도 했어요. 후자의 경우로, 신계영은 1637년 청나라에 사신으로 가서 포로 6백여 명을 데리고 돌아온 적이 있어요. 그런데 당시 사람들은 이들을 음란한 여자라고 욕하고 멸시했어요. 김만중은 이를 개탄하며 그의 『서포만필』(1702년)에 "포로가 되었던 부녀들이 비록 실절하여 천시받을 만하여도, 음란한 것에 비한다면, 그 정상은 차이가 있다. (…) 여러 사람이 시끄럽게 떠들어대니, 비록 현명한 사람이라 하더라도 여기에 휩쓸리게 됨을 면할 수 없으니 개탄할 뿐이다"라고 적었어요.

홍제교 위 홍제천 풍경

이 문제가 사회적 논란이 되자, 인조는 이 여자들이 "홍제원 냇물(오늘날 연신내[31])에서 목욕하고 한양로 들어오면 그 죄를 묻지 않겠다"라고 말하고, 이들의 정조를 거론하는 자는 엄벌하겠다고 말했어요. 인조가 이렇게 강경한 입장을 취한 것은 포로로 끌려가 절개를 잃은 여자들에 대한 연민보다는 자신의 재위 기간에 정묘호란과 병자호란이 모두 일어난 데 대한 자책감 때문이었을 거예요. 하지만 인조의 엄명에도 불구하고 사대부들은 이들을 멸시하고 교묘하게 피박했어요. 남편들은 왕명이니 아내를 어쩔 수 없이 받아들였지만 거들떠보지 않거나 제발로 걸어나가게 만들어요. 미혼인 여성은 가문이나 문중의 명예를 더럽혔다는 이유로 스스로 목숨을 끊거나 쫓겨났지요. 이런 비참한 역사 때문인지 사람들은 '화냥년'이 '환향녀'에서 유래했다는 설명을 아주 쉽게

31 연신내는 한자어 연(延)과 고유어 시내(川)를 붙여 만든 말.

믿었던 것 같아요. 하지만 조항범(2022) 교수는 다음과 같은 두 가지 이유로 이런 설명을 부정해요. 하나는 '화냥'은 전통 사회에서도 사용한 고유어로, 남편이 있음에도 바람을 피운 여자를 가리키던 말이라는 거예요. 화냥에 해당하는 한자어는 화랑(花娘)인데, 이는 『성종실록』(1472)에 나오는 "음란한 여자[를] 유녀(遊女)라 칭하고 혹은 화랑(花娘)이라 칭하며 음란한 짓을 제멋대로 하니"라는 표현에서 확인할 수 있어요. 또 하나는 이 '화랑'이나 '화냥'이 '환향녀'에서 유래한 말이라면 이 말이 병자호란 이후에 나타나는 말이어야 하는데 그렇지 않았다는 거예요. 제가 한국고전종합DB에서 '환향녀'를 검색해 보니 "서포만필 하-59 환향녀"라는 표현 하나만 나왔어요. 이 '환향녀'도 역자가 쓴 말이지 김만중이 쓴 말이 아니에요. 김만중은 포로로 잡혀갔던 여자를 '피노부녀(被虜婦女)'라고 했고, 이들이 돌아온 것을 '속환(贖還)'이라고 했지 '환향(還鄕)'이라고 하지 않았어요. 이런 두 가지 이유로 보면 '화냥년'이 '환향녀'에서 유래되었다는 주장은 전혀 근거 없는 주장이라 할 수 있어요.

다시 호래자식 이야기로 돌아가, 살다 보면 배우자가 일찍 죽을 수 있고, 이러면 홀로 남은 배우자가 자식을 키우는 경우가 많아요. 예를 들어, '외손 봉사'를 설명할 때 언급한 김성일의 아버지 김진은 여흥 민씨와 결혼하여 5남 3녀를 두었는데 1546년 아내가 일찍 세상을 떠나자 자녀들을 직접 키웠어요. 하지만 그 누구도 이 5남 3녀를 '호래자식'이라고 부르지 않았어요. 김성일의 스승인 이황의 경우는 정반대였지만 마찬가지였어요. 이황의 아버지가 이황이 태어난 지 6개월 만에 세상을 떠나자 어머니 춘천 박씨는 이황을 혼자 키웠어요. 이황이 쓴 '정경부인 박씨묘갈'을 보면, 이황의 어머니는 "세상에서는 보통 과부의 자식을 옳게 가르치지 못하였다고 욕을 할 것이다. 너희들이 남보다 백배 더 공부에 힘쓰지 않는다면 어떻게 그런 비웃음을 면할 수 있겠느냐 했다"라 말하며 늘 훈계했다는 내용이 나와요. 하지만 적어도 이때까지는 홀어머니 밑에서 자랐다고 해서 크게 욕하지는 않았던 것 같아요. 그러나 시간이 흘러 유교적 가부장제가 정착하고 아버지의 가정에서의 비중이 커짐에 따라 과부가 혼자 자식을 키우면 "배운 데 없이 막되게 자라 교양이나 버릇이 없는 사람"처럼 여기기 시작한 것 같아요.

요컨대 '호래자식'에 대한 부정적인 이미지는 오늘날 미혼모와 그 자녀들에게 그대로 투영되고 있어요. 오늘날 사람들은 미혼모를 '사회적 일탈자', '부도덕한 여성'으로 낙인찍고 있으며, 그 자녀에 대해서도 '사생아' 혹은 '애비 없는 자식'이라는 오래된 낙인의 그림자를 거두지 않고 있는 것이지요(홍양희, 2016).

턱없이 낮은 한국의 비혼 출산율

과거 사람들이 비혼 출산을 유교의 윤리에 따라 논했다면, 오늘날에는 이것을 저출산이라는 사회 문제와 관련해 거론하는 경우가 많아요. 앞에서 살펴보았듯이, 콜먼(2024) 교수는 한국의 합계출산율이 비정상적으로 낮은 이유를 아홉 가지로 들었는데, 그중 하나가 한국 여성들이 자기가 원하는 방식대로 살기 힘들기 때문이라는 것이지요. 즉, 동거는 '비정상적'으로 여겨지고, 비혼 출산은 '부적절'하게 여겨지고, 비혼 출산으로 태어난 아이는 출생부터 타인의 '차가운' 시선을 받아야 한다는 거예요. 콜먼 교수는 한국이 저출산 늪에서 벗어나려면 합계출산율이 높거나 낮은 국가들의 특성을 잘 살펴보아야 한다고 조언했어요. 실제로 그렇게 해보면 한국은 출산율이 높은 나라에 비해 비혼 출산율이 매우 낮음을 확인할 수 있어요. 통계청 '2023 출생통계'를 보면, 비혼 출산 자녀는 1만900명으로 전체 출생아의 4.7%에 불과해요. 이것도 최근 몇 년간 꾸준히 증가한 거예요. 2017년에는 1.9%에 불과했고 2020년 3.0%, 2022년 3.9%로 증가했고 2023년 4.7%에 달한 것이지요. 그러나 이 비율은 경제협력개발기구 회원국과 비교하면 턱

없이 낮아요.

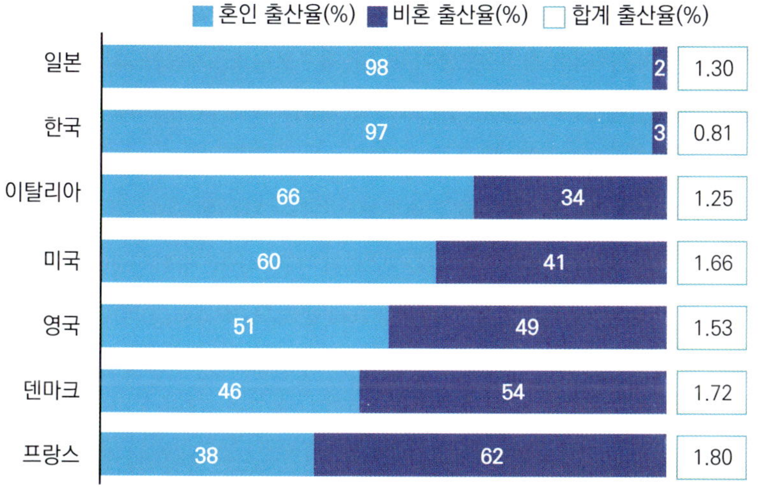

2020년 OECD 회원국 출산율

2020년 이 기구 회원국의 평균 비혼 출산율은 41.9%이고, 벨기에, 덴마크, 프랑스, 아이슬란드, 네덜란드, 스웨덴 등 13개국은 그 비율이 50%가 넘어요. 그런데 흥미로운 것은 이 나라들도 처음부터 비혼 출산율이 이렇게 높았던 나라가 아니었다는 사실이에요. 1970년에 회원국 대다수의 비혼 출산율은 10% 미만이었어요. 그러나 이 비율은 1995년 23%, 2020년 40%로 급격히 늘어났어요. 그 증가폭이 특히 큰 노르웨이의 경우에는 1970년 6.9%, 1995년 47.6%, 2020년 58.5%로 증가했고, 프랑스도 1970년 6.8%에서 1995년 37.6%, 2020년 61.0%로 대폭 증가했어요. 반면에 한국은 1981년 1.1%, 1995년 1.2%, 2020년 3.0%로 거의 오르지 않았어요. 이는 이런 국가들이 1970년대 이후 급격한 사회의 변화에 맞추어 인식과 제도를 바꾼 반면, 한국은 그렇게 하지 못했음을 의미하지요.

이런 국가들의 인식 전환은 1970년대 여성 운동과 깊은 관련이 있어요. 프랑스의 경우, 많은 여성이 1968년 5월 학생운동에 가담하여 반권위주의, 반제국주의, 반자본주의를 외치고 기성세대의 권위와 가부장적 전통을 격렬히 비판했어요. 이때 "프랑스 여성들의 고조된 참여 의식으로 인해 여성 운동은 하나의 사회운동으로 자리매김할 수 있었다"(이은미, 2006)라는 것이지요. 1970년대 전반 프랑스 여성 운동의 쟁점은 피임약 보급, 낙태 합법화, 결혼 거부 등이었어요. 여성 운동가들은 여성이 원하지 않는 임신을 강요하지 말라고 주장하면서 피임약 사용 허용과 낙태 합법화를 강력히 요구했지요. 이때 큰 역할을 한 사람은 프랑스 철학자이자 정치가인 시몬 베이(Simone Veil)였어요. 그녀는 1974년 보건부장관 시절, 피임약을 살 때 의료보험의 혜택을 받을 수 있게 법을 개정했어요. 낙태 합법화도 그녀의 재임 기간에 이루어졌어요. 가톨릭 전통이 강한 프랑스에서 많은 사람이 낙태에 반대했지만, 그녀는 1974년 11월 26일 국회에서 "그 어떤 여성도 가벼운 마음으로 낙태를 선택하지 않습니다. 그들의 말을 들어야 합니다. (…) 우리는 매년, 이 나라 여성을 유린하고 법을 짓밟고 낙태하는 사람을 모욕하거나 트라우마를 일으키는 30만 건의 낙태에 더는 눈감을 수 없습니다"라고 강변하며 여성의 자기 결정권을 적극 옹호했어요. 그 결과, 다음 해인 1975년, 5년 동안 임신 10주 내 낙태를 허용하는 법이 통과되었고, 1979년 낙태는 영구히 합법화되었어요.

그렇다면 한국에서는 어땠을까요? 피임약 사용은 상당히 빨리 이루어졌어요. 정부가 1970년대 보건소를 통해서 여성들에게 피임약을 배포했으니까요. 그런데 이것은 여성의 자기 결정권을 존중한다는 취지에서라기보다는 산아제한을 위해서 시행한 조치였어요. 그런데 2010년대까지는 피임약을 구매하려면 의사의 진료와 처방전을 반드시 제출해야 했어요. 이런 것 없이 피임약을 구매할 수 있게 된 것은

2021년부터예요. 낙태 합법화도 산아제한을 위한 수단이었어요. 1973년에 제정된 모자보건법은 낙태할 때는 의사의 허가를 받아서 일정한 조건하에서 시행하도록 했어요. 그러나 이 조건은 산모의 건강 위험, 성폭력 피해, 임신 초기 등으로 매우 제한적이었어요. 한국에서 낙태 문제를 본격적으로 논의한 것은 2019년인데, 이 해 헌법재판소는 모자보건법이 위헌이라는 결정을 내렸어요. 2021년 낙태법 개정안이 통과되면서 임신 14주까지는 누구나 낙태할 수 있고, 15주에서 24주까지는 경제적 · 사회적 이유가 있을 때만 그렇게 할 수 있게 했어요. 요컨대 한국에서의 피임약 사용과 낙태 합법화는 인구 증가를 막는 산아제한 차원에서 이루어져 오다가 1990년대 이후 여성 운동과 맞물리면서 여성의 자기 결정권 차원에서 논의되기 시작했고 그 결실을 본 것은 비교적 최근이라고 할 수 있어요.

비혼 출산 문제도 여성의 자기 결정권 차원에서 논의되고 있어요. 그 핵심은 여성이 아기를 낳고 싶으면 결혼 여부와 관계없이 그렇게 할 수 있어야 한다는 것이지요. 최근 이런 생각에 동의하는 사람들이 점점 늘고 있어요. 여성가족부의 '2023 가족실태조사'를 보면, '결혼하지 않고 아이를 낳는 것에 동의한다'라는 응답은 2020년 15.4%에서 2023년 22.1%로 늘었어요. 또 통계청의 '2024년 사회조사 결과'를 보면, '결혼하지 않고도 자녀를 가질 수 있다'라는 응답이 37.2%로, 2012년(22.4%) 이후 계속 늘고 있어요. 그러나 한국 사회는 이런 사회적 · 문화적 변화를 제대로 반영하지 못하고 있어요. 여기에 가장 큰 걸림돌이 되는 것은 변질한 유학이에요. 옌신 앨리스 정(Yen-hsin Alice Cheng, 2020) 대만 중앙연구원 교수도 「유교와 그 불만」이라는 최근 논문에서 비혼 출산을 금기시하는 유교적 가족제도를 저출산의 주요 요인으로 꼽았어요. 그녀는 "동아시아의 저출산은 결혼율 감소와 최소한의 비혼 출산에 기인하는데, 그 이유는 주로 유교적 가족 규범이 사회적으로 허용되는 시기와 가족 행동의 순서에 계속 영향을 미치기 때문"이라고 지적했어요.

비혼 출산한 재독 한인 이야기

『여성우리』에는 독일에 거주하는 한 한국 여성이 쓴「결혼하지 않고 아이를 낳아 키우는 것이 가능한 사회, 용감한 선택이 아닌 자연스러운 선택」(정옥희, 2021)이라는 글이 실려있어요. 이 여성은 1977년 만 8살 때 부모가 있는 독일로 이민 갔어요. 아버지는 산업근로자로, 어머니는 간호사로 3년 일한 후 거기에 정착하고, 한국에 남겨둔 자식들을 독일로 데려온 것이지요. 그녀는 청소년기에 접어들면서 가족 내 남녀 불평등 문제로 큰 불만을 느꼈어요. 그녀에게는 두 살 위 오빠와 두 살 아래 남동생이 있었는데, 학교에서 돌아오면 식사 준비, 청소 등 집안일은 늘 그녀 몫이었기 때문이지요. 어머니에게 불평해 보았지만 돌아오는 대답은 늘 "여자는 원래 그래"라는 틀에 박힌 대답이었어요. 어머니와의 대화는 매번 말다툼으로 이어졌고, 그녀는 마침내 집안일에서 완전히 손을 떼겠다고 선언했어요. 아버지와 똑같이 밖에서 일하면서도 모든 집안일을 도맡아 하는 어머니의 삶을 단호하게 거부한 것이지요.

그녀는 20대 후반에 한 남성과 사랑에 빠졌고 임신하게 되었어요. 그녀는 부모의 반대에도 불구하고 비혼 출산을 강행했어요. 아이가 태어났을 때 남자친구는 친자 관계 신청을 했어요. 이로써 그는 아버지의 권리를 인정받는 동시에 양육의 의무도 받아들인 것이지요. 하지만 남자친구는 대학을 갓 졸업했고 그녀 역시 그림지도와 아동연극으로 어렵게 생활해서 아이를 제대로 양육하기 어려웠어요. 다행히도 국가로부터 지원을 받아 아이는 잘 키울 수 있었어요. 그런데 아이가 두 살 되던 해 남자친구와 헤어지게 되었어요. 하지만 남자친구는 뒤셀도르프 기준표(Düsseldorfer Tabelle)에 따라 정해진 양육비를 매달 꼬박꼬박 보내왔어요.

Stand: 01.01.2024

DÜSSELDORFER TABELLE[1]

A. Kindesunterhalt

	순수입	자녀 나이				백분율	금액
	Nettoeinkommen des/der Barunterhaltspflichtigen (Anm. 3, 4)	Altersstufen in Jahren (§ 1612a Abs. 1 BGB)				Pro-zent-satz	Bedarfs-kontrollbetrag (Anm. 6)
		0 - 5	6 - 11	12 - 17	ab 18		
Alle Beträge in Euro							
1.	bis 2.100	480	551	645	689	100	1.200 / 1.450
2.	2.101 - 2.500	504	579	678	724	105	1.750
3.	2.501 - 2.900	528	607	710	758	110	1.850
4.	2.901 - 3.300	552	634	742	793	115	1.950
5.	3.301 - 3.700	576	662	774	827	120	2.050
6.	3.701 - 4.100	615	706	826	882	128	2.150
7.	4.101 - 4.500	653	750	878	938	136	2.250
8.	4.501 - 4.900	692	794	929	993	144	2.350
9.	4.901 - 5.300	730	838	981	1.048	152	2.450
10.	5.301 - 5.700	768	882	1.032	1.103	160	2.550
11.	5.701 - 6.400	807	926	1.084	1.158	168	2.850
12.	6.401 - 7.200	845	970	1.136	1.213	176	3.250
13.	7.201 - 8.200	884	1.014	1.187	1.268	184	3.750
14.	8.201 - 9.700	922	1.058	1.239	1.323	192	4.350
15.	9.701 - 11.200	960	1.102	1.290	1.378	200	5.050

뒤셀도르프 기준표

참고로, 1962년 뒤셀도르프에서 처음 만들어진 이 기준표는 부모 중 양육을 하지 않는 사람이 자신의 순수입, 자녀 나이, 백분율에 따라 양육을 하는 사람에게 매달 보내야 할 금액을 정해 놓은 표예요. 만약 양육비를 보내야 하는 사람이 경제적으로 어렵거나 서로의 갈등으로 양육비를 내지 않으면 지역 청소년복지기관인 유겐트암트(Jugendamt)에서 양육비를 대신 내줘요. 그러나 이렇게 해도 한부모가족이 풍족한 생활을 영위하기는 어려워요. 다행히도 남자친구는 이 여성이 아이에게 해주지 못한 여행 등을 맡아주었어요. 그녀가 일하느라 아이를 돌보기 어려우면 주변 친구들이 아이를 돌봐주기도 했고, 유치원과 학교에서는 다른 학부모들이 번갈아 맡아주기도 했어요. 그래서 그녀는 "독일 사회에서 한부모 혹은 한부모가족의 자녀라는 이유로 사회적으로 외면당하거나 소외되는 일은 없다. 나 역시 한부모가족으로 차별받은 경험은 없다. 아이 역시 한부모가족 자녀라는 이유로 불이익을 당하거나 소외된 경험은 없었다"라고 자신 있게 말해요. 독일의 교육제도와

의료체계 역시 큰 도움을 주었어요. 독일 학교는 대개 공립이어서 학비가 거의 들지 않아요. 사회제도 역시 잘 되어있어서 경제활동을 하지 않아도 그런대로 괜찮은 집에서 살 수 있어요. 그녀의 아이 역시 좋은 유치원, 좋은 학교에 다녔고, 심리적으로나 경제적으로 안정된 상태에서 건강하게 자랐어요. 그녀는 가끔 만약 '내가 한국에 있었다면 어떤 선택을 했을까'하고 자문해 본다고 해요. 그리고 "독일에서 나의 선택은 내가 특별히 용감한 사람이었기 때문이 아니라 가능한 것이었기 때문일 것"이라고 말해요. 그리고 "여기서는 결혼할 이유는 보수적인 사고 또는 낭만적 생각 아니면 세금혜택밖에 없다. 아이의 안정적 성장과 권리 때문에 결혼해야 할 이유는 전혀 없다. 결혼하지 않아도 아버지나 어머니는 아이에 관한 권리나 의무가 있기에 결혼해서 낳은 아이처럼 똑같이 권리를 보장받는다"라고 말해요.

그런데 이런 복지는 그냥 얻어진 게 아니에요. 독일 역시 남성 위주의 사회 문화, 성을 부정적으로 보는 기독교 문화로 인해 비혼 출산이나 한부모가족을 받아들이는 데 오랜 시간이 필요했어요. 1967년 미혼모협회(Verbandes lediger Mütter)라는 이름으로 시작한 한부모협회(Verband alleinerziehender Mütter und Väter)는 정치적 · 사회적 활동을 통해 한부모가족의 삶에 크게 이바지했어요. 베를린에 본부를 둔 비영리 단체인 이 협회는 한부모가정에게 필요한 정보와 조언을 제공하고 미혼모(임산부 포함)와 그 자녀의 생활 조건을 개선하기 위해 최선을 다하고 있어요. 앞에서 소개한 재독 한국 여성은 다음과 같은 말로 글을 맺었어요.

> *"이런 여러 사람의 노력과 역사적 과정을 통해 독일에서 한부모가족으로서 나와 아이의 안정적인 삶이 가능했고, 내가 살고자 했던 삶을 당연히, 그리고 자유롭게 선택할 수 있었다. 내가 독일에서 내가 원하는 선택을 편히, 자유롭게 할 수 있었던 것처럼, 한국에서도*

여성 누구나 가족 배경, 사회적 위치, 나이 등 그 모든 것을 떠나서 사회적 편견, 경제적 문제없이 아이를 낳고 양육할 수 있는 사회가 되기를 바란다.”

3 프랑스의 민법동거계약

이번에는 프랑스 이야기를 좀 해보지요. 프랑스의 민법동거계약은 프랑스 68혁명의 영향으로 결실을 본 제도예요. 이 제도는 프랑스어로 ‘팍트 시빌 드 솔리다리테(pacte civil de solidarité)’, 줄여서 ‘팍스(PACS)’라고 하는데, 한국에서는 대개 ‘시민연대계약’로 번역하지요. 하지만 저는 ‘민법동거계약’이라고 번역하는 게 더 적절하다고 생각해요. ‘시민연대계약’에서 ‘시민’은 프랑스어 civil을 번역한 말인데, 여기서 civil은 ‘시민의’라는 의미보다는 ‘민법의’ 또는 ‘민사(民事)의’라는 의미가 강해요. 이 계약을 규정하는 법은 ‘코드 시빌(Code civil)’인데, 이것을 「민법」이라고 번역하지 「시민법」이라고 번역하지 않기 때문이지요. ‘연대’는 프랑스어 solidarité를 번역한 말인데, 여기서 solidarité는 ‘연대’보다는 ‘동거’의 의미가 강해요. 한국 법무부도 2019년에 프랑스 「민법(Code civil)」을 번역하면서 이 단어를 ‘동거’라고 번역했어요.

프랑스 사회를 뒤바꾼 68혁명

그럼, 프랑스 68혁명의 원인과 영향에 대해서 알아보기로 하지요. 68혁명의 근본적인 원인은 기성세대(1870-1930년대 출생)와 신세대(1940년대 이후 출생)의 세대 갈등이었어요. 두 차례의 대전과 1930년대 대공황을 겪은 기성세대는 국가주의적 세계관과 기독교적 윤리관을 가지고 있었고, 강자의 약자 지배를 당연시하는 제국주의적 사고방식도 갖고 있었어요. 이들과는 달리 신세대는 경제적으로 풍족한 상태에서 태어나 민주주의 교육을 받아 제국주의, 식민주의에 대해서 비판적이었어요. 특히 1960년대 대학에 들어간 세대는 정부와 사회에 좀 더 진보적인 정책을 시행하라고 요구했어요. 반면, 대학교수, 회사 사장, 고위 관료 등 기성세대는 이런 요구를 젊은이들의 '철없는' 요구로 여기며 일축했어요. 이들은 이런 요구가 식민시대, 양차 세계대전 등 역사에 대한 무지에서 비롯된 것이라 보았지요. 이렇게 두 세대는 살아온 세계와 경험이 달라 사사건건 갈등을 빚었고 이것이 쌓이고 쌓여 68혁명이라는 대규모 소요 사태로 나타났어요. 그런데 이런 세대 갈등은 오늘날 한국에서도 그대로 나타나고 있어요. 기성세대는 일제강점기, 한국전, 분단, 가난 등을 경험한 세대이고, 신세대는 한국이 경제적으로 어느 정도 발전한 이후에 태어나 기성세대의 경험과 가치관을 잘 이해하지 못해요.

68혁명은 프랑스 사회를 완전히 바꿔 놓았어요. 결혼, 출산, 동거 등에서도 큰 변화가 일어났어요. 민법동거계약은 이 변화의 결과라 할 수 있어요. 다시 말해, 이 계약은 국가가 전통적인 권위에서 탈피하고자 하는 젊은 세대의 욕구, 사회로부터 소외된 성 소수자들의 인정 요구를 수용하여 민법에 포함시킨 것이지요(한국보건사회연구원). 먼저, 전통적 권위에 대한 도전은 기존의 결혼을 거부하고 새로운 형태인 동거를 선호하는 형태로 나타났어요. 결혼은 1969년 38만 건에서 1994년 25만3천 건으로 줄어든 반면에, 동거는 1960년대 16%에서 1990년대 87%까지 늘어났어요. 이에 따라 비혼 출산도 급격하게 늘어났어요. 비혼 출산의 비중은 68혁명 이전에는 6%에 불과했으나 1990년에는 30%, 1990년 말에는 40%까지 올라갔어요. 이렇게 되면서 비혼모와 그 자녀를 사회적 틀 속에서 보호해야 할 필요성은 점점 커졌어요. 동성애자들의 인정 요구도 진보세력의 사회변혁 의지와 맞물리면서 점점 거세졌어요. 1990년대 초 AIDS 대유행을 계기로 동성애자들이 안정적인 연애를 추구하게 되면서 자신들의 연애도 이성애자들과 동등하게 대우해 달라고 요구하게 된 것이지요. 이들의 주장을 진보정당이 이슈화하면서 사회적 논쟁이 일어났고, 1999년에 마침내 성별과 관계없이 동반자의 파트너십을 법적으로 보장하는 민법동거계약이 도입되었어요. 이 제도는 본래 동성 커플의 권리를 보장한다는 취지로 도입되었지만, 이성 커플 사이에서도 빠르게 확산했어요. 개인 신상 수집이 법적으로 금지되어 있어 정확하게는 알 수 없지만, 프랑스 국립인구연구소(INED)의 비공식 자료에 따르면, 민법동거계약 등록자 중 동성 커플 비율은 2000년에는 45~50%에 달했으나 2004년 15~20%로 떨어졌고 2009년에는 5% 미만으로 다시 떨어졌어요. 이는 민법동거계약 등록 커플 중 95% 이상이 이성 커플이라는 것을 의미해요.

68혁명 시위 모습

동거와 결혼의 중간지대, 민법동거계약

프랑스 민법 제515-1조는 민법동거계약을 "이성 또는 동성의 성년인 두 자연인이 공동생활을 영위할 목적으로 체결하는 계약"이라고 정의해요. 이 계약은 결혼과 동거 사이의 '중간지대'라 할 수 있어요. 먼저, 결혼(mariage)은 15세 이상 여성과 18세 이상 남성이 관할 시청의 시장이나 부시장 앞에서 혼인선서를 하고 혼인신고서에 서명한 후 성당 등 종교기관에서 결혼식을 올림으로써 이루어지고, 이혼을 원할 때는 상당히 복잡한 법적 절차를 거쳐야 해요. 반면에, 동거(concubinage)는 두 사람이 같은 주소에 살고 있다는 사실만 증명하면 되고, 헤어질 때는 아무런 절차를 밟지 않아도 돼요. 다만 자녀 양육과 관련해서는 어느 정도의 법적 보호를 받을 수 있어요. 이 둘의 중간지대인 민법동거계약은 이성 혹은 동성 커플이 동거계약서를 지방법원에 제출하거나 이 계약서를 공증인 앞에서 작성함으로써 이루어져요. 이때 증명해야 하는 것은 상대방과 혈연관계가 아니라는 사실, 각자 다른 사람과 결혼 혹은 민법동거계약 관계에 있지 않다는 사실 이 두 가지뿐이에요. 여기서 말하는 '혈연관계'란 아버지나 어머니, 아들이나 딸, 형제자매, 삼촌과 조카, 전 배우자의 자녀 사이를 말해요. 만약 당사자 중 한 사람이 계약을 해지하기를 원하면 공동으로 서류를 작성하여 지방법원이나 등록을 대행해 준 공증인에게 제출하기만 하면 돼요.

이처럼 민법동거계약은 결혼보다는 자유롭고 동거보다는 안정적이에요. 실제로 이 계약 등록자는 결혼한 사람들과 거의 유사한 사회경제적 권리와 의무를 갖는데, 그 주요 내용은 다음과 같아요. 첫째, 내야 할 소득세를 줄일 수 있어요. 민법동거자들은 결혼한 사람들과 마찬가지로 두 사람의 총소득을 기준으로 소득세를 내요. 단순동거자들은 각자가 세금을 내야 하니까 세 부담이 훨씬 크지요. 둘째, 생활비를 공동 부담해서 지출을 줄일 수 있어요. 민법동거자들은 생활비를 공동으로 부담하고 이로 인해 발생한 채무에 대해서도 연대책임을 져요. 단순동거자들은 생활비를 자율적으로 부담하고 상대방의 부채에 대해서는 책임지지 않아요. 셋째, 건강보험이나 실업수당 등에서 혜택을 받을 수 있어요. 이런 혜택을 받을 수 있는 것은 서로에 대한 물질적 부양 의무가 있기 때문이지요. 단순동거자들은 건강보험에 한해서만 파트너의 혜택을 공유할 수 있어요. 넷째, 휴가를 같은 시기에 신청할 수 있어요. 단순동거인들에게는 이런 동시 휴가 신청권이 주어지지 않아요. 다섯째, 체류 허가를 쉽게 받을 수 있어요. 민법동거계약을 맺은 외국인은 이 계약을 맺은 1년 후에 매년 갱신할 때 필요한 임시거주권을 받고 5년이 지나면 10년간 유효한 영주권을 신청할 수 있어요. 여섯째,

재산을 쉽게 처분할 수 있어요. 민법동거계약을 맺은 후 공동으로 취득한 재산은 반반씩 취득한 것으로 보고 각자의 몫에 해당하는 재산은 상대방의 동의 없이도 처분할 수 있어요. 일곱째, 유언장을 통해 파트너에게 재산을 상속할 수 있어요. 민법동거계약자들은 결혼한 부부나 직계 가족과는 달리 법정 상속권이 없어요. 상대방이 사망하면, 파트너는 민법동거계약 후 형성된 재산 중 절반을 갖거나 사망한 사람이 남긴 유언으로 재산을 상속할 수 있는데, 이 경우 상속세를 면제받아요. 여덟째, 민법동거계약자는 상대방의 연금은 승계할 수 없어요. 이것은 단순동거자도 마찬가지예요. 아홉째, 민법동거계약자는 헤어질 때 위자료도 청구할 수 없어요. 이것도 단순동거자와 마찬가지예요. 열째, 민법동거계약자 중 아버지는 계약 기간에 낳은 아이에 대해 친권을 자동으로 취득하지 못하며, 아버지임을 확인하는 증명서를 작성해야만 친권을 행사할 수 있어요. 열한째, 아버지의 친권이 확립된 후에는 파트너와 상의하에 아이에게 누구의 성을 줄 것인지를 결정할 수 있어요. 열두째, 민법동거계약자는 아이를 공동으로 입양할 수 없어요. 단순동거와 마찬가지로 개별 입양만 가능하고, 입양한 사람만이 아이에 대한 친권을 가져요. 열세째, 민법동거계약자는 결혼한 부부와 달리 상대방의 동의 없이 계약을 일방적으로 파기할 수 있어요. 요컨대, 이 모든 이유로 프랑스인 중에서 민법동거계약을 선호하는 사람이 꾸준히 늘고 있어요.

결혼 감소와 동거 증가 그래프

민법동거계약의 사례

작년에 나온 『인구 감소 시대의 교육』이라는 책에서 「결혼 대신 동거를 택하는 사람들」이라는 글을 읽은 적이 있어요. 글의 저자는 젊은 한국 여성인데, 이 여성은 미국에서 유학한 후 프랑스의 한 패션 회사에 취직했어요. 그러던 중 쥴리앙이라는 프랑스 남자를 만나 사랑에 빠졌어요. 두 사람은 서로의 집을 오가며 연애하다가, 매달 1,000유로가 넘는 집세와 공과금이 부담스러워 쥴리앙의 집에서 동거하기로 했어요. 이런 식의 동거는 프랑스에서는 매우 흔한 일이에요. 동거한 지 3년 후 두 사람은 민법동거계약을 맺었어요. 다시 3년이 지나 한국 여성은 임신했고, 두 사람은 비혼 상태에서 아이를 낳아 기르기로 했어요. 프랑스에서는 임신하면 병원에 가 진단서를 받고 이 진단서로 가족수당을 청구할 수 있어요. 이때 제출하는 서류는 거의 다 엄마와 관련된 것이고, 결혼은 했는지, 아이 아버지가 누구인지 등을 적는 란은 아예 없어요. 따라서 비혼모는 아무런 심적 부담 없이 수당을 신청하고 받을 수 있어요. 그리고 임신 6개월부터 출산할 때까지 드는 모든 병원 비용은 국가가 부담해요. 아이를 낳으면 아이가 만 18세가 될 때까지 매달 1,000유로, 약 160만 원 정도의 지원금을 받아요. 이 지원금은 자녀가 많을수록, 그리고 소득이 낮을수록 늘어나지요. 한국 여성이 낳은 아이도 이런 지원을 받았고 지금은 유치원에 다니고 있어요. 유치원에서 만나는 사람들은 이 여성의 결혼 여부에 대해서는 아무런 관심이 없어요. 그저 아이들이 가정과 유치원에서 행복하고 좋은 시간을 보내고 잘 자라는 것만이 중요할 뿐이지요. 이 한국 여성은 우리에게 다음과 같은 이야기를 들려줘요.

> *"한국에서는 저출산이 심각한 사회 문제로 대두되고 있지만 정작 혼외 관계에서 태어난 아이들은 제도로 보호받지 못하고 있다. 기존의 규칙을 고수하느라 실제로 국민의 생활에 필요한 제도를 개선하는 데는 뒷전인 모양새다. 선진국이라 불리는 나라들은 모두 과거의 전통과 관습을 타파하고 새로운 가치를 만들어가는 과정을 거쳤다. 다양한 가족 형태를 인정하고 이들이 제도의 보호를 받을 수 있도록 관련 법을 정비해 온 프랑스 사회를 통해 한국 사회에서도 국가와 개인의 관계가 어떠해야 하는지 질문이 시작되면 좋겠다."*

4 '고려'로의 회귀

안형환(2010) 교수는 우리 역사에서 가장 개방적이었던 시기를 8세기 신라, 11세기 고려, 15세기 조선, 그리고 21세기 초로 꼽아요. 8세기 신라는 해양강국의 면모를 보여주기 시작했고, 15세기 조선은 과학, 기술을 크게 발달시켰어요. 하지만 지금과 가장 비슷한 시기는 11세기 고려였던 것 같아요. 당시 고려는 여러 나라와 활발히 교역했고, 문화 다양성을 폭넓게 인정하며 개방적이었어요.

먼저, 교역을 살펴보면 고려의 교역은 크게 두 가지 통로로 이루어졌어요. 북방의 거란, 여진과는 육로를 이용했고, 송나라, 일본, 아라비아와는 해로를 이용했어요. 후자의 경우에는 예성강 하구에 있는 벽란도가 그 중심이었지요.

예성강, 벽란도, 개성

예성강은 수심이 깊어서 외국 배가 쉽게 드나들 수 있었고, 벽란도는 수도인 개경과 아주 가까웠어요. 참고로, '벽란도' 하면 다들 섬으로 알고 있는데, '벽란도'에서 '도'는 '섬 도(島)'가 아니라 '건널 도(渡)'예요. 다시 말해, 벽란도는 섬이 아니라 바다에서 육지로 '건너가는' 항구였어요. 벽란도에서 개경까지는 직선거리로는 40~45km, 강으로 이동하면 50~60km밖에 되지 않을 정도로 개경과 매우 가까웠어요. 이런 지정학적 요인으로 벽란도는 고려의 '관문'으로 불렸지요. 이 해로를 가장 많이 이용한 나라는 송나라였어요. 고려의 공식 문서를 보면, 중국인들은 1014년부터 1278년까지 260여 년간 120여 차례 드나들며 5천 명이 다녀간 것으로 나와요(안형환, 2010). 그러나 이것은 어디까지나 공식 기록이고, 실제로 오간 사람들은 훨씬 더 많았을 거예요. 송나라만큼은 아니었지만, 일본과 아라비아도 활발히 드나들었어요. 일본의 경우, 고려 초기에는 주로 경상도 금주(지금의 김해)에서 교역했으나, 11세기에는 벽란도까지 올라와 진주, 수은, 우마 같은 토산품을 거래했어요. 아라비아의 경우, 당나라 때는 중국 남쪽 광조우를 중심으로 무역했으나, 11세기에는 벽란도까지 그 범위를 넓혔어요. 이들은 왕에게 수은, 점성향, 몰약 등을 진상했고, 왕은 이들을 후하게 대접하고 돌아갈 때는 많은 금과 비단을 선물했어요. 이렇게 환대를 받은 아라비아 상인들은 가는 곳마다 고려의 존재를 널리 알렸지요. 한국이 '코리아'라고 불리게 된 것도 바로 이들 덕분이에요. 참고로, '코리아'는 16세기부터 로마자로 표기되었는데, 그 표기는 다양했어요. 17~18세기를 거치면서 Corea라는 표기로 정착되었고, 19세기 말과 20세기 초에는 Korea라는 표기가 주류를 이루었어요(조경철, 2018).

다음으로, 문화 다양성과 개방성에 대해 살펴보면, 11세기 고려가 이렇게 여러 나라와 교역하다 보니 외국 사신, 상인, 종교인들도 많이 드나들었어요. 이들은 왕실이 주최한 팔관회(八關會)에도 초청되었어요. 알다시피, 팔관회는 불교, 도교, 민간신앙 등이 융합된 국가 주도의 종합 축제였어요. 이 행사는 음력 11월 14일과 15일에 개경에서 열렸어요. 14일에는 왕은 중앙 관리들이 올리는 문안 인사와 지방 관리들이 보낸 축하 글을 받았어요. 15일에는 외국에서 온 사람들의 인사와 선물을 받았어요. 이 의식이 끝나면 왕은 행사에 참석한 모든 사람에게 술, 약, 과일, 꽃, 음식 등을 하사했어요. 날이 어두워지면 연등으로 궁궐을 환하게 밝히고 왕과 신하들은 술을 주고받으며 흥겨워했고, 백성들은 다양한 춤과 놀이를 구경하며 즐거워했어요. 팔관회 동안에는 통행 금지가 없어 개경 사람들뿐만 아니라 외국 상인들도 궁궐로 와 놀이와 공연을 즐기며 하나가 되었어요. 이런 모습은 고려가 외국인을 널리 포용하고 이들과 우호적인 관계를 맺고 이 관계를 정치 · 외교적으로 잘 활용한 개방된 나라였음을 잘 보여줘요.

고려의 이런 개방성은 남녀 관계에서도 찾아볼 수 있어요. 고려 시대는 유학이 일상생활을 지배하기 전이어서 남녀 관계도 평등했고 상당히 자유로웠어요. 이를 한 여인의 일생을 가정해서 살펴보면 다음과 같아요.

먼저, 고려 시대에는 여자로 태어나도 별로 차별받지 않았어요. 당시 사람들은 남자가 꼭 집안의 대를 이어야 한다고 생각하지 않았어요. 그래서 자녀를 호적이나 족보에 올릴 때도, 조선 시대처럼 선남후녀(先男後女)가 아니라, 태어난 순서대로 올렸어요. 또 자녀 수를 말할 때도 딸이 먼저 태어났으면 '몇녀 몇남'이라고 말했어요. 이런 점으로 보면, 여전히 '몇남 몇녀'로 말하는 오늘날 우리보다도 훨씬 나았다고 할 수 있어요. 여자가 별로 차별을 받지 않았다는 사실은 여자도 호주가 될 수 있었다는 데서도 확인할 수 있어요. 고려 시대에는 남편이 죽고 장성한 아들이 있어도 아내가 호주가 될 수 있었어요. 참고로, 한국에서 여자가 호주가 될 수 있게 한 것은 1997년이에요. 이 해 민법을 개정하여 호주의 사망, 이혼 등으로 가족 내 다른 남성 승계자가 없을 때는 여자도 호주가 될 수 있게 했지요. 하지만 여전히 남성 중심의 호주 승계 원칙은 유지되었고, 이것이 불평등하다는 비판은 계속되었어요. 이에 2005년 헌법재판소는 호주제가 위헌이라고 판결했고, 같은 해 5월 국회에서 민법이 개정되면서 호주제는 완전히 폐지되었어요. 이로써 '호주'라는 법적 개념 자체가 사라졌고, 모든 성별이 평등하게 가족 관계를 구성할 수 있게 된 것이지요.

다음으로, 남녀 교제가 비교적 자유로웠어요. 송나라 서긍은 고려 사람들은 "여름에는 날마다 두 번씩 목욕하는데 시내 가운데서 많이 한다. 남자 여자 분별없이 의관을 언덕에 놓고 물 구비 따라 몸을 벌거벗되, 괴상하게 여기지 않는다"(『고려도경』 23권 「한탁(澣濯)」)라고 적고 있어요. 이는 남녀가 상당히 노출한 상태에서 목욕했다는 것인데, 이런 일은 '남녀칠세부동석'을 외쳐대던 조선 시대에는 생각조차 하기 어려운 일이었어요. 한편, 같은 책 19권 「민서(民庶)」에는 "남자와 여자의 혼인에도 경솔히 합치고 쉽게 헤어져"라는 구절이 나와요. 이 구절은 고려 시대에는 남녀가 자유롭게 연애하고 결혼할 수 있었음을 의미하고, 따라서 남녀의 만남이 그만큼 자유로웠다고 말할 수 있어요(김창현, 2007). 그 비율은 정확히 알 수 없지만, 지배층은 중매결혼을, 피지배층은 연애결혼을 많이 했던 것 같아요. 또 「쌍화점」, 「만춘전」과 같은 고려 가요만 보더라도 고려 시대의 연애는 상당히 자유로웠으며 조선 시대에 비하면 성적으로 훨씬 개방된 사회였음을 알 수 있어요.

다음으로, 여자는 혼인 후에도 자기 집에서 사는 경우가 많아 기죽지 않았어요. 실제로 고려 시대에는 처가살이를 많이 했고 사위도 처가살이를 그리 꺼리지 않았어요. "겉보리가 서 말만 있어도 처가살이는 하지 않는다"나 "뒷간과 처갓집은 멀수록 좋다"는 말은 고려 시대에는 통하지 않는 말이었어요. 여자는 이렇게 혼인 후에도 자기 집에 머물렀기 때문에 가족 내 지위도 그대로 유지할 수 있었어요. 오히려 아내가 자기 집에 들어온 남편을 무시하는 일이 많았지요. 정도전은 이를 개탄하며 "남귀여가하니 부인이 무지하여 그 부모의 사랑을 믿고 그 남편을 경시하지 않음이 없어 교만하고 투기하는 마음이 날마다 자라나 마침내 반목함에 이른다"(『조선경국전』「예전」)라고 말할 정도였어요. 상황이 이러니 남편도 아내를 함부로 대하지 못했어요. 처가살이하면서 칠거지악을 들고나와 여자를 위협하거나 학대하기는 거의 불가능했을 거예요. 일부 학자들은 칠거지악이 고려 시대에도 있었다고 주장하나, 이것은 일부 사례를, 특히 권력자의 사례를 지나치게 확대하거나 오해한 데 기인한 것으로 보여요(김창현, 2007). 알다시피, 오늘날에는 결혼 후 처가나 처가 근처에 사는 사람들이 많아요. 특히 부부가 맞벌이하는 경우에는 처가의 육아, 가사, 경제적 도움이 절실하기 때문이지요. 아내 입장에서는 육아와 가사를 시어머니보다는 친정어머니에게 맡기는 게 훨씬 낫고, 남편도 이런 아내의 입장을 무시할 수가 없어요. 이렇게 보면 오늘날 우리는 조선 시대 시집살이에서 고려 시대 처가살이로 되돌아가는 중이라 말할 수 있어요.

다음으로, 여자도 부모 재산을 공평하게 상속했어요. 고려 시대에는 부모의 유언이 따로 없는 한 재산을 모든 자녀가 똑같이 나누어 갖는 균분상속이 원칙이었어요. 윤관의 7대손인 윤선좌는 늙어 병에 걸리자 아들과 딸을 불러 놓고 "지금 세상에 형제자매들이 서로 불화하는 경우가 많은데 모두 재산 싸움 때문이다. 너희들은 다투지 말고 화목하고 자손들도 그렇게 하도록 훈계해야 한다"라고 말한 후 아들과 딸에게 유산을 고르게 나누어 주었어요. 실제로 고려 시대에는 이 원칙을 지키지 않으면 비난을 받았어요. 예를 들어, 『고려사』 「이자연 열전」에는 "이지저(李之氐)는 풍채가 아름다웠고 마음가짐이 너그럽고 후했다. 문장과 업적은 한때의 영웅이었다. 그러나 인색하여 부친 사후 동생과 누이들에게 재산을 나누지 않았고 (…) 당시에 이것을 비난했다"라고 적고 있어요. 이 글을 보면 한 사람의 외모, 성품, 문장, 업적이 아무리 뛰어나도 균분상속이라는 대원칙을 어기면 사회로부터 지탄받았음을 알 수 있어요. 참고로, 아들과 딸이 법적으로 같은 상속권을 갖게 된 것은 1977년 민법을 개정하면서부터예요. 그러나 현실에서는 여전히 남성 중심 상속 관행이 유지되었어요. 그래서 1990년 민법을 개정하여 딸과 아들이 완전히 동등하게 상속을 받을 수 있는 법적 근거를 마련했어요. 이로써 다시 고려 시대의 균분상속 원칙으로 돌아간 것이지요.

다음으로, 여자는 자기 재산을 독자적으로 처분할 수 있었어요. 고려 시대 호구 단자를 보면 노비가 어디에서 유래되었는지를 소상히 기록하고 있는데, 이는 혼인이나 이혼 시 재산 분배를 두고 벌어질 갈등을 미리 방지하기 위해서였어요. 여자가 혼인할 때 데리고 갔거나 이후 친정으로부터 상속받은 노비에 대한 소유권은 여자에게 있었지 남편이나 남편의 집안에 귀속되지 않았이요. 그녀에게 자녀가 있으면 그 소유권을 자녀에게 상속했지만, 자녀가 없거나 이혼하여 다른 사람과 재혼하면 그녀 쪽에서 유래한 노비는 독자적으로 처분할 수 있었고 여의치 않으면 다시 친정으로 귀속시킬 수도 있었어요. 노비와 함께 또 하나의 주요 재산인 토지도 마찬가지였어요. 고려 시대 절에 기증된 토지 중에 여자 이름으로 기증한 토지가 많은 것은 바로 이 때문이에요. 이런 관습은 요즈음 우리와 비교해 봐도 상당히 진보적이에요. 현행 민법은 "부부의 일방이 혼인 전부터 가진 고유재산과 혼인 중 자기명의로 취득한 재산은 그 자의 특유재산으로 한다"(민법 제830조 제1항)고 규정함으로써 부부별산제를 선언하고 있어요. 물론 현실적으로는 여성의 재산권 행사에 여러 제약이 있어요. 이렇게 보면, 고려 시대 여자의 재산권 행사는 지금보다 훨씬 안정적으로 보장되었다고 할 수 있어요.

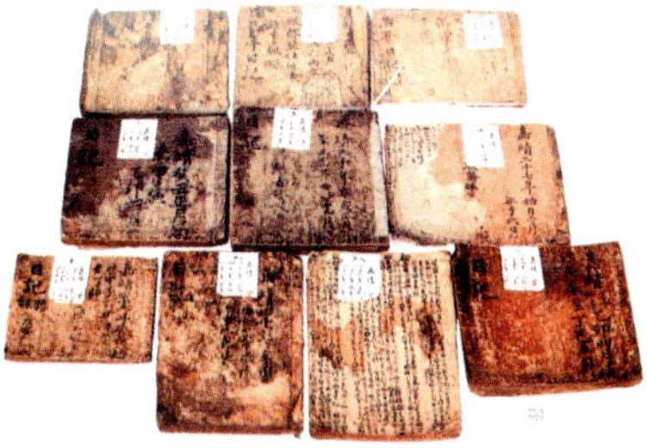

『묵재일기』 전(全) 10책

다음으로 여자는 남편이 죽으면 재가할 수 있었어요. 고려 시대에도 여자의 재가를 규제하는 법이 있었으나 그 규제 정도는 전남편의 신분에 따라 달랐어요. 즉, 낮은 신분인 사람의 처가 재가하는 것은 문제 삼지 않았지만 높은 신분인 사람의 처가 재가하려는 것은 금지하려고 했지요. 하지만 실제로는 귀족 신분의 부녀자도 재가하는 경우가 많았어요. 재가할 경우 그 상대는 주위 사람들이 찾아주기도 하고 본인이 직접 찾기도 했어요. 후자의 경우는 『고려사』 「김태현」 이야기에서 찾아볼 수 있어요. 김태현은 10살에 고아가 되었지만, 학문에 정진했고, 특히 잘생긴 미남이었어요. 그는 친구들과 어느 한 선배 집에 모여 공부했는데, 그 선배는 이를 기특히 여겨 이들을 집 안으로 데리고 가 음식을 대접하곤 했어요. 그런데 그 선배에게는 얼마 전에 과부가 된 딸이 하나 있었어요. 이 과부는 김태현을 흠모했고 그 마음을 시로 적어 창틈으로 전달했어요. 그 내용은 "말을 탄 어느 댁 미남 서생이신지, 석 달이나 되도록 이름을 몰랐다오. 이제야 비로소 김태현인 줄 알았네요. 가는 눈 긴 눈썹에 남몰래 정이 들었소"였어요. 이 편지를 읽은 김태현은 이를 거북하게 여겨 그 집에 발길을 끊었다고 해요. 김창현(2007) 교수는 "김태현의 사례는 고려 여성이 마음에 드는 남성에게 적극적으로 구애했음을 시사한다. 김태현의 사례는 과부가 홀아비도 아닌 총각을 유혹했다는 점에서 (…) 의미가 크다. (…). 고려 여인들은 처녀와 과부와 상관없이 마음에 드는 남성이 생기면 적극적으로 유혹했다고 여겨진다"라고 평가했어요. 한편, 여자는 재가해도 당당했어요. 이는 '의자(義子)'라는 용어에서도 엿볼 수 있어요. '의자'란 전남편의 자녀를 말하는데, 여자는 재가 시 전남편의 자녀를 데리고 갈 수 있었고, 이들은 새아버지로부터 음서 혜택까지 받을 수 있었어요.

마지막으로, 여자는 부모의 제사를 지낼 수 있었어요. 고려 시대에는 제사를 절에서 불교식으로 지냈어요. 제사는 승려가 주관하고 형제자매는 그 비용만 나누어 내면 되었어요. 이 윤회봉사는 당연히 균분상속과 관련 있어요. 부모의 재산을 똑같이 나누어 가졌으니 부모 제사도 똑같이 나누어 지내야 한다는 것이지요. 딸이 부모의 제사를 지내는 관행은 조선 시대에 제사를 집에서 지낼 때도 이어졌어요. 예를 들어, 1545년 1월 15일자 이문건의 『묵재일기』에는 "어머니의 기일이다. 제사는 누님댁 차례이다"라는 구절이 나와요.

또 1545년 3월 25일자 『묵재일기』에는 "외조모의 기일이다. 내가 지낼 차례여서 혼자서 제사를 지냈다"라는 구절이 나오는데, 이것은 이문건이 외손봉사를 했다는 거예요. 하지만 이런 윤회봉사와 외손봉사는 조선 중기에 유교적 가부장제가 정착하면서 서서히 없어졌어요. 그런데 이런 관행은 요즈음 새롭게 조명받고 있어요. 김미영(2011)

교수는 "달라진 세태 속에서 조상제사의 전통이 유지되려면 꼭 장자가 조상을 모셔야 한다는 사회적 통념 또한 바뀌어야 한다"며 그 대안으로 "아들딸 구분 없이 모든 자녀가 돌아가며 제사를 모시는 '자녀윤회봉사'와 딸이 친정제사를 물려받는 '외손봉사'의 전통을 되살려야 한다"[32]고 주장했어요.

저는 이 책을 다음과 같은 주장으로 마치고자 해요. 한국이 지구에서 '1호 인구소멸국가'가 되지 않으려면 유학이 강력히 지배한 조선을 건너뛰고 유학에서 비교적 자유로웠던 고려로 돌아가야 해요. 이렇게 주장하는 것은 오늘날 우리의 모습이 조선 시대보다는 고려 시대에 훨씬 더 가깝고, 고려 시대에는 여성의 권리를 훨씬 더 잘 존중하고 보장했기 때문이에요. 고려의 남녀평등, 자유 교제, 처가살이, 균분상속, 외손봉사 등은 이 시대를 살아가는 우리가 다시 생각해 볼 '**미래의 언어**'입니다.

32 https://www.ksilbo.co.kr/news/articleView.html?idxno=344146

참고문헌

강명관, 2007, 조선 가부장제의 성적 욕망과 기녀, 『코기토』 62.

강명관, 2011, 『성호, 세상을 논하다』, 자음과모음.

강성원, 2003, 꽃놀이 가면 곤장 100대, 『우리나라 여성들은 어떻게 살았을까 1』, 청년사.

강숙자, 2004, 유교사상에 나타난 여성에 대한 이해, 『동양정치사상사』, 3(2).

권순형, 2003, 금지된 사랑, 간통과 동성애, 『우리나라 여성들은 어떻게 살았을까 1』, 청년사.

권태원, 2001, 『우리의 차문화와 다례』, 경인문화사.

금장태, 2000, 『유교의 사상과 의례』, 예문서원.

김경미, 2004, "17세기 가부장제의 기획–류씨 부인 프로젝트", 『한국고전여성문학연구』 8.

김경미 외, 2006, 『17세기 여성생활사 자료집 4』, 보고사.

김경일, 1999, 『공자가 죽어야 나라가 산다』, 바다출판사.

김동욱, 2020, 『흥보만보록』, 문학동네.

김미영, 2004, 『유교문화와 여성』, 살림.

김미형, 2023, 『차별어의 발견』, 사람in.

김시덕, 2016, 놀이판 '습례국'에 나타난 1910년대 한글 사용과 제례문화, 『국학연구』 30.

김용원, 2009, 조선 시대 이혼에 관한 연구, 『민사법학』 47.

김창현, 2007, 『고려의 여성과 문화』, 도서출판 신서원.

나혜석, 1914, 이상적 부인, 『학지광』 1.

노명호, 1999, 한국사 연구와 족보, 『한국사 시민강좌』 24.

문동석, 2024, 무령왕릉 출토 차개관과 차례 제사, 『백제학보』 48.

민영대, 1918, 女子教育에 就하야(二), 매일신보.

민정기, 2017, 삼강오륜(三綱五倫)의 현대적 이해, 『청소년과 효문화』 30.

박비해, 2010, 『유교 가부장제와 가족, 가산』, 아카넷.

박옥임, 1984, 族譜에 나타난 女性 地位에 관한 小考,『한국가정관리학회지』2.
박영희, 2006, 17세기 소설에 나타난 시집간 딸의 친정 살리기와 출가외인 담론,『한국고전여성문학연구』, 13.
박정순, 1974, 조선왕조 혼속을 중심으로 한 여성지위고,『논문집』9.
박정희, 2014, 시대적 변천에 따른 제사의 개혁 방안,『차문화산업학』26.
박해모, 정지훈, 2021,『승정원일기』를 통해 살펴본 영조의 송절차 복용에 관한 연구,『한국의사학회지』34(2).
서거정, 이래종(역), 1998,『태평한화골계전』, 태학사.
석미현, 2024,『역위건착도』의 '역지삼의'에 나타나는 윤리관 -『춘추번로』의 삼강론과 비교하여 -,『동양학』95.
송태현, 2017,『볼테르와 중국』, 북코리아.
신귀현, 1939, 율곡 선생의 어머니 신사임당 평전,『여성』4(9).
안옥규, 1996,『어원사전』, 한국문화사.
안형환, 2010,『우리가 몰랐던 개방의 역사』, 다솜커뮤니케이션.
염상섭, 2004,『삼대』, 문학과 지성사.
유경자, 2014, 남해군 설화의 가족정서 연구,『한국문학논총』68.
윤소영, 2005, 근대국가 형성기 한일의 '현모양처론' - 그 공통점과 차이점을 중심으로 -,『한국민족운동사연구』44.
윤진숙, 2013, 조선시대 균분상속제도와 그 의미,『법철학연구』16.
이광규, 1977,『한국가족의 사적연구』, 일지사.
이국봉, 2010, 유교의 관점에서 본 한국인의 죽음관: 죽음의 의미, 성격 그리고 태도를 중심으로,『한국의료윤리학회지』13(2).
이권효, 2022,『공자의 일상공경-논어 향당 편』, 북랩.
이상균, 2015, 강릉 오죽헌의 조선시대 사회사적 의미,『해리티지: 역사와 과학』48(2).
이소정, 2021,『표류 사회. 한국의 여성 인식사』, 아이필드.
이순구, 1988, 조선초기 내외법의 성립과 전개,『청계사학』5.
이승연, 1992, 조선조에 있어서 주자가례의 '절대성'과 그 '변용'의 논리,

『퇴계학과 유교문화』 20.
이인경, 2002, 구비설화에 나타난 출가외인 담론과 여성의 정체성, 『한국고전여성문학연구』 5.
이인경, 2019, 『옛이야기, 가족의 삶을 말하다』, 민속원.
이은미, 2006, 68운동과 프랑스 여성 해방운동 – 1970년대 전반기 프랑스 여성운동을 중심으로 – 『한국프랑스학논집』 54.
이재운 외, 2008, 『뜻도 모르고 자주 쓰는 우리말 숙어 1000가지』, 예담.
이창기, 2010, 성리학의 도입과 한국가족제도의 변화 – 종법제도의 정착과 부계혈연집단의 조직화 과정, 『민족문화논총』 46.
일연, 이민수(역), 1994, 『삼국유사』, 을유문화사.
장동우, 2010, 주자가례의 수용과 보급 과정 – 동전 판본 문제를 중심으로, 『국학연구』 16.
장지연, 1908, 『여자독본』, 광학서포.
장한업, 2021, 논어의 인(仁) 사상과 상호문화교육의 유사점과 시사점, 『철학논총』 106(4).
정긍식, 2021, 『조선시대 제사승계의 법제와 현실』, 한국학중앙연구원출판부.
정수복, 2007, 『한국인의 문화적 문법』, 생각의나무.
정약용, 박상수 역, 2021, 『아언각비』, 지식을만드는지식.
정옥희, 2021, 결혼하지 않고 아이를 낳아 키우는 것이 가능한 사회, 용감한 선택이 아닌 자연스러운 선택, 『여성우리』 65.
정일균, 1999, 다산 정약용의 심경 · 소학론, 『泰東古典硏究』, 16.
정진일, 2005, 『유교윤리』, 박영사.
정해은, 2010, 조선후기 이혼의 실상과 『대명률』의 적용, 『역사와 현실』 75.
조경철, 2018, 주몽고려, 궁예고려, 왕건고려, 코리아의 단절과 계승, 『역사와 현실』 109.
조규태, 1980, 조선 시대 여자 이름의 어학적 고찰, 『여성문제연구』 9.
조이옥, 1999, 여성들의 공간, 그리고 지위, 『우리나라 여성들은 어떻게 살았을까 1』, 청년사.
조항범, 2004, 『정말 궁금한 우리말 100가지』, 예담.

조항범, 2022, 『우리말 어원사전』, 태학사.

주광순 외 역, 2010, 『상호문화 철학의 논리와 실천』, 시와 진실.

주영하, 2011, 『음식인문학』, 휴머니스트.

하영삼, 2018, 『한자어원사전』, 도서출판.

한경구 외, 2007, 『처음 만나는 문화인류학』, 한국문화인류학회.

한국보건사회연구원, 2016, 비혼 동거 커플의 증가와 프랑스의 시민연대 계약(PACS).

현상윤, 2010, 『조선유학사』, 심산.

홍양희, 2016, '현모양처'의 상징, 신사임당: 식민지시기 신사임당의 재현과 젠더 정치학, 『사학연구』 122.

홍윤표 외, 1995, 『17세기 국어사전』, 한국정신문화연구원.

Cheng, Y.H.A., 2020, Ultra-low fertility in East Asia: Confucianism and its discontents, *Vienna Yearbook of Population Research*, 18.

Ebrey, P., 2010, 『주자가례』 속의 중국 음식문화, 『국학연구』 16.

Reichwein, A., 1925, *China and Europe. Intellectual and Artistic Contacts in the Eighteenth Century*, New York: Alfred A. Knopf.

미래의 언어

초판발행 2025년 10월 30일

지은이 장한업
펴낸이 노 현

편 집 소다인
기획/마케팅 이선경
표지디자인 BEN STORY
제 작 고철민·김원표

펴낸곳 ㈜ 피와이메이트
서울특별시 금천구 가산디지털2로 53, 210호(가산동, 한라시그마밸리)
등록 2014. 2. 12. 제2018-000080호
전 화 02)733-6771
f a x 02)736-4818
e-mail pys@pybook.co.kr
homepage www.pybook.co.kr
ISBN 979-11-7279-158-2 03790

정 가 17,000원